MEMORIA de la HISTORIA

Personajes

Memoria de la Historia pretende ofrecer a los lectores la Historia contada por quienes la hicieron, por los mismos *personajes* que en vez de figurar en las páginas de los libros como objeto pasivo, adquieren voz y nos cuentan su vida y su peripecia en primera persona. La Historia como una novela personal, autobiográfica, en la que todo lo que aparece en estas páginas es verdad, con hechos ciertos y comprobados, pero que se presentan con la inmediatez y el dramatismo que da al relato la voz del protagonista, supuesto historiador de sí mismo gracias a la pluma de unos escritores que consiguen el difícil y apasionante equilibrio entre los materiales de la crónica, tratados con el máximo respeto, y el enfoque que corresponde a la más amena de las narraciones novelescas. Otra vertiente de estas semblanzas es la evocación de *episodios* del pasado en tercera persona con todo el rigor que exige el trabajo del historiador y la amenidad de la novela.

Éste es el objetivo de una colección que aspira a fundir lo más atractivo que pueden ofrecer la historia y la literatura.

Yo, Lucrecia Borgia

Carmen Barberá

Yo, Lucrecia Borgia

Planeta

COLECCIÓN MEMORIA DE LA HISTORIA/12
Dirección: Rafael Borràs Betriu
Consejo de Redacción: María Teresa Arbó, Antonio Padilla, Marcel Plans y Carlos Pujol

Córcega, 273-279, 08008 Barcelona (España)
Ilustración al cuidado de Antonio Padilla
Diseño colección y cubierta de Hans Romberg (realización de Jordi Royo)
Ilustraciones cubierta: detalles de «Disputa de santa Catalina», del Pinturicchio, Apartamentos Borgia del Vaticano (foto AISA)

Procedencia de las ilustraciones: Archivo Editorial Planeta

Primera edición: enero de 1989
Cuarta edición: octubre de 1990
Depósito Legal: B. 37.541-1990
ISBN 84-320-4502-0
Printed in Spain - Impreso en España
Talleres Gráficos «Duplex, S. A.», Ciudad de Asunción, 26-D, 08030 Barcelona

Papel ecológico de Papelera Echezarreta, S. A.

Índice

Para Ivo Alesina Sanz,
correspondiendo a su afecto.

C. B.

INTRODUCCIÓN

En aquel momento el campo de Ferrara luciría hermoso con el adorno de sus árboles frutales, las infantiles espigas y las verdes extensiones de la vid bajo el oro del sol que, al borde del verano, picoteaba la sangre igual que un enjambre de abejas soliviantadas. La imaginación se me iba hasta las orillas del río, el cual, perdidos los ímpetus y el frío de su nacimiento alpino, lamía suavemente la ciudad a punto de sumergirse en el Adriático. A la vera del Po, dieciséis años atrás, hube de permitirme algún descanso antes de afrontar los acontecimientos. Tenía yo entonces veintidós años; y la enorme alegría romana que disfruté desde mi nacimiento se me congeló de súbito a la vista de Ferrara, de amplios y profundos fosos y una muralla de once millas con once baluartes helados por el invierno. El castillo destinado a ser mi futuro hogar acabó de estremecerme: inmenso, sombrío, cuatro torreones, foso y puente levadizo, anunciaba en su interior la presencia de gentes duras y guerreras, nada propicias a la risa ni al goce de existir. Era el 2 de febrero, día de la Candelaria, y hubiera querido morirme. En cambio, ahora que lamento no poder contemplar el paisaje desde mi lecho de enferma; ahora que se acerca el estío y la naturaleza resurge vigorosa; ahora, precisamente ahora, que amo Ferrara, debo abandonarla con idéntico sentimiento de contrariedad que tuve ante la obligación de residir en ella. Mi urgencia actual es marcharme del palacio familiar de Este. Dejar los hijos y el marido. Irme del hogar, de la ciudad, de Italia. Salir del mundo. Me comunican de buena fe que, de ayer a hoy, mi salud ha mejorado. Pero la lucidez de los condenados me indica, contra la opinión de los demás, que estoy alcanzando el término de mi existencia.

—Señora... La misiva está lista. Antes de firmar, ¿deseáis oír lo que me habéis dictado?

Hice un leve ademán afirmativo. El escribiente, cohibido por lo que él llamaba «su desagradable menester de aceptar mis pensamientos de moribunda imaginaria», siendo así que anhelaba sin reservas mi curación, empezó la lectura:

«Al Santísimo Padre y Beatísimo Señor: Con toda la posible reverencia de mi alma, beso los sagrados pies de Vuestra Beatitud y humildemente me encomiendo a su santa gracia.

»Después de haber sufrido mucho durante más de dos meses a causa de un penoso embarazo, plugo a Dios que al amanecer del día 14 de este mes diera a luz una niña. Esperaba yo que, habiéndome aligerado de este peso, se aliviara también mi padecimiento; pero ha sucedido lo contrario, con lo que me veo forzada a rendir tributo a la naturaleza.

»Y tan grandemente me ha favorecido nuestro Clementísimo Creador, que tengo conciencia del próximo fin de mi vida y me doy cuenta de que dentro de pocas horas saldré de este mundo, mas no sin haber recibido todos los sacramentos de la Iglesia. En esta situación, como cristiana, aunque pecadora, he pensado en suplicar a Vuestra Beatitud, que benignamente se digne conceder a mi alma, junto con su santa bendición, algún sufragio del tesoro espiritual.

»Y a su santa gracia recomiendo a mi marido y a mis hijos, que todos son siervos de Vuestra Beatitud.

»En Ferrara, a la hora catorce del 22 de junio de 1519.»

Acallada la grave voz del secretario, di mi conformidad a lo leído y me incorporé, no sin dolorosas molestias, para estampar un tembloroso «Lucrecia de Este» al pie del escrito. A continuación di orden de que el recado fuera enviado inmediatamente a Roma, entregándose en propia mano a Su Santidad. El respetuoso secretario abandonó mis aposentos. Primero salió del dormitorio en cuya cama de lujosa colcha y baldaquín esperaba alcanzar el privilegio de lanzar mi último suspiro. En las sillas tapizadas de satén y bordadas con las armas del ducado ferrarense, seguramente me velarían los parientes más cercanos y algún príncipe de la Iglesia. En la cámara vecina, alfombrada y tapizada de terciopelo verde, se agruparían los hombres preeminentes, descansando en los asientos bordados en oro y almohadones luciendo las armas de los Borja. En la antecámara, última de las tres habitaciones, se correrían las cortinas y, en torno a la mesa central cubierta por valioso tapete, se iniciarían las intrigas acostumbradas ante cualquier cambio promovido en el seno de las familias principales.

Al término de su recorrido, el diligente secretario empujó una puerta, desapareciendo en la blanca claridad del corredor abierto sobre el patio del castillo. Entonces me vino a la memoria una pesadilla ya olvidada y a menudo repetida desde mi nacimiento. En ella me veía feliz dentro de una sala esplendorosa parecida a un ascua de oro. La única salida conducía a un pasillo donde, al avanzar, menguaba la luz hasta llegar a un pavoroso cuarto oscuro. Acostumbrada al temblor de las velas, jamás entendí el absurdo pánico de esta pesadilla. Pero hoy, 22 de junio de 1519, inesperadamente, comprendí: la explosión iluminada del principio correspondía a la iniciación de la vida. El pasillo donde disminuía el resplandor al avanzar, representaba la existencia. En el cuarto oscuro y en completa soledad, se celebraría el misterioso ritual de la muerte. No cabía duda: mi dormitorio era el cuarto oscuro de las pesadillas. Asustada, creí escuchar las palabras de mi madre Vannozza. «Tienes una familia de excepción, Lucrecia. Tu destino puede ser excepcional si te adaptas a tu entorno. Concede el afecto que te pidan. El mundo es cruel y muchos los hambrientos de cariño. Entrégalo sin reparo. Nunca te arrepentirás.» Seguí su consejo antes y también lo seguiría ahora. La muerte me solicitaba y yo iba a entregarme a la muerte con idéntica sumisión que a la vida. En un irrazonado impulso de rebelión, mi espíritu se vistió con mi cuerpo de quince años, partió hacia Roma volando como una paloma, abrí de par en par las puertas del Vaticano, crucé corriendo los imponentes salones que separaban mi primer dormitorio de casada del territorio particular del papa Alejandro VI, para entrar, sin solicitud de audiencia ni protocolo, en las habitaciones privadas de Su Santidad, quien me recibía con los brazos abiertos. Refugiada en su acogedor regazo, me dijo: «¿Hueles, Lucrecia, hueles todavía el jazmín de mi patria?» Aquello me dolió en el alma pues entendí que mi padre intentaba purificarse de su horrible y putrefacto fallecimiento. Sin embargo, en esta imaginada ocasión, hablé la primera. «Padre —dije—, quiero recuperar mi infancia. Me niego a morir. Tú que tanto puedes, ayúdame.» La visión se desvaneció. Desde luego, yo había dirigido mi carta a Su Santidad. Pero Su Santidad no era ya mi padre, Alejandro VI, muerto años atrás. Mi hermano César no existía. Además, cuando el actual papa León X recibiera mis noticias, tampoco yo estaría en el mundo.

Al parecer, la vida era una larguísima ensoñación; mientras la muerte, término obligado de los sueños, representaba una realidad absoluta. En seguida, comprendí mi anormal desinterés por la salud de mi hija Isabel María, recién nacida prematura y responsable involuntaria de, quizá, mi cercano fallecimiento. ¿Qué me importaba si la niña aún vivía o hubiera muerto tan prematuramente como nació si yo no estaría en su futuro? La pérdida de la facultad de amar supone el primer gran signo de la decadencia vital. No cabía duda, el fin se estaba acercando. Turbado el ánimo ante la impotencia de escapar al trance inexcusable, hundí la cabeza en la almohada. Dejé de luchar. Y al punto, mi rendición se vio recompensada. Los enviados de la muerte acudieron a distraer mi agonía con el más eficaz de los artilugios: en la memoria se me desencadenó el recordatorio de mi pasado para iniciar así, casi sin enterarme, el dificultoso camino del tránsito hacia el misterio.

Desapareció de mi vista la alcoba de Ferrara mientras chillaban los jóvenes vencejos su desgarrada despedida. Por contra, cada momento más nítidos, se iban acercando los paisajes de mi infancia y aquel perfume anticipado de uvas y de rosas maduras, emisarios de supuestas maravillas. La bruma del recuerdo, ese prodigio que nos permite recuperar el ayer, acabó disipándose y, escalofriante de claridad, tuve al alcance de la mano la hermosa casa de mi madre.

BODAS IMPOSIBLES

Con la emoción propia de quien recupera un bien amadísimo y perdido, derramé la extasiada mirada sobre las tierras que acogieron la profunda sensualidad de mi padre. Ante mí tenía la viña del Esquilino, casa de Vannozza, mi madre, de nombre real Giovannozza Cattanei. Aquella alegre propiedad sembrada de vides colgantes, melocotoneros, un parterre de girasoles y pálidas lunas reflejadas en las tinajas repletas de agua durante los plenilunios, estaba en el sitio más elevado del monte Esquilino, una de las siete colinas de Roma. La más ancha, la más poblada, la más rica en agua, pues allí concurrían siete acueductos. Vivíamos muy cerca de la basílica de San Pietro ad Víncula, cuyo cardenal Julián della Rovere disputó a mi padre, en su momento, el trono pontificio. Desde la altura mayor de la casa se advertía el declive de la meseta en busca de la ciudad más bella del mundo, adornada su cintura por el líquido brillo del Tíber y coronada con los inconfundibles techos del Vaticano, la casa de mi padre. Que ambos, padre y madre, vivieran separados, nunca me pareció extraño. ¿Dónde puede habitar un ministro de la Iglesia, sino en la casa de Dios? Rodrigo de Borja nos rendía visita asiduamente. Yo le imaginaba recién salido del altar, perfumado del incienso y del meloso olor de las velas que iluminaban las silentes capillas. En realidad, me producía el efecto de amar a un santo, y me halagaba, puesto que el santo daba constantes pruebas de corresponderme. Siendo muy niña, pregunté:

—Mamá, ¿qué es un girasol?

—Una planta —respondió— llena de hojas estrechitas puestas alrededor de un círculo dorado, que se mantiene alzada sobre un tallo muy largo y siempre sigue al sol.

—¿Cómo le sigue —me extrañé—, si está clavada en la tierra?

—Gira encima del tallo, buscando la luz. Jamás le da la espalda.

Oculta detrás de las madreselvas en flor, me dediqué a espiar los girasoles. Supongo que sería entonces cuando mi corazón se convirtió en girasol. Estuviera yo donde estuviese, el corazón, tozudamente, dirigía sus ansias hacia la viña del Esquilino. Tal predilección no era razonable, pues la variedad de lugares donde fui creciendo me convirtió en hija de cualquier parte, apta para acomodarme en cualquier sitio. Esta situación componía otras consecuencias, pues siendo los numerosos miembros de mi familia gentes muy relevantes, nunca se desplazaban sin los debidos acompañamientos de un lujo espectacular, además del habitual cortejo propio del poder, la fuerza y la influencia. Creí ciertamente que el mundo me pertenecía. Pero el cerebro de una niña no discierne las complicadas motivaciones de sus mayores y ni siquiera ahora, cuando se me permite la visión total a la manera de la eternidad, consigo ordenar los sucesos de mi niñez. En cierta ocasión me dijeron que yo había nacido en Subiaco, pueblo situado a corta distancia de Roma, encantador y mínimo, de conmovedor aspecto medieval; lugar donde, quince años antes de mi nacimiento, se estableció la primera imprenta de Italia. Al correr de los días tuve la sospecha de que el instinto que me empujaba en pos de los libros, y del cual se declaraban artífices mis educadores, no me provenía de ellos, sino de haber aspirado con mi aliento inicial el mismo aire de la imprenta. Rodrigo de Borja, por entonces cardenal y también vicecanciller de la Iglesia, suprema dignidad anterior a la de Papa, solía insistir:

—No es cierto, Lucrecia. Naciste en Gandía, un pueblo español.

Declaración que, posteriormente, definí como expresión de su fervor valencianista. Ahora está difunto, y lamento no haberle apremiado, exigido que se pronunciara. Sin embargo, tampoco tuve demasiado interés. No corresponde analizar la historia antes de que sea historia, sino que es preocupación posterior al tiempo durante el cual se realiza. Y mi pasión personal se decantaba hacia las acciones de cada instante. Basándome en la intensidad del recuerdo creo acertada la suposición de haber regresado a Subiaco en distintas ocasiones. En una de ellas, descubrí a mi madre Vannozza asomada a la torre de la fortaleza construida por orden de mi padre. Era la hora mágica del atardecer, cuando afloran a la superficie del alma las íntimas negaciones que nos infligimos. Viéndola de espaldas, su esbelta figura recortada contra un cielo borrascoso, intuí emanando de su cuerpo sutiles esencias femeninas que aún no se habían desvelado en mi naturaleza. Siguiendo los imperceptibles movimientos de su respiración alterada, sospeché que se recreaba con añoranza en la contemplación del cercano monasterio de benedictinos, cuya encomienda otorgó el papa Calixto III a su sobrino Rodrigo de Borja. Los honores concedidos a mi padre alborozaban el ánimo de Vannozza. Estoy segura de que le amaba mientras iba esperándole entre las almenas, la mirada puesta en el centelleo de las aguas del río Ariene, repentinamente dormido en el silencio del valle. ¿Sentía mi madre amor hacia mi padre? ¿Le soportaba? ¿Conoció a su lado el cálido estremecimiento del placer? Mi tiempo era escaso para tan sabia comprensión y, cuando estuve en la edad precisa del discernimiento, la oportunidad de averiguarlo llegó tardía. En la viña del Esquilino, constante exposición de los métodos iniciadores del amor y cátedra de humanidades para los niños Borja, tuvimos absolutamente prohibida la entrada en la alcoba de los padres. De repente, nos autorizaron. El motivo era bien sencillo: mi padre ya no dormía allí. Años después supe que se había enamorado como un adolescente de la bella Julia Farnesio.

No obstante, quedaban atrás los alegres días de la primera infancia transcurridos en casa de Vannozza, propiedad suya como las restantes y situada frente a la plaza de Pizzo di Merlo. Era amplia, luminosa, distinta a los estrechos y umbrosos callejones romanos. Provista de numerosas estancias, cisterna y huerto, trascendía la influencia del Esquilino y ambas, a la par, denunciaban la incombustible nostalgia de mi padre por el añorado solar patrio exultante de limoneros, naranjos, azahares, coloradísimas flores y perfumes capaces de reventar los sentidos. Además, la casa se acompañaba de un detalle muy especial: el morador del palacio contiguo era, nada menos, que el atractivo e influyente Rodrigo Borja. Mi madre ocupó el nuevo domicilio en su segunda boda, habida con el secretario apostólico de Su Santidad Sixto IV. Como solía suceder, la casaron. Viuda de su primer marido, Doménico d'Arignano, era joven y nada despreciable en cuanto a hermosura. Añadiéndole el no menos poderoso atractivo de los títulos y riquezas con los cuales la dotaba el cardenal Borja, se comprende la facilidad de concertar un acuerdo con Giorgio da Croce, a quien no inmutó su papel de encubridor amatorio.

Todavía recuerdo mis gateos en las soleadas estancias. Estaría yo por los veinte meses cuando mi hermano César, de cinco años, y Juan, de cuatro, se unían a mis juegos hasta la hora cándida del anochecer, momento en que, encendidas las velas y a punto de encamarnos, aparecía un ser increíble, enorme, vestido de púrpura y moreno como un príncipe árabe, para introducirse en nuestro círculo infantil, tenderse boca arriba, subirnos encima de su estómago, trastearnos igual que muñecos, y repartiéndonos en abundancia grandes besos de sensual paternidad. Naturalmente, se trataba de nuestro padre, el poderoso cardenal Borja, futuro papa Alejandro VI. Por aquel tiempo y semejante a una sombra, recuerdo un niño casi idéntico a mí llamado Octavio, que reclamaba las atenciones de Vannozza con el mismo derecho que nosotros, los pequeños Borja. Ella era madre de todos, si bien, curiosamente, aquel niño obtenía el afecto paternal exclusivo de Giorgio da Croce, el hombre casado con mi madre. Transcurrido un tiempo, en la agradable casa de la plaza Pizzo di Merlo, hubo dos defunciones. Enterramos a Giorgio da Croce y luego al pequeño Octavio. ¿Quizá el poder de los Borja anulaba con el deseo los seres que no pertenecían a su sangre?

De nuevo viuda mi madre, celebramos alborozados el nacimiento de Jofre, cuarto y último de los hijos habidos entre ella y Rodrigo. Para entonces Vannozza había cumplido cuarenta años y el interés amoroso de mi padre perdía vigor. Nosotros estábamos iniciando la adolescencia y, de súbito, fuimos arrancados del hogar materno. Supongo que mis hermanos irían a vivir junto a nuestro padre. En cuanto a mí, me pusieron bajo la tutela de mi aya Adriana Milá Orsini, sobrina carnal de mi progenitor. Vannozza casó de nuevo, dos veces viuda, con Carlo Canali. El reciente matrimonio se instaló en la plaza Branca. Allí los visité a menudo atraída por la atmósfera intelectual que rodeaba a Carlo Canali. Basta señalar, por ejemplo, que un tan sensible poeta como Policiano le había dedicado su maravilloso *Orfeo*. Semejante estímulo, sin embargo, no impulsaba a mis hermanos. Lo que nos unía y concentraba en torno a Vannozza era el poderoso imán de su instinto materno. Arrancados de su lado cuando ya éramos aves a punto de libertad y gozando de vida regalada al lado de nuestro padre, parecía lógico olvidarla. Muy al contrario, la necesidad de comunicar con ella surgía a cada instante. Siempre nos tuvo alrededor. De tal síntoma deduzco la fuerza y la serenidad de espíritu inherente a Vannozza Cattanei. Además, reconociendo en nuestro padre la potencia de su sentimiento amoroso, su necesidad absoluta del amor físico y su tendencia a dejarse dominar por las mujeres, se confirma el poderío de esta mujer. Pese a tantos inconvenientes, Vannozza consiguió la atención diaria de un hombre tan principal y tan ocupado en miles de asuntos principales, durante más de doce años. Sin olvidar la crepuscular preferencia que le demostró en el ingrato tiempo de la vejez cuando, siendo el hombre más poderoso de Roma, le satisfacían incluso los caprichos por el mero hecho de representar para él las cenizas de una pasión ya consumada y, a la par, ser templo y fuente de la vida de donde surgieron sus retoños: aquellos magníficos hijos a quienes el cardenal adoraba.

Separados de la cotidiana rutina junto a nuestra madre, dimos fin a las correrías sombreadas por las vides del Esquilino. Perdimos también los pacíficos ratos jugando a las tabas en los salones de la fortaleza de Subiaco. Cancelamos los viajes de verano y las excitantes huidas de Roma al primer síntoma de las epidemias que, anualmente, asolaban la ciudad. Según convenía, nos agrupábamos en las propiedades borgianas de Nepi, el monte Esquilino o el encantador valle de Subiaco. Visto desde nuestra comunidad de niños, tanto trajín correspondía a supuestas aventuras atravesando el desierto o las selvas milenarias de las leyendas que nos explicaban. Heroicos y envalentonados, nos desplazábamos por la ruta con la magnificencia de un astro en el universo. Pero la estrella de mi destino comenzó a variar en el momento de acercarnos al Vaticano. En realidad, me instalaron en el palacio contiguo y fue el hogar más suntuoso de cuantos tuve. Cedido por su propietario, el cardenal Zeno, tenía fácil acceso de una a otra casa. Comunicábase también por la iglesia a través de la capilla privada del palacio hasta San Pedro y, desde allí, a la Capilla Sixtina. En conjunto, el majestuoso edificio impresionaba. Nunca me acostumbré a pasear por la magnífica galería de honor correspondiente al primer piso, sin acceder a diversas transformaciones de mi estado de ánimo. Allí me influía todo: el grupo de palomas batiendo sus alas alrededor de la galería principesca y sospechosas portadoras, en su pico brillante de sol, de mensajes del Espíritu Santo. Los cánticos del Vaticano, parecidos a un clamor misterioso. La vistosidad de los trajes talares. El silencio hecho aposta para acoger en el fondo del patio el alegre eco de las campanas romanas. Y si, además, se añadían las cien gargantas del órgano entonando cantos gregorianos, entonces yo conseguía un grado muy especial de misticismo. Nunca el misticismo propio de los humildes santos. Al contrario. Se trataba del misticismo de los representantes de Dios afincados en la Santa Sede. Los que caminaban bajo palio y tomaban asiento en la silla pontificia con la autoridad que les concedían los ciegos de la fe y el abuso inherente a toda autoridad. En definitiva, me creía Papa. Delirio éste perdido de pronto cuando, en las extensas y simétricas habitaciones de ventanas ojivales, comencé a vivir junto a mi aya, Adriana Milá. Pero Adriana no estaba sola. Además de un nutrido grupo de juveniles muchachas, le acompañaba su nuera, la bella Julia Farnesio, la cual, hurgando en mi memoria, identifiqué como la persona que dejó vacío el lecho de mi madre. Fue una introducción bastante dura a una nueva manera de existencia.

Recuerdo que yo bordaba con hilos de oro, consiguiendo en mi labor irregulares puntadas propias de una principiante. Con el tiempo conseguiría la perfección, si bien, de momento, me divertía hacer desaparecer la aguja debajo de la tela tensada en el telar y, tanteando el dibujo, sacarla luego por sorpresa en el sitio menos esperado. El aya me reconvenía por la falta de tino y para impedir sus constantes reprobaciones adquirí la costumbre de dialogar con ella. Así que aclaré mucha confusión en lo referente a mi familia. Viene a mi memoria la serenidad de una tarde detenida en la frontera del verano. Mi aya y yo apenas hablábamos, sumidas en la modorra. El aire denso, apaciguador de ímpetus, se iba llenando, sin saber el motivo, de indescifrables deseos que impedían entregarse al disfrute del *dolce far niente*. Hasta la galería de honor y su arrebol de claveles y geranios llegaba el recuerdo de la provocación pecaminosa de los bajos fondos romanos, las bulliciosas callejas donde el pueblo desposeído trajinaba sus únicas pertenencias: el amor, impotencia, venganza, gula, odio y, en general, aquello que soliviantaba la injusticia de que eran objeto. Por la atmósfera blanca de calor se iba infiltrando en nuestro palacio de Santa María in Pòrtico el sutil veneno de las ansias inconfesables para desbaratar la recoleta hora del Ángelus. Las campanas del rezo entonaron un canto de amor humano en mi corazón, siempre complaciéndose entre las místicas viñas del Señor, casi convertidas, para mí en las viñas de mi señor padre, allá en el monte Esquilino. Recogí mi labor y mis sentimientos a la vez. Pero algo de mi incipiente erotismo se me quedó en el halda.

—Adriana —dije—, me noto confundida.

—¿Por qué?

—Cosas...

—¡Dímelas!

Me costó mucho pronunciarme. Al cabo expliqué:

—Antes de nacer yo, mi madre tuvo otro marido, ¿verdad?

—Sí, el primero: Doménico d'Arignano. Entonces nacieron tus hermanos César y Juan.

—Después Vannozza casó con el padre de Octaviano.

—¿Y qué tiene que ver contigo el niño Octaviano? —parecía extrañada.

—Le quería mucho. Pero se murió.

—¿Y bien, Lucrecia?

—Dime, ¿cómo se llamaba el padre del niño?

—Giorgio da Croce. Fue él quien regaló a tu madre la viña del Esquilino.

Saberlo, me produjo honda emoción. Insistí:

—En aquel tiempo nací yo, ¿cierto, aya?

—Sí, naciste tú, ¡Dios sea loado!

—De manera que mi padre ha sido él, ¿no?

Las palomas de las ventanas huyeron del alféizar. Quizá el Espíritu Santo se negaba a prestar testimonio.

—¿Quién dices? —repitió mi aya, alterada.

—El padre de Octaviano.

Tuve la sensación de que una ráfaga de viento helado hizo tiritar la fatiga de Adriana. En el tono habitual empleado durante las noches, cuando todo se volvía susurro y confidencia, contestó:

—Mi querida niña. Tu padre es quien de padre ejerce. O sea: el poderoso vicecanciller de la Santa Sede, además de un sinfín de títulos menores al mencionado, y muy influyente cardenal Rodrigo Borja.

En el empaque de la voz traduje su afán de intimidarme con títulos y poderes. Pero yo era poco dada a tales intimidaciones, pues el poder y los honores me habían sonreído desde la cuna. Al despuntar la aurora ya estaban a mi disposición los dones escogidos de la existencia. La gente más hermosa, las casas más agradables, las soberbias adulaciones de los grandes príncipes y poderosos señores. A su avanzada edad y méritos, por ser yo hija de quien era, se inclinaban cortésmente ante mí, una niña de once años, en peticiones de favor y la súplica de que las transmitiera a mi padre, pues me consideraban su favorita. Y mi padre era un hombre nada común, súbdito reverente de sus creencias religiosas, rendido apasionado de la vida, esclavo de su familia, amigo de sus amigos, capaz de admitirlo todo menos renunciar a un placer, aceptar una derrota o dar cobijo a la tristeza. También yo rechazaba la tristeza.

—¿Tal vez mis hermanos no son mis hermanos? ¿Acaso fueron hijos del Artignano? —Y al momento supe cuánto los quería.

Adriana parecía conturbada.

—César, Juan, el pequeño Jofre y tú —dijo— sois hijos de Rodrigo y Vannozza. Y, por favor, acaba tus impertinencias.

No era una orden. Era un ruego. Adriana ofrecía el aspecto de haber envejecido un montón de años. Las instrucciones recibidas al respecto de mi educación no estudiaron la posibilidad de mis indagaciones. Sentí enorme ternura por ella. Besando sus mejillas, musité al borde de su oído:

—Aya, descuidamos el Ángelus. ¿Lo rezamos ahora?

Arropadas en el manto del recogimiento y siendo igualmente devotas, ambas nos arrodillamos. Sin embargo, la profunda religiosidad y mi sincera fe inculcada por las dominicas de San Sixto, monasterio radicado en la Vía Appia, no consiguieron aventar de mi mente ciertas interrogaciones aún sin exponer. Incómodas obsesiones me perseguían. ¿Por qué ninguno de los maridos de mi madre fue nuestro padre? ¿Por qué mis hermanos y yo, estando casada nuestra madre, éramos hijos de un prelado del Sacro Colegio? ¿Por qué un ministro del Señor entregado a sus altos ministerios o bien a la política del Estado católico del Vaticano, arrastraba consigo el pequeño harén de sus mujeres, amadas de diversos amores?

—«Ángelus dómini nuntiavit Mariae»... —rezó Adriana.

En el umbral de la puerta apareció Julia Farnesio, verdaderamente un ángel. Pero un ángel maligno venido al mundo para hacerme conocer esa flor ácida y morada de los celos. Los extraños celos de una hija idolatrada a quien roban el afecto del padre apoyándose en la única fuerza que una hija no puede combatir.

Durante las plácidas estancias pasadas en el convento de San Sixto, donde solía internarme en vísperas de oficios religiosos muy relevantes con la intención de prepararme para mi digna participación en los acontecimientos litúrgicos, no había espejos. En el Esquilino los hubo en profusión, si bien me pasaron inadvertidos. A fin de cuentas, el rectángulo azogado prendido en la pared no era más que un espíritu burlón que se llenaba o vaciaba de imágenes según capricho. Me costó averiguar que los espejos devolvían a la curiosidad de quienes se asomaban a ellos la confirmación o negación de la persona que nos acompaña desde la cuna al sepulcro sin que nunca nos la encontremos frente a frente. Desde luego no bastaba ser; había que reflejarse. Mi identidad aún sin construir desconocía la urgencia del espejo. Yo me reflejaba en todo cuanto veía. Y en el preciso instante en que todo cuanto veía se reflejara en mí, buscaría el espejo para aclarar el concepto de mi imagen. Ese momento llegó cuando hube de convivir con Julia Farnesio. Quien, por cierto, me resultó algo más que una imagen. En realidad, Julia fue el propio espejo donde estuve mirándome durante largo tiempo.

La Farnesio se coló de rondón en mi vida de forma solapada. La primera vez que oí su nombre tuve la sensación de que se referían a una criatura maligna, capaz de inferir crueles sufrimientos a mi madre. Por entonces Julia estaba recién casada y habitaba en casa de su suegra, Adriana Milá, sobrina preferida de mi padre y, en días no lejanos, mi aya. Un poco de tristeza entenebreció mi alma, mientras paseaba por el Esquilino los últimos estertores de una infancia feliz. Gracias a la desconocida Julia, conocí la amargura. Transcurrieron las semanas antes de que, en mi presencia, la volvieran a mencionar. Esta vez con el sobrenombre de Julia la Bella, pues así era conocida en Roma. Deseando hacer creíbles los entusiastas elogios, solían añadir en voz baja: «Imagina, más bella que Lucrecia.» De manera que, gracias a Julia, conocí la humillación. Con hondo pesar mío llegó la lluviosa mañana en que fui arrancada de los brazos de mi madre. Estábamos solas en la viña. Mis hermanos ya habían pasado por el trance anteriormente y su ausencia, tan sentida, puso un punto de tragedia en el momento de separarnos. Empecé a tener indicios inconcretos de lo que, sin duda, me aguardaba en el futuro: años sin fin de obediencia, sometimiento y negación.

—¿Dónde me llevan, madre? —Mi corta edad se abatía contra el regazo materno.

—A tu nueva casa.

—¿Vendrás tú?

—No, Lucrecia. Es hora de atender a tu instrucción como corresponde a una niña de familia tan importante como la tuya. Has de hacerlo solita, sin mí...

—Quiero estar contigo, madre.

—... pero si algún día, a la hora del alba, despiertas recordándome, ausculta tu mismo recuerdo y allí me encontrarás siempre.

—¿No podrías enseñarme tú, ser mi maestra?

Vannozza tuvo mucha paciencia. Mucha entereza. En el

momento del adiós fijé la mirada en mi madre. En su cuerpo austero y un tanto melancólico intuí la cancelación de un destino de mujer sometida, obediente y anulada como quizá habría de ser el mío. Me vino a las mientes el nombre de Julia Farnesio, la inquietante desconocida, capaz de anular una relación de múltiples años entre Vannozza y mi padre. La consideré responsable de mi desdicha. Y, gracias a Julia, conocí el rencor.

La nueva residencia estaba presidida por la falta de orden. Las situaciones o actos habituales se sucedían sin lógica ni sentido. Adriana Milá era la directora del régimen interior de aquel hogar de apariencia apacible y tempestades en el fondo. Julia la Bella escondía una astucia y dureza inimaginables en su talante amable y seductor. Caminaba sobre un volcán sin quemarse. Además, sabía conducir los acontecimientos hacia su beneficio. En cambio, el marido, descendiente de la gran estirpe de los Orsini, era un ser indeciso, agobiado por lo inesperado de la situación. Casó con la mimada hija de los Farnesio seguro de adquirir una opción a la felicidad. En cambio, se encontró con mi padre, el cardenal Borja, vicecanciller y casi Papa, quien, paso a paso, fue enseñoreándose sin apelación posible del hogar de los Orsini. A partir de sus relaciones con Rodrigo Borja, Julia se ocupó de promover el auge de su familia farnesiana, despreciando lentamente las obligaciones maritales. Herido por el abandono, inferiorizado ante sí mismo por su condición de tuerto y llevando a cuestas la pesada carga del sobrenombre de «Monóculus Orsini», no tuvo ánimo para luchar y, de antemano, perder la lucha contra la osadía y los pétreos privilegios del gran Borja. Le quedaba, sin embargo, un último refugio. Fallecido su padre apenas él nacido, Orsini confiaba en su madre. Creyó a pies juntillas que la presencia de ella le salvaría de la indignidad, pues se adjudicaba su protección. Pero Adriana Milá, rigiéndose por razones íntimas, abandonó el hijo a su suerte y se hizo protectora voluntaria de los amores de su tío Rodrigo Borja con su nuera. Siempre procuraron ocultarme los encuentros de Julia y mi padre, cosa que consiguieron. No obstante, sus relaciones quedaron al descubierto en cuanto nos trasladamos al palacio de Santa María in Pòrtico. Sin aparentes remordimientos quedó atrás la patética figura del hombre tuerto, traicionado por la madre y la esposa, conocido en toda Roma como el prototipo de marido engañado. Unos días después del traslado, recibí la visita de mi padre acompañado de Julia, la mano en la mano, y en la mirada iguales síntomas de la enfermedad amorosa que sufrían. Y, gracias a Julia, conocí los celos. Mi animosidad contra ella se fundió en seguida. Me subyugó su juventud. Yo tenía once años y ella dieciocho. En Roma, lugar de mujeres morenas, rasgos clásicos y de una cierta opulencia, se apreciaba, a causa de la escasez, la gente delgada, de ojos y cabellos claros. Mi rubio casi veneciano tuvo buena culpa de mi fama de criatura hermosa. Incapaces de admitir el oro deslumbrante de mis cabellos como regalo de Dios, el clamor popular sugería extrañas químicas capaces de fabricar el esplendor de aquel oro increíble. A costa de ello, Julia y yo nos reíamos. Con el cabello recién lavado y tendido sobre los hombros, situadas al arrimo de la chimenea, íbamos criticando:

—¿Y qué murmuran?

—Pues que me lavo la cabeza con lejía, me seco al sol y así consigo este rubio tan especial.

—¡Es absurdo! —se rió Julia.

El juicio popular consideraba mejor a la Farnesio. Mejores sus facciones clásicas. Mejor su madura juventud de mujer casada y adolescente. Mejor aún, su prestigio, ganado por el hecho de enamorar a Rodrigo Borja. Al compararme a ella, la única superioridad que me concedían eran mis ojos claros. Tan claros que merecieron el adjetivo de blancos para quienes pudieron contemplarlos y, después, enaltecerlos. De cualquier manera yo deseaba parecerme a Julia: la mujer que subyugaba a mi padre.

Por aquel tiempo, mientras Julia y yo tejíamos una excitante amistad compuesta de atracción y repulsión gemelas, los acontecimientos romanos provocaron ininterrumpidas sacudidas en las mujeres del palacio de Santa María in Pòrtico. Sucedíanse los silenciosos pasos por los pasillos comunicantes con el Vaticano. Las noches se poblaban de intrigas. Se movían las cortinas, refugio de espadas, espías y malas intenciones. A veces, noticias del exterior cruzaban como un lampo las naves decoradas con frescos de los mejores artífices. Antes de acostarme, rezaba suplicando que el alba no me trajera sustos amenazadores. Sin embargo, al amanecer, corridos los cortinajes y el sol entrando, mi aya Adriana solía traerme alguna noticia intempestiva. Mi existencia se deslizaba despacio al ritmo de mis pasos de niña, encima de un suelo vertiginoso. El ciclo de mis noches y de mis días tenía una órbita bien precisa, y mientras yo iba de la alcoba a las estancias de recibo, de éstas a la mesa familiar, de allí a la galería de honor, al lugar de estudio, el de bordar o del aseo personal y regresaba a mi alcoba, la historia del mundo, la historia italiana y la historia de Roma, tan pegada a mi respiración, galopaba incesante sobre potentes corceles montados de todas las ambiciones. Los Borja formaban en torno a mí un bosque circular. Eran mayores que yo excepto mi hermano Jofre, quien, por aquello de nacer niño, estaba ya abocado al pozo de las intrigas palatinas, preparándose para su noble destino de caballero. Bien apretados a mi alrededor, apenas me prestaban atención. Les bastaba saberme protegida. Pero a sus espaldas yo iba creciendo y no tardarían en asombrarse de mi evolución. Entonces sería la hora exacta de utilizarme. De momento, yo giraba, giraba y giraba como una muñeca dentro de su urna. Sin pena ni gloria, pero salvada por la viveza que otorga la curiosidad infantil. Un amanecer lluvioso en el que yo añoraba la cálida presencia de mi madre, le dije al aya:

—Adriana, casi hace un año...

—¿De qué, niña?

—De mi compromiso.

—¡Dios sea loado! ¿A qué viene ahora sacarlo a relucir?

—Me aburro —pensaba en Subiaco, Nepi, en el campo.

—No exageres, criatura.

—No exagero. Os divertís todos menos yo.

—¿Todos? —Sus manos diligentes iban peinándome—. Ya me dirás quiénes son «todos».

—Pues vosotros, los mayores; y ellos, los de la plaza. ¿Por qué gritaban?

—Cuando el pueblo se junta siempre alborota. Además, había fiesta. Una corrida de toros. ¿Sabes tú lo que es una corrida de toros?

—No —dije volviendo a un lado y otro la cabeza.

—Si te mueves no acabaré nunca de peinarte —protestó Adriana dándome un irrisorio golpe de advertencia—. No me extraña que lo ignores. Se trata de una fiesta muy popular en España y desconocida aquí. La organizó tu hermano César.

Al escuchar su nombre, tuve un pálpito de alegría. Llevaba días sin verle y lamenté que se ocupara de organizar fiestas en vez de visitarme. La persistencia de la lluvia me hizo evocar los claveles y geranios de la galería. Desde lejos vino a buscarme un llanto que no derramé. ¿Qué harían los girasoles de la viña en un día lluvioso? Me los imaginé pasmados, sondeando en el cielo una huella de luz.

—¿Qué razón tuvo César para agasajar a la gente?

—Razón la hubo. La noticia de que los reyes Isabel de Castilla y Fernando de Aragón reconquistaron Granada bien lo vale. Y por si fuera poco, los monarcas firmaron un edicto expulsando a los judíos. La patria entera de Rodrigo Borja ya es católica y este triunfo de la religión debe celebrarse en Roma. Tu padre, amigo de los reyes, les agradece esta expansión del reino espiritual.

—Aya, de eso quería hablarte...

—¿De la expansión espiritual? —fingió sorpresa.

—¡No, no! De aquellas tierras. Empecé diciéndote que ya pasó un año desde mi compromiso de esponsales con no recuerdo quién.

—Don Querubín Juan de Centelles, señor del valle de Ayora. ¡Y está muy feo que te olvides!

—¿Pero cómo voy a recordarlo después de tanto tiempo? En cambio, sé muy bien las condiciones matrimoniales. Quedamos en esperar un año y, al cabo, trasladarme a Valencia. Durante seis meses aprendería la educación propia de una casada y, a continuación, se celebrarían las bodas. Cumplido el tiempo, nadie parece acordarse de la promesa. —Di una patada en el suelo—. ¿Qué les pasa? ¡Yo quiero ir a Valencia!

—No veo la necesidad. Aquí estás muy bien.

Una pareja de palomas huyendo de la lluvia se acomodaron en el alféizar con profuso batir de alas. Adriana se dispuso a ahuyentarlas, pero yo estaba enfadada y se lo impedí.

—Aya, está muy feo —dije— que no le tengas cariño al pueblo de tu familia.

Bruscamente interrumpió sus ocupaciones. Erguida y mostrando una dignidad propia de aquel a quien insultan sin merecimientos, habló:

—Soy hija de Pedro Milá, a su vez hijo de Juan Milá y Catalina Borja, mis abuelos, Éstos, a su vez, hermanos de Alfonso de Borja, el llamado papa Calixto III, tío de tu padre. Todos éstos, y más que no te menciono, nacieron en Xátiva. El afecto que nos tenemos tu padre Rodrigo y yo se alza desde un mismo enamoramiento hacia el pueblo del cual venimos. ¿Cómo puedes acusarme de no sentir cariño al lugar de mis mayores?

Terminó su discurso y, dando media vuelta, desapareció en dirección a la vecina estancia. La seguí de mal humor y, al entrar yo, la vi sentada cerca de la escasa luz natural con una labor entre manos. Acomodándome a su vera, comencé a bordar.

—Entonces, aya —intenté continuar la conversación—, te parecerá lógico mi deseo de ir a Valencia. Al menos conocería la tierra de los Borja. ¿Dónde nació mi padre?

Esforzándose en ser amable, explicó:

—Gran parte de sus parientes vieron la luz en la Torreta, aldea de la villa de Canals, perteneciente a Xátiva. En Xátiva nació él, Rodrigo.

—¿Cómo era mi padre cuando tenía mis años?

—Le llamaban *el Morrudet* —sonrió— porque sus labios eran gruesos. Le agradaba pasear por Xátiva montado en una jaquita blanca. El detalle de la jaca y su simpatía personal le hicieron popular.

—Entonces, ¿no estaba obligado a vivir encerrado en un palacio lo mismo que yo?

—Desde luego que no. Pero tampoco se salvó de pagar sus impuestos al triunfo. Y te diré por qué. Años más tarde, el papa Sixto IV le nombró legado suyo para los reinos de España y allá lo envió. En la capital le recibieron con el boato propio de su cargo pues Rodrigo Borja, por los días que te cuento, era obispo de Valencia. A los diecisiete años abandonó la península llamado por su tío Alfonso, cardenal de Roma, y nunca más pisó el suelo patrio hasta entonces, cumplidos los cuarenta. Rodrigo concedió infinidad de favores a los valencianos y a sí mismo se concedió la ilusión juvenil de unir la Torre del Miquelet a la catedral. Llevado de la nostalgia visitó Xátiva, pero no a lomos de la jaquita blanca.

—¿Ni siquiera fue a verla?

—Vete a saber dónde pararía la jaca, Lucrecía. Éste no es el caso. Se trata de hacerte comprender que a cuanta más altura se sube a tanto más uno se obliga. Cabalgando por Xátiva a su aire, tu padre disfrutó más que cuando hubo de regresar, revestido de honores y títulos. Sus convecinos contemplaron admirados al niño a quien llamaron *el Morrudet* pasear las antiguas calles bajo palio, rodeado de un deslumbrante séquito de personalidades. Las campanas de la iglesia repicaban alborozadas y cientos de flores eran lanzadas a su paso. En fin, querida Lucrecia; tu padre cambió la jaca blanca de su libertad por la esclavitud del poder. Como tú has adquirido el derecho a una existencia noble y regalada entre palacios, a cambio de perder las seductoras viñas del Esquilino. ¿Lo has entendido?

Me prometí a mí misma meditar las palabras de Adriana por la noche, en la serenidad de mi lecho. Y regresé a la primera pregunta.

—Aya, ¿qué pasa con mi matrimonio?

—No lo sé, hija. Ignoro los detalles del trámite, pero no se llevará a cabo.

Después de sus palabras, todo fue lluvia. Diluvio, más bien. Tuve deseos de llorar, pero me enseñaron férreamente que una Borja jamás ha de verter lágrimas. La tela que bordaba era dura. Cada paso de la aguja, arriba y abajo, abajo y arriba del bordado, producía un sonido horrible, algo semejante al crujido de un insecto al ser aplastado. Sentí la ilusión de reencontrarme en el Esquilino, aunque a fuerza de pensar entendí lo inútil de aquella ilusión. En la viña ya no estaba mi madre. Ella vivía en su nueva casa, con su nuevo marido. César organizaba corridas de toros. Juan se adiestraba en el ejercicio de las armas y en sus galanteos. Jofre estaba ocupado en los estudios. ¿A quién podía interesarle yo? ¿A quién las delicadezas de mi bordado entrecruzado de hilos de oro? Me vino a las mientes un diálogo escuchado a ciertas damas que gozaban del privilegio de visitarnos:

—Lucrecia tiene una inteligencia excepcional, superior a las niñas de su edad.

La frase no tuvo sentido para mí y seguía sin tenerlo. ¿Puede la inteligencia salvar de la soledad? ¿Ser una niña con dotes superiores a las niñas de su tiempo protege su infancia? ¿Sirve la inteligencia para atraer el afecto del prójimo? En aquel preciso instante llamó mi atención el revuelo lejano de voces sofocadas, alteración desusada que yo conocía muy bien. Una especie de huracán levantó la cortina y algunos criados irrumpieron en la estancia colocándose a derecha e izquierda de la entrada. Hecho una furia, casi tremebundo, compareció ante mí Rodrigo Borja, el imponente hombre que era mi padre. Al verme perdió su agresiva prestancia, se hizo mieles, se inclinó ante mi pequeña estatura y, antes de que hablara, yo le dije mi pena:

—¿Por qué nadie me quiere, padre?

—¿Que nadie te quiere? ¡A ver! ¡Dame un solo nombre y queda excomulgado!

Alentada por su fuerza, respondí:

—Me refiero a don Querubín Juan de Centelles, el que debió ser mi futuro esposo. ¿Por qué me ha despreciado, padre?

El cielo se venía abajo en la galería encharcada. Pero la tempestad surgida del poderoso pecho de aquel gigante que era mi padre transformó el diluvio en insignificante llovizna. Su facilidad de palabra, la fluidez interminable de sus argumentos y el habitual entusiasmo que les insuflaba consiguieron apaciguar mi honda aflicción. En pocos minutos quedé enterada de que no fue el señor de Centelles quien me había despreciado. ¿Cómo cabía suponer semejante barbaridad si yo era la más bonita del mundo? El impedimento surgió de mi padre, quien decidió alejar de mi lado a don Querubín por falta de méritos. Arrimada a la pared, Adriana se mantenía ausente. Rodrigo Borja la interpeló con mal contenida ira:

—Respecto a ti, Adriana, he de reprochar tu falta de tacto. En modo alguno se te autorizó confiar a Lucrecia el estado actual de sus compromisos. Te lo advierto, si no eres discreta tampoco serás Adriana, ni aya, ni mi sobrina. ¿Entendido?

Aquella noche, arropada entre sábanas perfumadas, llegué a una conclusión menos prometedora. El disimulo y la mentira actuaban de niebla para encubrir intrigas. No debía confiar a nadie mis sencillos sentimientos. El dormitorio estaba a oscuras. Pero más lo estaba yo. De pronto, me sentí ciega y caminando a tientas por el estrecho filo de un sendero que cruzaba peligrosamente el pantano de los Borja.

En los dominios del palacio de Santa María in Pòrtico y en uno de los corredores que conducían al Vaticano, descubrí, quizá olvidado a causa de su mala situación, un impresionante tapiz. Lo bauticé «tapiz escondido» y a nadie confié mi hallazgo. Ésta fue mi inocente protesta contra las intrigas de mi alrededor. Tanto me agradó el tapiz que, apenas conseguí orientarme por el laberinto de las habitaciones sin peligro de pérdida, me escapaba a verlo. Cierto día no pude reprimir el ansia de conocer su tacto. Alcé la mano cuanto me permitió la estatura y, apoyándola en el tejido, la fui deslizando hasta el extremo inferior. Entonces cometí la equivocación de levantar su vértice y mirar debajo. El envés de tal perfección escondía hongos, pequeños insectos, manchas hediondas, podredumbre. Bastó un segundo y la obra de arte perdió su atractivo. Ocurrió igual en aquella mañana de lluvia que vino a verme mi padre. Alzado el borde del tapiz de la inocencia, y una vez descubiertas debajo las malas intenciones, las cosas nunca volvieron a ser como antes fueron. Me hice desconfiada. Perdí esa sosegada felicidad que porporciona la fe. A cualquier palabra o ademán del prójimo encontraba doble sentido. Solamente César, Jofre, Juan y mi padre Rodrigo se salvaron de mis recelos. Mi padre, además, gozó de por vida de una bula filial que le concedía ilimitada confianza. En años por venir, siendo yo casada y mi padre papa Alejandro VI, las malas lenguas se tomaron la molestia de llegar hasta mí con el fin de murmurar atrocidades acerca de mi padre. Mi respuesta se hizo famosa:

—Su Santidad es representante de Cristo. Si criticáis al Papa, juzgáis a Dios.

En cierto modo, este gran afecto que le tuve fue el hilo conductor de mi vida. Algo que me llevó hacia el bien y hacia el mal con la enorme decisión de los grandes amadores. Y con esto no me refiero a mí. Aludo a mi padre, dotado de enorme vitalidad y parecido al sol que, al pasar el arado de sus rayos, resucita las simientes enterradas en la tierra. El poder de tales criaturas es inmenso comparado al de quienes se limitan a seguir, por inercia, los impulsos ajenos. Yo nunca fui una iniciativa, sino más bien una respuesta. Igual que Adriana y Julia Farnesio. Ambas mujeres, suegra y nuera, fueron eficaces luchadoras, capaces de aprovechar el esfuerzo del prójimo en su favor. Las quise mucho, ignoro si por efecto del contacto diario o por condicionamientos de mi carácter ansioso de cariño. La única verdad de aquellos días era mi lógica prevención en su contra. ¿Por qué al verme entrar en alguna habitación y sorprenderlas juntas, separábanse en seguida fingiendo diferentes obligaciones? Un clima enemigo se instaló entre nosotras. Quizá lo creara yo misma con mi acritud. Pero, a fin de cuentas, la prioridad me correspondía por ser hija de Rodrigo Borja, título superior al de «sobrina» Adriana o «amiga» Julia. Demasiado niña para integrarme a sus distinguidos recibimientos, pronto me acostumbré a vigilarlas. Los espionajes detrás de las cortinas, además de distraer mi aburrimiento, me resultaron muy útiles. Aprendí modos y maneras diplomáticos, el arte de agradar, la capacidad de sugerir lo contrario a lo que uno siente o piensa y, de vez en vez, chismes romanos de picante contenido. Como es natural, fui rebajando mi desmedida admiración hacia mis semejantes. Les perdí el respeto. En cierta ocasión conseguí interpelar a mi aya y a la Farnesio con parecida arrogancia a la usada por mi padre:

—¿Qué clase de papel tenéis entre las manos?

Julia lo ocultó rápidamente.

—¿Qué papel?

—Lo he visto al entrar.

—Te equivocas, querida Lucrecia. No teníamos ningún papel... —Me enseñaba sus manos abiertas, cargadas de anillos y languidez.

La tarde transcurrió pesada, repleta de dificultades. Ellas no hablarían y yo en modo alguno iba a suplicarles me confiaran, por favor, lo que estaban obligadas a decirme. Alguien reclamó la presencia del aya. Nos dejó solas. Breves momentos después y acuciada de secretas inquietudes, Julia se excusó alegando urgencia de retirarse. A prudente distancia de tiempo y lugar, la seguí. Mi corazón latía desesperadamente. Los soldados de la guardia interior apostados en cada esquina adoptaban la posición de alerta al advertir mi sombra, pero deponían su actitud al reconocerme. Ninguno daría aviso de mis movimientos. Mi ansiedad procedía de otras posibilidades. En el instante de cruzar frente a la biblioteca, reconocí la voz de Adriana. Pasé veloz, aterrorizada ante el supuesto de ser descubierta. Salvado el peligro, proseguí la persecución. Era notable el mecanismo de nuestros impulsos, pensé. Sumidos en la quietud, se advierten innumerables dificultades. Pero si optamos por actuar, ninguna dificultad consigue detenernos. Entonces recordé la historia del tío de mi padre, aquel papa Calixto III, primero de los Borja y auténtico pionero de la poderosa rama familiar. Siendo muy niño, allá en Játiva, le preguntaron: «Y tú, ¿qué deseas ser de mayor?» «Papa de Roma», contestó decidido. «Entonces, chico, ya sabes lo que te toca. *Si vols ser Papa, ficat-ho al cap.*» Al parecer, se lo puso en la cabeza y lo consiguió. Este pensamiento me llenó de audacia y aplicándome el consejo, seguí adelante. Recobré a Julia en el momento en que ella, cruzando entre cortinas, desaparecía en la intimidad de un aposento desconocido. Al entrar, se le cayó un papel. Me acerqué a recogerlo. Entonces oí rumores alterados, crujir de sábanas, riñas parecidas a caricias, un cúmulo de sensaciones intraducibles, mitad amenaza y mitad entrega. Detenida por el pánico, caí en la cuenta de que allí dentro un hombre y una mujer se destrozaban. Las palabras de Julia me llegaron claramente:

—A mí no me molesta que los romanos me llamen «novia de Cristo»...

Aterrada, escapé de aquel lugar como del infierno. Envuelta en la emoción de la aventura, regresé a nuestros aposentos. Allí estaba mi aya. En seguida preguntó:

—¿Qué llevas en la mano, Lucrecia?

—Un papel. —Se lo mostré.

—¿Puedo saber quién te lo dio?

—Lo recogí del suelo.

—Te ruego que me lo entregues.

—No. Tampoco vosotras me enseñasteis vuestro papel.

Siguió un silencio especial. Era la primera vez que yo me negaba. Adriana reaccionó aturdida. Luego hizo un esfuerzo y recompuso su autoridad.

—Si no me lo entregas me obligarás a comunicar a tu padre esta desobediencia.

—Pues me harás un favor.

Transcurrieron largos momentos de duda. Adriana parecía próxima a desplomarse. Le afligía el pro y el contra de su actuación, sometida al juicio del cardenal Borja.

—¿Quieres que lo leamos juntas? —dijo intranquila.

—Sí.

La luz del atardecer languidecía y mi aya encendió el candelabro de más velas. Invitándome a tomar asiento a su lado, me tendió su mano abierta:

—Vamos a ver qué dice ese papel, niña. Vamos a ver...

Naturalmente, lo leyó. La redacción habitual de abogados y demás colegas judiciales salpicaba de aridez el contenido. Pero estaba muy claro el fondo de la cuestión. Mi querido padre volvía a traicionarme. Creí firmemente en su palabra de haber roto el compromiso con don Querubín Juan de Centelles, señor del valle de Ayora. Pero en aquel papel quedaba constancia de que, tres meses depués del contrato matrimonial con don Querubín, Rodrigo de Borja concertó un segundo compromiso entre mi persona y el notable Gaspar de Prócida, conde de Aversa. Su padre había sido defensor y servidor devoto de doña Isabel de Castilla. En su familia se prodigaron nobles personalidades que se ufanaban de haber recibido merecimientos altamente premiados o bien de asuntos menores, tales como ser afeitados en su vulgar barba por la mano majestuosa de don Fernando, rey de Castilla. Pródiga en títulos y dignidades, aquella familia fue elegida por mi padre para refugio mío. Yo no conocí otra objeción a sus designios que la sorpresa de sentirme nuevamente ligada a un futuro matrimonio sin haber sido advertida. Que mi destino me recondujera a tierras valencianas me sentaba bien. Menos bien, entender que mi padre tuvo ocasión de comunicármelo y no lo hizo. ¿De veras me quería? Algo calmada, encontré cientos de excusas a su comportamiento. Quizá no me advirtió de la situación para evitarme el dolor de otra negativa. Tal vez todo fuese exceso de afecto. Además, según el papel, don Gaspar de Aversa tenía quince años. De súbito, me pareció un excelente compañero de juegos, alguien con quien compartir mis fantasías y correr por ríos y montañas de los que ambos éramos dueños. Entonces recordé los rumores en la estancia donde sorprendí a Julia Farnesio, nuera de Adriana.

—Adriana, ¿cómo se llama tu hijo?

Abrió desmesuradamente los ojos:

—Orsino, ¿por qué?

—¿Cristo es tuerto?

Mi aya, recogida la directa alusión a la tara de su vástago, contuvo el disgusto por lo que suponía una falta de consideración. Mirándome fijamente, dijo:

—Ni Dios es tuerto ni tu pregunta clara. ¿Qué intención escondes, Lucrecia?

—Pensaba en algo que no consigo entender. Lamentaría molestarte, aya, pero si tu hijo está tuerto y su nombre es Orsino, ¿por qué, siendo su esposa, llaman a Julia «novia de Cristo»?

No hubo respuesta. La tierna noche casi recién nacida se hizo inmensa. Las tinieblas se adueñaron de Santa María in Pòrtico. La cerrada oscuridad de la calle tapiaba las ventanas del palacio. La plaza de San Pedro había desaparecido. Desaparecí yo también bajo las sábanas, pero conmigo se acostaron las dudas que me impidieron dormir: si el marido de Julia no llevaba el nombre de Cristo, ¿quién sería el hombre que yacía con ella?

A la llegada del calor Roma se transformaba. En realidad era como una crujiente hogaza de pan recién sacado del horno; aquellos pétreos hornos con la olorosa garganta cubierta de lenguas de fuego y negras bocanadas de humo en el blancor de su abierta boca. Las personas de posibles huían del bochornoso castigo de la temperatura y de las pestes que duraban el tiempo de un verano. Entre lo insalubre de húmedos callejones quedaban los apestados abrazados a su suerte mientras el pueblo sano escapaba a las colinas para comer, beber y cantar en interminables horas de alegría, bajo un palio de estrellas brillantísimas. Muchas cosas sucedieron entonces sin conseguir mi atención, distraída en asuntos de mi edad. Entre otros sucesos fui testigo del enorme disgusto de los próceres por el fallecimiento de Lorenzo el Magnífico.

—¡Lástima! —comentó Adriana—. Apenas hace un mes que Juan de Médicis llegó aquí. Con diecisiete años y nombrado cardenal, a buen seguro que su padre hubiese disfrutado los innegables triunfos que aguardan al muchacho. El pobre Lorenzo ya no lo verá.

No desacertaba mi buena Adriana. Escuché sus comentarios ajena al hecho de que, en un lejano futuro, aquel florentino que se iniciaba en la vida acabaría siendo León X, el papa a quien yo escribiría mi última carta antes de expirar. De momento sucedíanse los comentarios respecto a la persona de Inocencio VIII. Se moría. El revuelo causado por su presunto óbito levantó un mar de sanguijuelas en torno a su lecho mortuorio. El glorioso séquito que rodeaba su agonía, pese a pertenecer a lo mejor de la Iglesia Católica, Apostólica y Romana, conspiraba con la intención de colocar sus ambiciosas asentaderas en la magnificencia del solio pontificio. No era justo dudar de su fe. Menos aún, de sus humanos desvaríos. Pero manejos tan pedestres apenas me concernían. Yo iba meditando mi situación de prometida del muy insigne señor de Prócida, conde de Aversa. Entre mi cancelado futuro esposo Querubín y mi todavía amenazador y probable marido Gaspar, nada personal me ataba. No los conocía. Las ensoñaciones propias de la mentalidad infantil se dirigían a mi satisfacción personal, ansiosa de ambiente mediterráneo, azahares, barracas situadas en el término de las propiedades agrícolas de mi futuro esposo; Játiva, el pequeño recordatorio de mis antepasados; la libertad de movimiento; el disponer de mi albedrío. En resumen, tenía clarísima la idea del matrimonio: un sugestivo viaje al país de los cien espejos, en cuya estación de término vería cien veces reflejada la viña del Esquilino. ¿El esposo? Un molde donde cupiera cualquier figura. Y aquí la ensoñación se tornaba dramática por su escalofriante parecido a los matrimonios de mi alrededor. Pero los acontecimientos tomaban proporciones importantes. Iban creciendo como lava de un volcán en erupción. Una tarde primeriza de agosto, cuando el verano todavía esconde ráfagas perfumadas de primavera, llamó mi atención una recua de mulas que pasaban delante de nuestro palacio para adentrarse en las callejas próximas con rumbo desconocido. Reclamé la presencia de mi aya.

—¿Qué ocurre, niña?

—Las mulas —señalé—. Van muy cargadas, ¿no?

—Transportan plata y oro —dijeron y reconocí la voz de Julia.

Apartadas del antepecho del pretil en actitud de reserva, observaron las mulas con interés. Dos pasos detrás de Adriana, la Farnesio me sonreía.

—¿Estás bien, Julia?

—Muy bien. —Parecía esconderse.

En poco tiempo había embellecido. Tal vez engordado, lozana como nunca. Mi actitud demostraba sorpresa.

—¿Quizá tengo aspecto de enferma?

Me chocó su nerviosismo. Repliqué desconcertada:

—Al contrario. Aunque no te encuentro normal. Si bien... En fin, no sé. ¿O se puede estar enfermo por demasiada salud?

Julia se sonrojó hasta el nacimiento de sus cabellos. Desde luego, estaba incómoda. Intentando disimular el trance, recurrí a la recua de animales.

—Quisiera saber a dónde llevan la carga, Adriana.

—A casa del cardenal Ascanio Sforza.

«Las cosas importantes siempre pasan de puntillas», solía referirme Vannozza. Con la mayor de las indiferencias acababa de oír el apellido que yo llevaría meses después, por ser mi futuro esposo sobrino del recién mentado cardenal.

—Cierto. Pero lo que transportan las bestias no le pertenece. Son tesoros de los Borja.

—¡Que los devuelvan! —casi ordené.

Adriana se rió, comprensiva.

—Favor que nos hacen, Lucrecia. Mira —me acercó hasta ella—, ya sabes que van a elegir Papa, ¿verdad?

—Sí.

—Eres demasiado pequeña para conocer los trámites reglamentarios, pero te los contaré. En vísperas del acontecimiento, los aspirantes a la dignidad de Sumo Pontífice apartan de sus casas cualquier objeto de valor. Se ignora quién sucederá al Pontífice fallecido. De manera que, ante la duda, preservan sus propiedades. Toda Roma se concentra delante del Vaticano para seguir, minuto a minuto, la evolución de los acontecimientos. Puede durar días, horas o semanas. Depende. En el instante mismo de ser anunciado el elegido, la chusma se precipita al domicilio del triunfador. Están seguros de que tardará en regresar pues la residencia del Papa está en el Vaticano. Ellos aprovechan el momentáneo abandono y arrasan las casas, saquean, roban, se dedican al pillaje. La tropelía dura un limitado tiempo de horas, pero el despojo es tremendo. Así que lo más cauto resulta protegerse de la invasión.

Imaginé la ciudad cruzada por innumerables reatas de mulas, arriba y abajo por las calles humildes, soportando en sus lomos riquezas incalculables.

—¿Por qué no lo impiden, aya?

—Es más fácil salvar las riquezas de esta manera, que enfrentarse a una multitud enardecida.

Se me hizo muy raro que el todopoderoso cardenal Borja no fuese capaz de mantener a distancia, incluso someter, una multitud, con el ademán de una sola mano. Entonces una idea impensada me asaltó:

—¿Significa esta prevención de salvar nuestras riquezas, que mi padre será Papa?

—Nadie puede vaticinarlo.

—Pues tú me has dicho que al tío de mi padre se lo vaticinaron.

—Bueno... ¡Ésa es otra historia! —Julia y Adriana se miraron divertidas—. Seguramente te refieres a un pobre dominico, predicador en Valencia. Tu tío abuelo, don Alfonso de Borja, suplicó al fraile que intercediera con sus santas oraciones por el bien hacer de su vida. «No te preocupes», contestó el fraile. «Llegarás a la cima del poder terrestre. Serás Papa y, desde tu solio, me santificarás.»

—¿Y qué pasó?

—Exactamente lo que el dominico predijo. Tu tío abuelo se llamó papa Calixto III y santificó al fraile predicador. Era san Vicente Ferrer.

Me recogí en respetuoso silencio, pues yo era muy devota. Amaba los cantos de iglesia. El perfume de la cera y del incienso. La quietud de los templos. El contacto de los rosarios. La beatífica paz aprendida de las dominicas del convento de San Sixto, en la Vía Appia.

—Un milagro de san Vicente, ¿verdad? —susurré pensativa.

La firme voz de mi aya puso el concepto a ras de tierra:

—O la tozudez aragonesa de Alfonso Borja. Su cabezonería y tesón fueron proverbiales. Creo que, por tozudo, consiguió él solo lo que nadie pudo: que el Papa Luna abandonara Peñíscola.

Después de una menguada meditación, pregunté:

—¿Mi padre es tozudo?

—No lo suficiente para encaramarse al solio pontificio. Pero afirma que en la vida todo es fácil de conseguir, en tanto uno esté satisfecho de sí mismo. Y te aseguro, Lucrecia, que esta cualidad no le falta.

Julia no pudo reprimir la risa. Tampoco yo. Ni siquiera Adriana. Por un momento, las tres formamos un vértice de trinidad afectiva. El cardenal Borja se hubiera sentido feliz.

—Aya —cierta nostalgia me obligó a preguntar—, ¿dónde están mis hermanos?

—El pequeño Jofre estudia. Juan está de viaje.

—¿Y César?

—César sigue en Pisa terminando su educación.

Noté la ternura y el fastidio de su ausencia, pero acabé conformándome. ¿Qué otra cosa podía hacer? Cuatro días después, nada se había decidido en el cónclave. El pueblo romano continuaba inmóvil, día y noche, en la gran plaza. Soportando los aterradores rayos solares de la época estival, o disfrutando bajo la fría caricia de la luna, muchos rindieron cuerpo y alma a los excesos del amor, mientras aguardaban el nombre de quien representaría a Cristo en la tierra. En la Capilla Sixtina teníanse en cuenta apreciaciones nada espirituales. A la comunidad vaticana le urgía un Papa audaz, realista, enérgico. Tampoco se desdeñaban, a la hora de votar, asuntos pecuniarios. Si secreto era el cónclave, más secreta su intención política. Rodrigo Borja poseía las características deseadas por el colegio cardenalicio, pero no era amado a causa de su condición de español. Roma estaba harta de la invasión valenciana, catalana y aragonesa que ocupó durante años las dependencias vaticanas apenas se entronizó al primer Borja, Calixto III. La aristocracia italiana sentíase menospreciada en favor de los españoles, aquellos invasores de los Estados de la Iglesia. Por contra, el llamado obispo de Valencia, Rodrigo Borja, gozaba del atractivo de sus numerosas prebendas y ricos cargos a disposición de los amigos que le votaran. El poder de mi padre salió a relucir entonces. Que yo recuerde, era vicecanciller de Roma, obispo de Porto, dueño de Subiaco, de otras tantas abadías, de Nepi y Civita Castellana. También obispo de Valencia y dieciséis diferentes obispados en España, lo cual significaba cantidad ingente de ducados a sumar en sus ya repletas rentas. El 10 de agosto, por fin, Rodrigo Borja fue elegido.

—Llámese Calixto Su Santidad —le propusieron—, en memoria de su tío el buen pontífice.

El novísimo Papa denegó. Se llamaría Alejandro, en homenaje al invencible Alejandro.

En la brillante mañana del día 11 se derrocaron los ladrillos que tapiaban la ventana del cónclave y asomó la cruz papal. Detrás compareció la majestuosa figura de Rodrigo Borja, inmediatamente anunciado como Alejandro VI. La campana del Capitolio sonaba alborozada, enloquecida. El clamor de la muchedumbre se filtró en la serenidad de nuestras habitaciones. Bajo la vigilancia de Adriana, yo bordaba un momento histórico. A mi lado leía Julia.

—¿Qué sucede, aya? —me sobresalté—. ¿Murió alguien? ¿Alguien importante?

—Al contrario, Lucrecia —santiguóse impresionada—. *Habemus Papa* —dijo y me besó en la frente.

—¿Quién será?

—La voluntad de Dios está cumplida.

Julia cerró el libro. Las palomas de la galería de honor habían escapado asustadas por el escandaloso repique. Solamente regresó una pareja. Jugaban agarrándose por el pico. Pesaba el sol, aplastado en los balaustres. ¿Qué haría Vannozza?

En el doméstico protocolo de Santa María recibimos las presiones de quienes deseaban congraciarse con el nuevo Papa. El grupo de las jóvenes damas y acompañantes que formaban la pequeña corte del palacio se nos echaron materialmente encima. Su júbilo rayaba en el escándalo y Adriana necesitó amonestarlas. No dudé de que las hubiera desinteresadas pero las más, aleccionadas desde la infancia en las normas de escalar socialmente, rendían verdadera pleitesía de adulación. ¿Tan importante era mi nuevo rango? Si mi padre acababa de se elegido Papa, el mérito le concería. Y aun admitiendo que los destellos de su gloria me alcanzaran por ser hija suya, lo consideré absurdo pues nadie podía confirmar esa paternidad. En la instrucción primaria de los niños Borja formó parte esencial y muy rígida la absoluta separación entre el mundo exterior y el cálido refugio familiar. Ningún extraño pudo jactarse de habernos sorprendido llamándole «padre mío». Y si bien él se concedía la libertad de dirigirse a nosotros con el título de «hijos míos», era prerrogativa aplicada a cualquiera de sus feligreses en orden a su paterna espiritualidad. De cualquier modo, el juicio popular daba por cierta mi condición filial. Más cierta para el prójimo, tristemente, que para nosotros mismos pues, con los años, perdimos la convicción. César, Juan, Jofre y yo fuimos hermanos amantísimos durante el tiempo de una infancia protegida por el entusiasmo de los padres: Vannozza y el arrogante cardenal Borja, ahora reciente Papa. También éramos, en unión de la viña del Esquilino, la libertad de costumbres y la feliz existencia al margen de leyes y condicionamientos, un pasado que se debía borrar. Mejor aún: inmolar a la manera de una ofrenda por la gloria de ser representante de Dios en la Tierra. El escalofriante roce con la eternidad debió de estremecer a mi padre, hacerle sentir el arrepentimiento. ¿Cómo, si no, interpretar sus documentos testimoniales a favor o en contra de nuestro dudoso origen, todos ellos avalados por su sello pontificio? ¿Significaba esto que las dudas comenzaron a partir de su consagración como Papa? Las celebraciones paganas en honor a Su Beatitud promovieron admiración. Las calles se coronaron de arcos, estatuas, flores. Bajo la bóveda del mayor de aquellos arcos aparecía escrita en oro cierta leyenda: «Roma fue grande bajo el César. Hoy reina Alejando VI. César era un hombre. Alejandro un dios.»

—¿Qué te parece el fervor de la multitud, Lucrecia? —dijo mi aya.

—Tardío —afirmé, convencida perenne de la magnificencia de mi padre.

En la basílica de San Pedro y ante una multitud exaltada, parte de la cual acababa de expoliar su domicilio, se le entronizó y proclamó Papa. Los cardenales se le acercaron y rindieron homenaje enrojeciendo con sus vestiduras los cánticos del coro. Embajadores, príncipes y emisarios de las naciones católicas del orbe acudieron a postrarse a sus pies. Entre los asistentes hubo quienes le denostaron y quienes creyeron comenzar una época feliz y justa bajo su mando, habida cuenta de las dotes personales que le suponían. Cercana al crepúsculo, terminó la ceremonia. Al quedarse solo, mi padre no se dirigió a descansar. Estaba agotado. Pero era impensable que depositara su fatiga en la nueva alcoba vaticana sin visitar a la familia. Aquel atardecer de excelso significado se encendieron todos los candelabros del palacio de Santa María in Pòrtico. Pasillos y estancias, abiertas las cortinas, esperaban la visita de Su Santidad. Seguramente que mi padre se acercó a mí, desde su imaginación, montado en la jaquita blanca de su niñez valenciana. Pasó delante del hermoso tapiz iniciado de podredumbre. Cruzó las amplias habitaciones, la imponente biblioteca, incluso la misteriosa habitación donde yo sorprendí la inquietante charla de Julia. En resumen: a través de pasillos y laberintos separadores de su nuevo destino, vino en busca del hogar que nosotras ocupábamos. Sus pasos se agigantaron al atravesar la sala de mis estudios y de inmediato, imperiosos, se detuvieron al otro lado de la puerta de mi alcoba. Me acompañaba Adriana. Viéndole entrar, nos pusimos en pie. Investido del ropaje y signos de su alta condición, resultaba impresionante. La ropa talar en blanco y oro ponía de relieve el moreno de la tez, los ojos renegridos, la cabellera oscura y el perfil árabe. Quedé conmocionada. Más todavía al observar la respetuosa genuflexión de Adriana. Puesta yo en pie sobre la cama quedé inmóvil hasta el instante de penetrar sus intenciones. El antiguo cardenal Borja necesitaba ser todo para muchos, y ofrecer ese mucho como si fuera nada a las personas de su cariño. Con expresa teatralidad, la mirada chispeante de humor, se presentó:

—Nos —dijo reprimiendo la risa y ansioso de provocar la mía—, Nos somos Cristo.

Al punto me derrumbé. Tanto investigar quién sería el novio de Julia llamado Cristo, y lo tenía ante mí. Era mi padre. Una desesperación anublada iba cegando mi vista. Antes de que el telón de mis párpados cediera ocultándome la luz, vi al Papa desprendiéndose de la tiara, el báculo y demás signos pontificios. Abrazándome con furia contra su pecho sacrosanto, aquel hombre desamparado exigió:

—¡A ver, Adriana, ayuda para este desmayo!

El hombre superó la ansiedad del cónclave. Superó la elección pontificia. Superó el cansancio de los actos pospontificales. Superó halagos y críticas. Superó mi desmayo. Y el resto de la noche, olvidando descansar, estuvo revisando papeles, adecuando sus ilusiones, los favores que otorgaría a quienes le fueron propicios, y los favores tan queridos a su alma y debidos a sus hijos. No durmió. Pero fue incapaz de asumir la inercia que me iba invadiendo. Su trabajo le reclamaba. Y era mucho, excesivo. Tampoco se ocupó del expolio de su antigua casa. Tenía el despacho repleto de notas expresivas de buenos augurios y de una fila interminable de visitantes selectos, esperando el honor de una audiencia. Se comentó airadamente la simonía del Papa. Una abierta corrupción de dones y obsequios mediante la cual Alejandro VI compró su derecho espiritual a la tiara.

—Si fuese yo hijo de Italia, ni tan siquiera lo comentarían.

En cambio, resultó verdaderamente chocante la prontitud con que el pueblo romano asumió la existencia de una familia pontificia. Eso sí, criticaron al Papa sus dádivas. Alguien comentó a la buena Adriana:

—Alejandro VI distribuye y dispensa sus bienes en demasía. Nadie se lo agradecerá.

Adriana, tan solidaria a mi padre, dio una respuesta difusa:

—Quien a Papa accede, bienes antiguos pierde.

—¿Cómo dice, señora?

Adriana no lo aclaró. Le agradaba que tuvieran a mi padre por generoso, pero ella sabía muy bien que no lo era, porque un cardenal al ser elevado a Papa dejaba automáticamente vacantes todos los beneficios de que gozaba. De manera que Alejandro VI iba regalando lo que por ley, le gustara o disgustase, había de perder. Mientras, yo languidecía.

—Aya, ¿dónde está César?

—En Spoleto, terminando sus estudios de Derecho.

Quien más, quien menos, se ocupaba de sí mismo. En cambio, mi situación íntima era deplorable. En mi libro de pérdidas cabía la ausencia de mi madre Vannozza, el alejamiento de mis tres hermanos y esa inercia que me atacó cuando mi padre quedóse a vivir en el Vaticano. En lo referente a mi aya, descuidaba mis necesidades. Julia aparecía y desaparecía irregularmente. El desaliento se aposentó en mi espíritu a las horas crepusculares. Y lloraba. Un amanecer escuché el llanto de un recién nacido.

—¿Has oído, Adriana?

Sin responder, me cogió de la mano y la seguí inquieta. Finalmente me introdujo en la penumbra de una sala silenciosa, en uno de cuyos ángulos yacía una criatura dentro de una cuna.

—Es guapa, ¿verdad?

Ciertamente me encantó.

—¿De dónde la habéis traído? —dije animada.

—No la hemos traído. Nació aquí.

Las circunstancias del nacer y del morir no me alcanzaban. En atención al oscuro conflicto que presentía, preferí inhibirme. El aya me condujo al rincón opuesto, frente a un gran lecho.

—Julia, tienes visita.

—¿Quién...?

Adormecida, se desperezó. La encontré guapísima con el negro cabello extendido en la almohada. A su lado estaba Orsino Orsini, su esposo. Tuerto y parecido a una estatua, su catadura fue culpable de mi afán de escapar.

—Lucrecia, por favor... —rogó Julia inútilmente.

A partir de entonces me opuse a formar parte de la rutina del palacio, cada vez más alejado de mi interés. Adriana pasó mi encargo al Papa.

—Santidad, Lucrecia dice que desea marcharse al convento de la Vía Appia.

—Mañana mismo —aceptó.

La amoralidad del ambiente, la niña recién nacida de padres imprecisos, los comentarios sobre los amores de Julia, mi obligado sometimiento a las constantes adulaciones y la imposibilidad de ejercer el Papa su vigilancia, crearon un clima nefasto, impropio de la infancia. Sentí alivio la mañana que abandoné Santa María, rumbo a la Vía Appia. Las calles de Roma refrescaron mi cansado ánimo. En el convento de las dominicas de San Sixto me recibieron según correspondía al rango que yo representaba. Llegada la noche, me adormecí tranquila. Hubo luna llena y su luz plateada extendió una lujosa colcha en mi ascético lecho.

Deseé fervientemente no salir jamás del convento, pero al cabo de los días la priora echó abajo mis esperanzas.

—Tenéis visita, Lucrecia.

Interrumpiendo mis juegos, la seguí por el jardín. Las colegialas gritaban más que los pájaros. Olían a remembranzas los eucaliptos. Me agradó el aire fresco del claustro y, después de la priora, entré en el locutorio. En la penumbra de los locutorios siempre flotaron velos de novicia. Espiritualmente investida del más cándido, me estrellé contra la enorme sorpresa. Un hombre alto, joven, vestido de gris, cabellos rubios y luminosa sonrisa, me esperaba. Por la apostura y por mi emoción, era un Borja: mi hermano Juan. Nos dimos un abrazo interminable. Tan prolongado, que la priora se retiró en silencio. Sin embargo, no quedamos solos. Señalé a Juan sus acompañantes:

—¿Quiénes son?

—¿Quiénes van a ser? Ésta es Pantasilea —me indicó una joven de apariencia avispada—, tu primera dama. Y ésta, Catarinella, dedicada a tu servicio personal. Desde hoy te seguirá donde quiera que vayas.

Catarinella tenía rasgos y tez de mora, aparentaba mi edad y estaba asustada. Intenté acercarme a ella y se retiró.

—¿Por qué me teme, Juan?

—Es una esclava. Quise comprársela a Hixem, pero el gran príncipe turco me la ofreció al enterarse de que era para ti. En realidad es tu primer regalo.

—¿Un regalo para mí? ¿Por qué?

Juan reía con igual placer al de las tardes pasadas jugando al escondite. César nos buscaba, desorientado, entre los viñedos. La complicidad nos envolvía a los tres con el extraño regusto de un afecto a punto de acabar. Sentí en la boca el amargor de lo imposible. Nunca volvería el ayer, nunca.

—Juan, no te rías, por favor.

—Para tratar contigo, querida hermanita, no conozco mejor medio que la risa. Fuimos muy felices, ¿verdad?

La puerta de la ternura solía conducirme a las claudicaciones. Huyendo de la misma, insistí:

—Explícame el motivo de este regalo.

Apenas un silencio y después:

—Vas a casarte, Lucrecia.

—¿Yooo?

Fue un grito instintivo. Habituada a la mansedumbre del convento, lejos de las intrigas del mundo, de Santa María y del Vaticano, la urgencia del matrimonio se me hizo extraña. Tuve la impresión de haber sido cazada en el instante de huir. Al fin, pregunté:

—¿Y con quién me caso?

—Con Juan Sforza, señor de Pésaro, conde Contignola, sobrino del cardenal Ascanio y...

Ya no me importaba. Lo único cierto es que se iban de mi vida don Querubín Juan de Centelles, don Gaspar de Prócida, las tierras mediterráneas, el fuerte sabor de los agrios, el perfume de azahar... Todo lo que yo hubiese adquirido en cualquiera de ambos matrimonios. Incluso la que fue mi patria venida a mi corazón desde el corazón de mi padre, como él solía venir desde el Vaticano a mi casa por los vericuetos de ambos palacios.

—Juan... —dije suspendido el ánimo.

—¿Nos vamos, hermanita?

Las cosas importantes de la vida suelen pasar a nuestro lado de puntillas, decía Vannozza. Y de puntillas abandoné la infancia al salir de mi isla conventual de San Sixto, para enfrentarme a un porvenir de muy particular y desmesuradas proporciones.

BODA CON JUAN SFORZA

Llevando entre el pasaje de las tres carabelas la loca ambición de probar a los incrédulos la redondez de la Tierra, partió de España, rumbo a la incertidumbre, el gran aventurero Cristóbal Colón. Luego de siete meses de angustiosa ausencia volvió triunfante del empeño y, apenas avistados en el doble azul del horizonte el palo mayor de sus embarcaciones, las gentes le recibieron con el entusiasmo y la superstición debidos a unas naves fantasmas que regresaban del otro mundo. El clamor fue digno de la hazaña. Y yo comenzaba a suponerlo exagerado por el temor de que se olvidara la importancia de mi boda. El futuro almirante entraba en la península vecina, coincidiendo con mi salida del convento en la Vía Appia. Naturalmente, haber descubierto en un lugar impreciso ciertas Indias dispuestas a darnos su compañía en el mundo no les concedía el derecho a deslucir la importancia de mi particular descubrimiento de la vida matrimonial, ni la compañía de cierto Juan Sforza. Pero los romanos reaccionaron pronto y a la manera romana. Hurgaron en sus archivos personales y en seguida lo tuvieron claro. Ninguno de ellos visitaría jamás las Indias. En cambio, todos podrían regocijarse y asistir gratuitamente a los públicos esponsales de alguien muy especial: la hija de un Papa. Tan especial era, tan extraña la distinción ostentada por mí, que el comercio de Roma se convulsionó a medida que se acercaba la fecha. Las tabernas atraían las monedas circulantes sin dirección fija. Se llenaron las posadas. Distinguidos personajes fueron huéspedes en famosos palacios. Las casas humildes acogieron parientes llenos de curiosidad y, a falta de lechos, dormían promiscuamente en la estrechez de las callejas. Hacía un buen tiempo para gozar de la intemperie y una mejor ocasión para las agresiones clandestinas. De manera que se redobló la vigilancia. Reconozco que yo era feliz. La gran experiencia de mi boda consistió en mi acercamiento a la realidad familiar: por todas partes encontraba hijos de cardenales tratados como príncipes y ostentando los mejores cargos pese a su cédula de bastardía. La Iglesia estaba representada en cualquiera de sus dignidades. Y profusión de hermanos, tíos, nietos, sobrinos de la fuerte raza borgiana surgida en la vega de Xátiva llenaron mis horas de vísperas. La mañana que César vino a verme, se lo comenté:

—Montones, César, montones de bastardos riquísimos y altamente honrados estuvieron aquí para saludarme. No me gusta. ¿Acaso los envían para recordarme que también yo soy hija bastarda?

La risa de mi hermano se dejó oír por el palacio. Y en verdad que no la prodigaba. No comprendí el motivo, aunque me alegré de notarle tan contento.

—Tú no tienes la culpa de que los bastardos constituyan la mitad de la pléyade influyente. Los grandes personajes buscan descendencia digna, y digna sucesión de su linaje, mediante los hijos nacidos de matrimonios concertados adrede. Pero por grande que sea su alcurnia, los hombres no escapan a la sugestión de las refriegas amorosas, pequeñas luchas donde encuentran pasaporte a la vida los hijos no buscados. Como ves, Lucrecia, los bastardos son unos pícaros redomados. Supieron colarse sin permiso en esta hermosa tierra. Así que, hermanita, alégrate de tu bastarda inteligencia.

—Suelen catalogarme de inteligente —admití satisfecha—. Y me agrada. Pero hubiera preferido ser hija legítima del Papa.

—¡Y lo eres! —sonrió complacido.

Recordé tremendas disputas entre mi hermano y mi padre. En ocasiones temí que llegaran a las manos, violentos ambos, hablando en valenciano según convenía a las conversaciones de cariz íntimo.

—Delante de mí, el Papa y tú mucho discutisteis esta situación. ¿Por qué, ahora, me aseguras lo contrario?

—Porque ya está arreglada. Primero hubo un documento según el cual se declaraba que yo era hijo del Artignano, ¡maldita sea! ¿Me supones conformándome con llevar ese vulgar apellido, corriendo por mis venas la sangre de los Borja?

—No, claro que no.

—Después se escribió otro documento declarando nuestro padre haber sido obligado a firmar el anterior, con lo cuál quedé en hijo de nadie. Finalmente, hubo una última firma, por cierto voluntaria y ya siendo Sumo Pontífice, asegurando su paternidad respecto a mí. Es un documento secreto que no tardará en publicarse.

—¿Y yo, César? —dije ansiosa.

—Todos los hermanos somos hijos legítimos de Su Santidad.

Giré como un remolino alrededor de César. Mis amplias faldas tomaron la forma de una campana de seda.

—¡Quieta, Lucrecia...! Aprende a controlarte. Cuando estés casada no deberás permitirte ciertas expansiones.

Me detuve:

—¿Ni siquiera para demostrar mi contento?

—Ni siquiera. También yo estoy contento sin necesidad de brincar.

—Eso significa que ser bastardo te humillaba —hice un gesto de haberle pillado en falta.

César se echó atrás en el asiento, mirándome con el gozo propio de un hombre satisfecho. «Rodrigo Borja —había dicho Adriana— asegura que todo puede conseguirse en este mundo, en tanto uno esté satisfecho de sí mismo.» Y mi hermano lo estaba. La furia negra de sus ojos llenaba mi alma de fuerza. Presentí que nada se le negaría a César.

—¿Conoces mis títulos y cargos, Lucrecia?

—No... —admití extrañada.

—Entonces, escucha. Soy doctor en derecho canónico y civil. Obispo de Pamplona, arzobispo de Valencia y cardenal de Roma. Debo recordarte que acabo de cumplir dieciocho años. No está mal, ¿verdad? Pues bien, a ninguno de tales puestos podría acceder sin legitimar mi origen. La Iglesia no lo acepta. Ahora me encuentro exento de todas las incapacidades que pudiera causarnos un nacimiento irregular. ¿Entiendes mi obsesión?

Pero nuestro padre era la Iglesia, pensé. Y aquello me confundió. Preferí olvidarlo. Las preocupaciones eran mal augurio para una boda. Mi hermano vino hasta mí. Rozó mis cabellos, alzó mi barbilla para conseguir que las miradas coincidieran.

—Me vuelvo al Trastévere. ¿Se te ocurre, antes de irme, alguna pregunta que yo te pueda responder? Cuando nos veamos de nuevo, será en tu boda.

Su voz resbalaba en el aire marcando caminos seductores. Era el origen mismo de la vida lo que César cultivaba al hablar de cosas íntimas. Mi deseo fue huir pero caí de lleno en decirle:

—Explícame, César, lo que dijiste al principio. ¿Qué son refriegas amorosas?

—No tardarás en saberlo, criatura... Eres tan hermosa y te quiero tanto que, desde ahora, odio al esposo elegido por la suerte para enseñártelo.

Los labios de César quemaron mi frente al besarla. Sin añadir palabra, se alejó a pasos rápidos, de plena urgencia. Vestido con elegante traje negro y sin otro distintivo religioso que la tira blanca del cuello como un simple cura tonsurado, resaltaba el tono de su piel, mitad de campos jativenses y mitad de sus antecesores árabes. Esbelto y misterioso según costumbre, desapareció al trasponer los cortinajes. Estoy segura de que no oyó mi grito:

—¡César, ayúdame!

En definitiva, era la lógica petición de socorro de una niña en apuros. El instinto alerta de quien, forzado a seguir, ignora si a la vuelta de la esquina hallará los soñados valles del edén o el inesperado abismo de la propia destrucción.

Jamás olvidaré el día 12 de junio. Roma hervía con los primeros calores. Un hervor inofensivo de resultados inertes, como la paz activa de un recién nacido. Entre el frío y el calor, un bienestar de limbo. En la galería de honor reventaban los claveles y geranios. Divertíanse las palomas. Y después del rocío de la noche brillaban como plata pulida las piedras de la plaza. Desde primera hora estuve en ocupaciones apropiadas a boda de tal rango. Julia me atendió en su calidad de primera dama. Adriana Milá, hecha un torbellino, dirigía un invisible ejército de obreras responsables de mis lujosas vestiduras. Pantasilea pudiera ser ayudante primera de mi aya, y bien que las dos se concertaban para ayudarme. La pequeña Catarinella no hacía más que estorbar:

—Niña —le dije—, márchate a tus aposentos y, después de asearte, te vistes como corresponde o no me acompañarás.

Por primera vez en la vida me noté presa de gran aturdimiento, mezcla de excitación y embriaguez causada, quizá, por ser el centro de todas las atenciones y halagos, la única protagonista de tan espectacular jornada. Cierto que habían transcurrido doce años de una muy especial infancia, rodeada del afecto de mi numerosa familia, sirvientes y personas adictas a los Borja, pero ante el alarde de la boda, comprendí la diferencia. En realidad yo había sido la muñeca, linda y bien vestida, que se guarda en el cuarto de los juguetes. Un inmenso cuarto hecho de hermosas casas, fortalezas, castillos y palacios donde yo, con las facciones correctas de Vannozza, el rubio de mis cabellos y los clarísimos ojos que enloquecían a mi padre, pasé los años sonriente, viendo entrar y salir a quienes me visitaban. Hasta que un día sonó el mágico nombre de Juan Sforza y las puertas del cuarto se abrieron de par en par, ante el magnífico espectáculo del mundo.

—¿Todavía falta mucho? —pregunté impaciente al aya.

—Estás preciosa —se conmovió Adriana, y nada supo añadir.

—Nunca se me dio ver algo semejante —decía Pantasilea con ademanes exagerados.

Al punto me alarmé.

—¿Y Catarinella?

—Estoy aquí, señora.

—Pues déjame verte, quiero estar segura de tu arreglo.

La niña vestía turbante y túnica mora, muy favorecida y en extremo gentil. Pero mi nerviosismo iba en aumento. De vez en cuando, el miedo se agigantaba y, desde su fondo, venía en mi busca un hombre desconocido. Cubrí el sitio del corazón con mis dos manos y suspiré.

—Adriana, ¿cómo es mi futuro esposo? ¿Lo sabes?

Me respondió una voz varonil. Era mi hermano, que acababa de llegar.

—En seguida lo has de ver —dijo Juan Borja y detuvo el habla, admirado—: Mucho esperaba de ti, hermana, pero tu hermosura rebasa la cumbre de mi imaginación. ¿Te miraste al espejo?

—Un poco...

—¿Qué significa eso de un poco?

—¡Pues que no me da tiempo a verlo todo, Juan! ¿Te has fijado cuántas maravillas?

Deseaba echarme en sus brazos y, por no descomponer mi atuendo, continué inmóvil. Mi hermano, cogiéndome de la mano, me llevó suavemente ante el espejo. Casi no me reconocí con el lujoso vestido de novia, más propio de una dama que de una niña. Estaba confeccionado en raso rojo, salpicado en oro, grandes mangas de muselina y resplandecientes joyas, entre las cuales resaltaba el prodigioso collar de rubíes. Tendidos sobre los hombros, a la manera de un singular velo de luz, caían mis cabellos, más finos que las perlas que los adornaban.

—Una maravilla, ¿cierto? —susurró Juan, enternecido.

Yo contesté:

—Cierto —pero me refería a él.

Juan siempre tuvo fama de acaparar todas las gracias de la familia. A decir de la gente, era el más hermoso, el de mayor atractivo, quien mejor vestía y más rápidamente conquistaba a las damas. Se hacían cruces de su elegancia innata y de aquel don suyo tan particular que le convertía en indispensable invitado si el anfitrión deseaba el éxito de sus fiestas. Dedicado a las armas, vanidoso, amigo de placeres y excelente camarada, se abría rápidamente camino allá donde estuviere. Como se lo abría en mi admiración aquella mañana de mis bodas mientras yo le contemplaba en el espejo. Mi hermano vestía un extraordinario traje morisco que llegaba al suelo, confeccionado en rico tisú de oro, las mangas del jubón totalmente bordadas en perlas, collar de rubíes y una joya resplandeciendo en la gorra, incapaz de sujetar sus rubios cabellos. Conteniendo mi ansia, dije:

—¿Se parece a ti?

—¿Quién?

—Mi esposo.

—¡Nadie se parece a los Borja! —contestó arrogante.

Agitada y sin aliento, apareció Pantasilea.

—¿Qué ocurre, mujer? —intervino Adriana.

—Su Santidad mandó recado y ordena que acudamos en seguida. La ceremonia está a punto.

Juan organizó el pequeño cortejo y nos condujo a través de los corredores del palacio de Santa María in Pòrtico, hasta las primeras naves del Vaticano. La ceremonia iba a celebrarse en las nuevas habitaciones que hacía construir mi padre para su familia. Al pueblo romano, ardoroso y listo, no se le escapó la novedad y en seguida bautizaron las obras como Torre de los Borja. Delante de una puerta pequeña y un tanto disimulada, Juan se detuvo.

—Aquí te dejo, Lucrecia. Harás la entrada como dije. Pese a que el protocolo escogió esta pequeña y disimulada puerta de traidores para lanzarte al mundo, recuerda que, al traspasarla, debes conducirte como quien eres. Todos los reyes de las naciones católicas son súbditos de Su Santidad, tu padre. Tú eres hija única de este rey de enormes tentáculos con influencias celestes. No te dejes amilanar, hermana. Lo que vas a ver es un teatro donde actúan artistas mediocres. Recuérdalo: te llamas Lucrecia Borja.

—Parece que te despides... —reproché.

—En efecto. Mi iré pronto. El mes próximo también yo he de casarme. Pero allá donde me encuentre, mi primordial obligación serás tú.

Inmediatamente se marchó. La vida, por lo visto, estaba

hecha de una multitud indefinida que sólo adquiere nombre cuando, uno a uno, dicen adiós.

—Querida Lucrecia —las manos de Julia se apoyaron en mi brazo—, debemos seguir. Nos esperan.

Tuve la sensación de que Julia la Bella lo estaba más que nunca. Pero en aquellos días de mis esponsales conseguí anular las últimas aprensiones al respecto. Aún me apretaba el corazón, como un puño a una esponja, saber que a mis espaldas mi padre mantenía relaciones con ella. Pero ¿qué clase de relaciones? La imaginación no conseguía fantasear sobre mi desconocimiento. Y si bien había advertido la indudable atracción que los ataba, algo oscuro escondían en las breves risas inquietas, en aquel tira y afloja que los conducía inevitablemente a los contactos furtivos y, después, a la ocultación de ambos en pareja. ¿Qué misterio los unía? Quizá no tardara demasiado en desvelarlo, pensé, y en seguida me sentí superior. Alucinada, vi abrirse la puerta. Como una lengua de fuego me cayeron encima los murmullos. Detrás de mí seguían Adriana y Julia. También Pantasilea, alerta a cualquier imprevisto. La niña Catarinella me llevaba la cola con soltura. Pasado el primer clamor, me llegó el aturdimiento. La sala estaba decorada con los admirables paisajes de Bernardino Betti, el Pinturicchio. Relucía el oro en las bóvedas, la seda en las tapicerías y, por encima de tanto esplendor, centelleaban los invitados cubiertos de inestimables joyas. ¿Se darían cuenta de los latidos de mi corazón que, quizá, moverían los rubíes de mi collar? Avancé lentamente. Sola. Mis pies enfundados en chapines de raso iban adelante con gran empeño. Reparé en las valiosas alfombras que pisaba, recordando la pútrida humedad del hermoso tapiz de mis decepciones. ¿También allí todo sería pútrido? En su espectacular trono estaba el Papa y yo, ciegamente, caminé en su dirección. «Padre, te quiero. Padre, escúchame. Padre, no me abandones», fue mi retahíla de oraciones sinceras. El mundo desapareció a mi alrededor en el instante de postrarme sobre el almohadón de oro, a los pies de Su Santidad. Alguien se arrodilló a mi lado. Sentí un vahído, pero mi padre me sostuvo el ánimo con su mirada, que ya no dejé hasta el fin de la ceremonia sumida en un curioso efecto de levitación. El notario pronunció las palabras de ritual y un palio de silencio se extendió por las llenísimas estancias. A mi lado respondieron:

—Sí, quiero.

Pero no me volví. Continuaba prendida del tierno mirar de mi padre, meciéndome allí en la cuna. No quería desasirme de su protección. Ni abandonar su cariño. Ni alejarme de su lado. Ni siquiera deseaba entender lo que iba entendiendo: que los obsequios, de apariencia gratuita, son meras reposiciones. Y que cada regalo de la vida encubre el vacío de una pérdida. Resignada, también yo contesté la consabida pregunta:

—Sí, quiero —dije.

Y de tan sencilla manera hice a mi padre ofrenda de mi amor filial, antes de partir hacia un futuro incierto. Entonces nos pusieron los anillos y al rozar las manos tuve un ligero estremecimiento. Su Santidad se acercó a felicitarnos. Cerca de mi oído, me habló en valenciano:

—*Xiqueta meua, la meua xiqueta*... —murmuraba como en los días de la infancia, como en los tiempos más felices, como en la intimidad de las familiares discusiones.

A continuación abrazó a Juan Sforza, reciente yerno. Entonces me fijé en quien ya era mi esposo. Tuvo razón mi hermano Juan, duque de Gandía, al asegurar que nadie podía competir con los Borja. Habría tiempo para advertir su poco atractivo. Pero, de momento, me pareció maravilloso por haberse fijado en mí, unirme a su destino y provocar la espectacular fiesta de la boda. Fue imposible hablarnos. La cortesía obligaba y los invitados reclamaban atención. En el festejo posterior a la ceremonia comprobé la asistencia de los innumerables Borja. Atraídos por los posibles beneficios, llegaron en masa. Primero quienes vivían en Roma. Luego los de Italia. Después los incontables parientes españoles con sus mujeres, niños y el resto de la descendencia. Estaban presentes, además, los habituales de Santa María in Pòrtico; los Farnesio, familia de Julia; el cardenal Ascanio Sforza, tío de mi esposo y a quien tanto agradaba ser llamado vicepapa, aludiendo a sus influencias borgianas; cardenales, obispos, senadores, magistrados, nobles italianos y españoles, oficiales, guardias vaticanos y el capitán del palacio. Quedé aturdida. Los elogios a Su Santidad y a su pequeña hija, no cesaron:

—Es bellísima...

—Enternecedora.

—Una maravilla de criatura.

—¿Quién es realmente el hombre que mereció desposarla?

Un informador gratuito le definió:

—Se trata de Juan Sforza, conde de Cotignola, señor de Pésaro; viudo de Magdalena Gonzaga, hermana del marqués de Mantua, y también está emparentado con Ludovico el Moro, señor de Milán. Tiene veintiocho años y algo en su contra: se dedica al noble ejercicio de las armas... pero se alquila a quien mejor le pague o más ventajas le ofrezca.

—Algo tendrá, si el Papa le bendice.

¿Y nadie, entre tantos, sugería el amor? Después del refresco, las golosinas, mazapán, confites, fueron aligerándose de personalidades las hermosas salas. Quedaron únicamente los invitados personales de Su Santidad a una cena íntima ofrecida por él. Importantes personajes intentaron conocer los nombres de esta lista claramente indicativa de las preferencias vaticanas. Imagino que nadie lo consiguió pues mi padre consideraba asunto político la menor de sus intenciones. La cena tuvo lugar en el Aula Pontificia y los veinte escogidos comensales ocuparon sus puestos en la mesa. Yo me sentía feliz de asistir, por fin, a la diversión de los mayores. No intervenía, pero observaba con infinita curiosidad. Imbuida de mi papel de novia y de persona casada, contemplé maravillada el espectáculo de los trajes de las damas, el rojo de las vestiduras cardenalicias, el brillo de las copas, el ir y venir de los criados cambiando candelabros de velas consumidas... Incluso reparé, pasada la medianoche, en el sutil cambio operado en mis hermanos, mi padre o Adriana. Ellos no eran como yo los estaba viendo. ¿Pero no sucedía lo mismo en los demás? Las nobles damas, desprendidas de su empaque, se permitieron impensables familiaridades. Los caballeros cambiaron la cortesía por el atrevimiento. Entre Julia y mi padre empezaba el enigmático juego de las insinuaciones. Juan Sforza, a mi lado, se mantuvo tímido. Quizá compartiera mi perplejidad. Conforme pasaban las horas, subía la alegría. Lentamente, Julia Farnesio, insinuante y atrevida, fue robándome protagonismo. La excitación de la fiesta, los exquisitos manjares, los inspirados vinos y ese trasfondo sensual que ocupa el pensamiento de los asistentes a una boda, puso en guardia a mi padre. Levantándose de pronto, nos tomó de la mano a Sforza y a mí para conducirnos a nuestras habitaciones.

—Tú, Lucrecia —dijo—, entra y espera. Juan te seguirá en seguida.

Dentro de la habitación, Catarinella y Pantasilea se abalanzaron a mi encuentro. Hablaban sin cesar. Les había gustado mucho la ceremonia, yo estaba maravillosa; mi belleza, increíble; los invitados, majestuosos; mi actuación, excelente. ¿Y la cena, estuvo a la altura? ¿Y el Papa, se mostró contento?

—¡Bien, bien, bien...! —las apacigüé—. Pero, decidme, ¿qué hacéis aquí?

—Ayudar a la señora.

Ignoraba por completo el desarrollo de una noche de bodas, si bien nunca tuve el menor indicio de que, en la misma, tomara parte la servidumbre. Tampoco podía asegurar lo contrario. En realidad, no sabía nada. A excepción de algo evidente: allí sobraban las criadas y faltaba el marido.

—¿Qué debo hacer? —suspiré desamparada.

—Vuestra obligación es no hacer nada, señora. —Pantasilea sonreía contenta—. Nosotras, ahora, vamos a desvestiros.

Fue tan penoso como dejarse amortajar en vida. Durante breves instantes estuve desnuda y triste. Aguanté las abluciones de agua y perfume, imaginando la posibilidad de un nuevo bautismo en el cual se me impusiera otro nombre, otra vida, otra voluntad. La camisa de dormir ocultó mi desmayado corazón convertido a toda prisa en uno de aquellos girasoles del Esquilino buscando en el aire el cariño maternal de Vannozza. ¿Por qué no había venido?

—Señora —habló Pantasilea.

—Dime.

—Que ya está aquí el notario.

—¿El notario? ¡Querrás decir mi esposo!

—También, señora. También está el señor Sforza.

Sin saber qué pensar, tomé la inmediata decisión de evitarme suposiciones y actuar según me indicaran. Hube de acostarme. A cada petición del notario, buscaba yo en mi marido su previo consentimiento. En el colmo del asombro, y de acuerdo con las órdenes notariales, Juan Sforza me rozó la frente, los labios y los muslos. Sofocado por la repentina proximidad, se hizo atrás, dejando paso al notario.

—Esto es una ceremonia simbólica, señora —me habló—. Debido a vuestra niñez, queda el matrimonio relegado a tiempos más propicios. Entonces se consumará. Mientras, como prueba y justificación, sírvase firmar Vuestra Excelencia este documento.

Lo puso a mi alcance apoyado en un pequeño atril. Pantasilea trajo el recado de escribir y yo, sabedora de la importancia de aquel papel, empecé a caligrafiar mi nombre, despacio y artísticamente.

—¡No, por favor! —interrumpió el notario—. Debe escribir Borgia en vez de Borja.

—¡Siempre fui y soy Borja! —le desafié al hablar.

—¡Cierto, cierto! Es el nombre exacto que os corresponde por nacimiento. Sin embargo, Vuestra Excelencia nunca salió de su nido. —Se permitió una leve sonrisa—.

Ahora entráis, con derecho a participación, en el mundo de nuestra muy reverenciada Beatitud. Con el mayor de los respetos os comunico que el apellido italianizado es Borgia. Así escrito, se pronuncia Borja, tal y como debe ser. ¿Comprendéis, señora?

Firmé, claro. Luego quise dirigirme a mi marido. No estaba. Pantasilea y Catarinella acudieron en mi ayuda.

—No deseo nada —dije—. Dejadme sola.

Me acerqué a la ventana. Los pies descalzos pisando el suelo, me reanimaron. Era el agua del río Arlene deslizándose por el valle de Subiaco mientras Vannozza aguardaba a mi padre entre las almenas. Era la plata del Tíber, coqueteando en torno a Roma. Era la frialdad de mi boda. Era mi hielo personal. La cálida noche de verano se empinaba hasta consolar el solitario anillo de esponsales. Relucía la luna llena, coronando el Vaticano y tantas dudas de una niña recién casada. Contra mi voluntad, estaba de nuevo en el cuarto de las muñecas, esperando. Me fue imposible hacer a mi esposo la pregunta inquietante: ¿qué son refriegas amorosas? Quizá sabrían contestarme los asistentes a la cena celebrada en el Aula Pontificia. Aquellas damas que no lo eran. Aquellos educados cardenales que no lo eran. Mis hermanos, padre, Julia y Adriana, que no eran como los suponía. Quizá lo mejor fuese no preguntar. Levantarme al alba y emprender el camino de la existencia que, sin previo consentimiento mío, los Borgia me tendrían preparado. Recordé con nostalgia las revoltosas palomas de la galería de honor escondiendo entre geranios y claveles sus arrullos y zureos. Resultaba curioso, pero después de la puesta del sol nunca las vi. Y de pronto, se me ocurrió: ¿dónde duermen las palomas?

El tiempo de la infancia había sido para mí un gracioso sendero cubierto de maravillas donde yo anduve, agarrada a la vestidura talar de mi padre, dejándome arrastrar por su fuerza. La boda fue, simbólicamente, la puerta de hierro que cierra el paso al sendero. Y la situación posterior a la boda me recordó ciertas perezosas tardes recalentadas de sol, cuando éste se ocultaba detrás de las colinas. Entonces la claridad del cielo se hacía uniforme, el clima soportable y las gentes revivían sacudiéndose la modorra. Era el alba del ocaso, el segundo amanecer del día. Un momento entrañable de actividad en común que yo empleaba incitando a mi padre:

—¿Vamos a coger fruta?

Pero los árboles no siempre tenían los frutos a punto. A veces, verdeaban. Y yo, contrita, me lamentaba:

—¿Y ahora qué hacemos, padre?

Después de la conmoción recibida con el fastuoso espectáculo de los esponsales y aquel fatídico desenlace del esposo desaparecido, también hubiese querido preguntar: «¿Y ahora qué hacemos, padre?» Ante la insólita situación no fuera extraño quedarme petrificada, pero no ocurrió así. Bien entendido, el estado de casada me otorgó rango y ciertas prerrogativas que dieron color a mis días. Por otra parte, desconociendo el significado del débito matrimonial, ni deseaba sus posibles satisfacciones ni me fatigaba el cumplimiento de las mismas. Muy halagada comprobé que Julia Farnesio pasó, de rival, a ser mi supeditada dama de honor. Y Adriana Milá, querida y vigilante compañía. Las tres juntas empleamos varios días en la revisión de los magníficos regalos recibidos. Tratándose de complacer a Su Santidad, reyes y poderosos enviaron presentes extraordinarios. Pero el mejor de todos, mi preferido, fue el privilegio de un oratorio particular que nos otorgó mi padre; del cual hice uso inmediato. Allí entronicé dos bellas imágenes de santa Ana y santa Catalina, a quienes el Papa se encomendaba con sentido fervor. Adriana solía sorprenderme en plena oración.

—¿Se puede saber por qué rezas tanto?

Yo les decía a las santas que, si mi padre se encomendaba a ellas, por favor, que ellas me transmitieran a mí las tribulaciones de mi padre. Que fueran intermediarias entre los dos pues, realmente, muy poco le veía.

—La política anda grave, Lucrecia —dijo mi aya—, y mantiene a Su Santidad muy ocupado. El Estado de la Iglesia sufre presiones y amenazas que le preocupan: has de ejercitarte en la paciencia, querida niña.

—¿Tampoco le ve Julia?

—Tampoco.

De cualquier modo, nosotras recibíamos numerosas solicitudes de audiencia y Adriana concedía las que consideraba más oportunas. El palacio de Santa María in Pòrtico conoció tiempos de suntuosa actividad. Quienes no conseguían comunicarse con el Papa dejaban sus peticiones a nuestra merced y cuando yo les oía decir, entre halagos y sonrisas, lo mucho que agradecerían la concesión de un capelo cardenalicio destinado a cualquiera de sus familiares, en seguida aprendí a responder sin inmutarme:

—Descanse el señor marqués. Pronto haremos cardenal a su pariente —frase mágica que los colmaba de felicidad.

En realidad, Santa María in Pòrtico había sido siempre un reducto infranqueable del que muy pocos podían hablar. Pero una vez abiertas sus puertas en honor a mi nueva dignidad de casada, nadie escapó a la morbosa curiosidad de arrimarse al secreto harén del Papa. La nobleza romana, incluidos cargos y títulos que a Roma acudían, tuvieron como fin máximo ser recibidos en mi casa. Finalizada la recepción, regresaban a sus palacios para oírles contar lo que habían visto. El rumor, a menudo desfigurado, se propagaba de palacio en palacio y las peticiones de recibo crecían incesantes. Supe tardíamente que a los asistentes movidos por fines políticos o de intereses, se mezclaban los de índole morbosa. Caballeros deseosos de vanagloriarse con el trato frecuente de Adriana, la sobrina del Papa; Julia, la probable amante del Papa, y Lucrecia, la hija querídisima del Papa. No debió ser cebo despreciable pasar unas horas en compañía de notorios personajes y tres bellas damas de la más encumbrada situación y menos rigurosa virtud según los maldicientes. Supongo que fue entonces cuando mis insignificantes y nítidos trece años empezaron a recibir las salpicaduras de la dudosa reputación de mis compañeras. Sin olvidar la influencia de aquellos relámpagos de pasión llamados César y Juan, mis hermanos, quienes, de vez en vez, me visitaban. El día al cual me refiero, estuvo Juan.

—Vine a despedirme, Lucrecia. —Y acompañó el saludo con un beso afectuoso.

Le miré entristecida:

—¿Te vas?

—Me voy, sí. Ya sabes que me caso.

—Lo sé. Y también que ahora eres duque de Gandía... —La dulzura de las huertas levantinas se aproximó a nosotros.

—¿Sabes que con el ducado heredé la novia? —se reía de manera incontenible.

—¿Te desagrada?

—En modo alguno. Doña María Enríquez de Luna es prima hermana del rey don Fernando de Aragón, y —añadió con picardía— ¡tiene dieciséis años! Nos casaremos en Barcelona el día veinticuatro. Naturalmente, asistirán los reyes.

—¿La quieres mucho?

Pareció sorprenderse:

—Si es joven y, además, dicen que hermosa, ¿por qué no iba a quererla?

Entre nosotros hubo una pausa melancólica. Quizá mi hermano se despedía mentalmente de su existencia fácil, de las continuas conquistas femeninas, de las horas ocupadas en seducir esposas insatisfechas y muchachitas de apariencia inexpugnable. Quizá yo me despedía de un humilde ensueño.

—Dime la verdad, Juan —decidí confiarle—. ¿Se casó mi esposo enamorado de mí?

—Tan enamorado de ti como yo de mi futura mujer.

—¿Quieres decir que no se casó conmigo por amor?
—Ni siquiera el corazón me latía, lo había perdido.

—¡Naturalmente que no! ¿Quién te engañó, Lucrecia?

En la plaza de San Pedro estalló con gran estruendo una tormenta y un cúmulo de nubes anticiparon la noche. Algunas damas asustadizas se aproximaron a sus galantes compañías. Los criados redoblaron el número de candelabros para contrarrestar la inesperada oscuridad que, al pronto, creó un intimismo exagerado. La neblina producida por las velas al consumirse daba una orla irreal a la tertulia. Mi ánimo, sin embargo, iba apagándose.

—Vamos a ver, hermana —Juan rebosaba cariño—. Es necesario que abandones tus niñerías, que actúes de acuerdo a tu inteligencia y te hagas perfecto cargo de la realidad. La vida es una selva, Lucrecia. Si no comes, te devoran. Eso del amor es algo transitorio y agradable. Pero lo urgente es sobrevivir. Nuestro padre tramitó su alianza para unir a su causa la fuerza de Ludovico el Moro. Resulta imposible defenderse a solas contra el rey de Nápoles. Si le apoya el todopoderoso príncipe de Milán, el Papa está salvado. Y...

—Ya sé, ya sé... —Me sentí desolada—. Mi alianza con Juan Sforza, sobrino de Ludovico, fue garantía de ayuda mutua entre Milán y la Iglesia. ¿Es así?

—Así es.

Me quedé pensativa. Desde mi nacimiento había sido constante espectadora de hechos, palabras y sentimientos amorosos. Toda clase de afectos, incluso ese especial deleite producido por la contemplación de la belleza, compuso el panorama de mi país espiritual llenándome de suave expectación. La llegada del amor debía ser un importante desasosiego al iniciarse la adolescencia. Y yo no conseguía entender por qué, después de tanta expectativa, alcanzaba el fracaso. Dije a mi hermano:

—Si Sforza no estaba enamorado de mí, ¿por qué el Papa consintió casarme? ¿Y por qué me utilizó para sus fines? ¿Por qué lo hizo?

—Te lo diré, Lucrecia. Quiero que lo entiendas. Te diré lo que el Papa hizo contigo y con nosotros. Tanto tú como yo, César y Jofre, éramos simples bastardos destinados a una oscura existencia. Nacimos hijos de cardenal y habrás notado que nadie se escandaliza de los cardenales con descendencia. Tampoco nadie espera de esos jóvenes prelados, seculares en su mayoría, que guarden voto de castidad. Pero el cardenal Borgia resultó elegido Papa. Un momento decisivo para su prestigio y muy grave para nosotros. Debió repudiarnos. En cambio, nos dio su nombre, nos conservó a su lado, nos impuso a la sociedad romana y se ocupa de nuestro porvenir. Ahora, en lugar de bastardos, somos hijos de príncipe. Ya ves, Lucrecia, lo que nos hizo nuestro padre. No lo habías pensado, ¿verdad?

Estuve un rato callada. Mi hermano se mantuvo pensativo y adicto, consciente de que tardarían en repetirse momentos como aquéllos.

—Mira —indicó la puerta—. Acaba de llegar Sforza.

Mi esposo saludaba a un elegante caballero con quien mantuve, al principio de la tarde, una interesante conversación. Me impresionó su discurso, sus maneras y su arrogancia. Se movía con aires de emperador, hacía creíbles las adulaciones y usaba el tacto y la palabra de un poeta. Reparando en mi interés, Juan dijo:

—Veo que te visita el primogénito de los Ferrara, la casa más importante y rica de Italia. ¿Es la primera vez que recibes a Alfonso de Este?

—Sí.

«Y espero que no sea la última», pensé. Cuando vino a despedirse, algo de mi espíritu se quedó con él. Una dama que no dejó de observarle, murmuró al oído de mi aya:

—No me importaría merecer la preferencia de este muchacho —confesó admirada.

—Menos te disgustaría tener su gran fortuna, ¿verdad?

La respuesta fue tajante:

—Bastaba con tenerle a él en mi cama.

Deploré la crudeza de su lenguaje. Pero el destino del hombre no estaba en la cama de la codiciosa señora, sino en la mía. Años después, Alfonso de Este habría de convertirse en mi tercer marido.

—Lucrecia... —reclamó Juan—. Me marcho.

Penosamente nos dijimos adiós. Y aquella lejana tarde que, sin percibirlo, se escurrió como agua entre los dedos, permaneció intacta en la memoria con el sabor de mi melancolía adolescente, el vago deseo de llorar a la vista de las amorosas parejas reunidas en casa, el incierto impulso de seguir al joven Alfonso de Este, el celoso pesar por mi hermano Juan a quien tanto quería y tanto me quería, pero se apartaba de mí en busca de una española desconocida.

Y luego, esa otra memoria de las calles vacías al marcharse el último de los invitados, el sonido de los cascos de algún caballo al cruzar la plaza desafiando truenos pavorosos y, por fin, la soledad nuestra: Sforza y yo. Frente a frente, al arrimo de la ventana y entre los silbos de un viento racheado, me anunció su inmediata partida. Se iba a su tierra natal. Allí nos encontramos al cabo de una larga ausencia, bajo una lluvia torrencial a orillas del Adriático, en los límites de Pésaro. Adriana y Julia me acompañaron en el viaje. De una tempestad a otra, Italia se convirtió en un caos. Hubo guerras, rencillas políticas, tratados, traiciones y ese dolor propio de los pueblos sojuzgados, cuando los franceses la invadieron. El avance de las tropas a través de los Estados de la Iglesia y su posterior entrada en Roma hicieron temblar los poderes borgianos. La mayoría de sus miembros se dispersaron temerosos de posibles agresiones. Hasta la callada Vannozza se hizo presente en cuanto hubo de solicitar ayuda al Papa con la intención de que la preservase de las vandálicas actuaciones del ejército extranjero. Alejandro VI se ocupó de Vannozza y de cada uno de los componentes de su extensa familia demostrando, además, gran valor. Alguien afirmó:

—¿Quién acusó al Papa de simonía? Está claro que fue elegido por los méritos que ahora demuestra.

Mi padre estuvo políticamente desasistido. Le faltaron todos los apoyos. Conoció disidencias, traiciones, ataques frontales a su dignidad de Papa. Amenazas de serle arrebatada la tiara por los mismos cardenales que constituían el cónclave. Aquel magnífico ambiente en que Rodrigo Borgia fue elevado a la Silla Pontificia se desplomó por completo. Las grandes familias, la nobleza y la curia romana desprendían un desagradable tufillo de rebelión. Les había llegado el momento de sacudirse de encima al joven extranjero recibido como simple cardenal de Valencia y que acabó constituyéndose Príncipe de la Cristiandad, amo absoluto del Vaticano, dueño de Roma, jefe supremo de un increíble número de súbditos borgianos venidos desde España y, para colmo, segundo Papa español en el corto espacio de treinta y tantos años. Nada pudieron, sin embargo. A las múltiples embajadas del rey francés, siempre respondía igual:

—Jamás seré esclavo de Carlos VIII.

Demostrando su talento excepcional, se mantuvo inmutable. Lamentó que el pueblo le negara ayuda. Que cada cual luchase por las grandes familias a quienes servía y ninguno atendiera a su grito pontificio en favor de la patria. En un rasgo de furor característico, declaró que se bastaba a sí mismo y la ayuda de sus adictos españoles para mantener a flote la sagrada barca de San Pedro. Desde luego, lo consiguió.

Apaciguada la terrible marea de los hechos incontrolables, los Borgia regresamos al hogar. Fue una fiesta volvernos a reunir en torno a la mesa familiar presidida por mi padre. Entrar de nuevo en el cuarto de estar, tan alegre. Recobrar los telares con sus bordados de mi aprendizaje. La tierna proximidad de la galería de honor y su perfume de geranios, claveles y aquel vuelo de las palomas más cercanas al amor humano que a la representación del Espíritu Santo. Supimos así que nuestro pequeño Jofre seguía felizmente casado con doña Sancha de Aragón, hija del duque de Calabria y nieta del rey de Nápoles. «Ahora —nos escribió a los hermanos con infantil presunción— deberéis llamarme príncipe de Esquilache.» En cuanto a mi querido hermano Juan, tuvo descendencia y nos hizo saber que su paciente y sumisa esposa se hallaba bien de salud.

También supimos que César era entonces gobernador de Orvieto. Durante la guerra ayudó a mi padre y, merced a su comportamiento temerario, audaz y de atrevida estrategia, pronto adquirió renombre, comenzando a perfilarse los primeros bocetos de su fosca personalidad. Mucho se comentó la osadía suya al escapar de las garras de rey francés. Deseoso de alejar de Roma al ejército triunfante, el Papa firmó un acuerdo con Carlos VIII: le entregaría un aval pontificio que le permitiese cruzar sin problemas los Estados de la Iglesia. Para mayor certeza, el monarca llevaría consigo dos rehenes: el hermano del gran señor turco prisionero del Vaticano —el mismo que me obsequió con la esclava Catarinella— y César Borgia, hijo querido de Su Santidad. Durante el avance de la comitiva real rumbo a Nápoles, César consiguió la simpatía y la confianza del rey francés. En cambio, se mantuvieron recelosos los soldados del monarca cuya paga se acrecentaba con el botín de las batallas. A los vehículos cargados con las pertenencias del rey se sumaron otros tres propiedad de César. Sus criados olvidaron apostar la vigilancia del último de los carros y, naturalmente, fue sometido a investigación. A la vista de las riquezas que guardaba, la soldadesca permaneció tranquila. Señor que lleva consigo fortuna tan considerable en oro y plata, señor que no escapa. Pero aun en caso de escapar, ellos obtendrían tales ganacias que ojalá sucediera. Así pues, se desinteresaron de César. Y al cabo de una jornada especialmente extenuadora en el transcurso de la cual fue retrasándose el último de los carros del joven Borgia, los criados de mi hermano dieron la vuelta en el momento preciso y regresaron a Roma. En mitad de la noche, al término de una grata cena en la tienda de Su Majestad Carlos VIII, acompañados del príncipe Hixem, César asesinó a un soldado desconocido, vistióse las ropas del difunto y galopó hasta las puertas del Vaticano. Acto seguido hizo al Papa cumplido relato de su fuga. Éste, aunque contrariado por la violación del compromiso, quiso saber:

—¿Y has abandonado tus otros dos vehículos repletos de tesoros?

—Iban llenos de piedras, Santidad —repuso César y ambos se regocijaron.

Respecto a Julia y Adriana, no se hicieron presentes, al menos para mí, desde la madrugada de su partida allá en Pésaro, rumbo hacia Capodimonte, cuna de los Farnesio y donde tristemente agonizaba el hermano de Julia. Por suerte, me seguían atendiendo un nutrido número de damas y acompañantes, además de las fieles Pantasilea y Catarinella, en asuntos de estricta intimidad.

Referente a mi esposo, en contra de su costumbre permanecía a mi lado y su presencia me fue útil en los recibimientos que inicié, libre de la tutela de Adriana, en Santa María in Pòrtico. Dejando de lado las múltiples separaciones sufridas desde el segundo mes de nuestro matrimonio, se instaló entre los dos una nueva separación espiritual provocada por la insidia de una duda. Al parecer, durante los difíciles tiempos de la guerra, Sforza actuó de manera dubitativa. La política le mantuvo en la incómoda postura de inclinarse a favor o en contra de su familia o la familia del Papa, ambas antagónicas. Tampoco le ayudó la intuición, pues fueran cuales fuesen sus decisiones, optaba por la errónea. Su matrimonio conmigo, tan disputado, le convirtió en el triunfador de una lista fastuosa de pretendientes, aunque de nada le sirvió. Efectuado el enlace por razones de Estado, no se consumó debido a mi inmadurez física y de tan falsa situación quizá naciera el fracaso de nuestras relaciones. En resumen, consiguió granjearse la animosidad y el desprecio de quienes le trataban, a costa de sus interminables divagaciones y, además, se mantuvo siempre descontento de sí mismo y de los otros. Con el tiempo me pareció entenderle, conocer su desazón que ni siquiera perdía en mi presencia. Era joven y ambicioso, pero falto de atractivo personal. Casado sin goce de mujer y rozando el desprestigio. Las manos repletas de triunfo y atenazado por toda clase de impotencias. Pese a que su edad sumaba diez años a la mía, intuí que ambos éramos dos insatisfechos adolescentes. Por desgracia, mi comprensión no hizo pareja con la comprensión ajena. Y Juan Sforza, señor de Pésaro y conde de Cotignola, acabó siendo la comidilla de Roma y la deplorable imagen de la infelicidad. Hubiera querido consolarle, pues entre Sforza y yo existía un trato de amistad consolidada en ratos de diversión. Tampoco fue posible. Al principio de casarnos, su inhibición me llenó de estupor y durante largo tiempo arrastré mi decepción. Y mientras yo luchaba a solas con mis frustraciones, Sforza sufría la pena de no poderse acercar a mí a causa de mi poca edad. Luego me acomodé a las explicaciones que me dieron. Si había de esperar a descubrir el misterio de la noche de bodas, esperaría. El trance me resultó más amable que para Sforza, viudo en primeras nupcias. Distraída en actividades propias de una niña de doce años, era fácil dejar transcurrir un tiempo indefinido. Pero Sforza, para su personal tortura, lo supo todo. En principio se le dijo que debía aguardar mi madurez. Después, que ya era tiempo de ejercer sus derechos. A continuación soportó la vigilancia diaria acerca de cuándo cumpliría aquello que debía cumplir. Habíamos sido dos criaturas tan ajenas una a la otra, sumergido él en su Pésaro o sus cuitas de soldado y sumergida yo en mi feliz infancia o en el simbólico cuarto de las muñecas, que le pareció imposible franquear nuestra amistad y comportarse conmigo como un hombre. Fue mal juzgado el pobre Sforza. En cierta manera, una vez informada del significado de las «refriegas amorosas», me inculpé de su tragedia. Pensé en Julia, morena, hermosa, llamativa y conocedora de los resortes de la incitación. Entonces caí en la cuenta de que, caso de ser yo una verdadera mujer en vez de una adolescente soñadora, hubiera encontrado la forma de que Juan Sforza, seguro de sí mismo y arrancándome de la corte vaticana y sus intrigas, me llevara a galope del corcel de sus pasiones para tendernos los dos en diálogo amoroso sobre las finas playas del Adriático allá, en su reino de Pésaro.

Por tercera vez perdí la ocasión de una vida tranquila y virtuosa: al lado de don Querubín Centelles en el valle de Ayora, del reino valenciano; junto a don Gaspar de Prócida en las tierras de Almenara o en la isla de Proxita, reino de la serenidad, y, finalmente, en compañía de mi esposo, este Juan Sforza a quien me refiero y al cual no le cupo ni el pequeño deleite de haberme enseñado el amor.

Mis quince años recién cumplidos en Pésaro sin la presencia de Adriana y Julia, lejos de mí para acudir a la agonía del hermano de Julia, se desviaron, por influencia de mi padre, hacia un camino que habría de oscurecer el resto de mi vida. Pasado el tiempo comprendí la verdadera catadura moral de mis dos compañeras de infancia, el espejo en el cual yo me miré deseosa de una imagen a quien parecerme. Julia la Bella, en su más cruda realidad, era una joven ambiciosa que se plegó a los caprichos del Papa, obligando a su esposo a soportar la afrenta y relegándole a un duro exilio en la tierra de los Orsini, mientras ella se entregaba al boato de la corte vaticana donde disfrutar de su deplorable título de favorita de Su Santidad. Concerniente a mi aya Adriana Milá, la descubrí bajo su verdadera naturaleza: indigna madre de su hijo Orsini, alcahueta de su nuera Julia, servidora de los caprichos de su tío Alejandro VI y servil comerciante de favores carnales contra cargos y prebendas a nombre de sus familiares. El azar me libró de sus negras influencias cuando ambas marcharon hacia las posesiones de los Farnesio. Pero otro azar maligno tomó el relevo de armas a mi lado, dispuesto a conducirme por el camino de la destrucción. Los buenos y plácidos días de Pésaro al lado de mi esposo, donde quizá hubiéramos conseguido amarnos, se quebraron cuando Alejandro VI nos instó, a Sforza y a mí, a reunirnos en la vecina Perusa, lugar escogido por mi padre para esquivar el indeseado encuentro con Carlos VIII. Allá fuimos, pero a los cuatro días de nuestra estancia, Sforza fue llamado a combatir. Quedé en Perusa como quien era: señora de Pésaro, condesa de Cotignola, hija del Papa. Acompañé a mi padre a las numerosas invitaciones de la familia Baglione, quienes sentíanse obligados a invitar a la hija del Papa y al Papa al ser ellos feudatarios y señores de la ciudad. Mi padre, gran conocedor de la importancia que adquirían sus actuaciones públicas y conocedor asimismo de las maledicencias eróticas en torno a los Baglione, me llevaba primero a visitar la santa de la ciudad, sor Colomba de Rieti, con quien sostenía conversaciones muy devotas y de gran fervor religioso, sentimientos que inflamaban el alma del Papa tanto o más que sus amores mundanos. Después, en completo sigilo y a continuación de acto tan fervoroso, pasábamos el resto de la tarde en compañía de los Baglione, gentes escogidas, hombres y mujeres de selecta belleza, sanguinarios en sus hechos, sensuales, presididos por Juan Pablo Baglione, quien, sin resquemores ni vergüenza, alentaba las locuras de su corte viviendo públicamente con su bellísima hermana en el más descarado de los incestos. Asida de la mano de Alejandro VI crucé el umbral de aquel templo del amor pagano, como antes traspuse el umbral del matrimonio prendida de su mirada, o bien atravesé mi niñez asida a su vestidura talar. Pero en esta ocasión mi mano tenía el temblor de un pájaro recién cazado dentro del cuenco cálido de la mano de mi padre. Un pájaro al que, además, le agradaba el presentimiento de su posible concordia con el cazador. Reconozco que sentí enormes turbaciones a la vista de tanta pasión subterránea. Me debatía entre el atractivo y la repulsa de las mismas, sintiendo terror de que mi padre pudiera traducir la misteriosa fuente del placer que iba naciendo en el fondo de su hija. Tarde a tarde me fui aplacando y, entre mi padre y yo, quedó para siempre el tácito secreto de una comunicación sensorial que, sin lugar a dudas, debió pertenecer a mi esposo, nunca a mi lado, siempre lejos, eternamente huido. Pero los Borgia no hablábamos de estos avatares interiores. A solas en tierra extraña, sintiéndonos todos raíz española de nuestro padre, odiados en Italia por ser extranjeros, día a día, paso a paso, adquirimos la certidumbre de que el triunfo de la familia residía en la fuerza de nuestra unión. La conducta de César, Juan, Jofre y el Papa no conoció otras normas y, una vez descubiertas allá en Perusa, dejaron de molestarme ciertos remordimientos, pareciéndome normales las turbias impresiones sentidas junto al Papa en los lascivos salones de la familia Baglione. Allí no fuimos padre e hija. Allí fuimos dos Borgias contemplando un espectáculo de costumbres depravadas y, como auténticos Borgia que lo comparten todo, compartimos también las morbosas sensaciones. Tranquilizado el ánimo y la conciencia apaciguada, di comienzo a mi segunda etapa romana rumbo a un tormentoso futuro. Cierta mañana me despertaron los alegres repiques de las campanas llamando a misa primera. En el interior del palacio amanecía con la suntuosidad propia del terciopelo, un ir y venir de luces y sombras, un silencio y un rumor conjuntos. A la misma hora, de manera cruda e hiriente, amanecía en Roma. Y alguien, espoleado por el alba, sintió la necesidad de verme. Mientras ese alguien cruzaba la ciudad a lomos de su caballo, yo me dispuse a rezar ante las santas preferidas de mi padre. Soñolienta y descalza, sin molestarme en cubrir mi camisón, anduve hasta el reclinatorio dispuesta a celebrar mis habituales monólogos con santa Ana y santa Catalina. Era tal mi fervor, tanta la entrega, que en más de una ocasión creí posible acceder al éxtasis. Me agradaba el oratorio, me agradaba san Sixto en la Vía Appia, el olor a incienso y las músicas celestiales. La claridad de la plaza de San Pedro se deshacía como nieve contra los corridos cortinajes, escurriendo en el suelo rayas de blancura. La penumbra ambiental prolongó mi sueño recién salido de la noche, cediéndome una prórroga de bienestar. Del jardín llegaba el piar de las aves imitando el rasgar de la seda. Casi hundida en el monótono sopor de los rezos, me despejó completamente el brusco ruido de la puerta al abrirse. Alto, arrogante, de piel dorada y el mismo rubio de mis cabellos en los suyos, el hombre apoyado en el quicio sonreía feliz. Hice ademán de levantarme, pero llegó antes a mi lado. Al inclinarse me besó en la frente. Cogiendo mi mano me obligó a sentarme donde estuve arrodillada y, en el reclinatorio vecino, tomó asiento a su vez.

—Te eché en falta, hermanita.

—También yo a ti, Juan. ¿Por qué no has venido antes a verme? Llevas días en Roma... —me quejé.

—Te vi en actos oficiales.

—¡Eso no vale! —hice un mohín insatisfecho.

—¿Recibiste mi regalo?

—¿El raso púrpura comprado en Barcelona? —le abracé agradecida—. ¡Me confeccionaron los chapines más bellos de toda Italia! Fueron la envidia de esas damas tan pintadas y recompuestas que nos adulan primero y nos censuran después a nuestra espalda. ¡Me divertí tantísimo! También le agradaron a la princesa de Esquilache. ¡Vaya si le agradaron!

—¿Nuestra cuñada Sancha? ¿Y qué tal va con el pequeño y querido Jofre?

—Viven aquí cerca. El Papa los instaló en el palacio del cardenal Ardicino della Porta. Jofre parece feliz con ella. Sancha es mujer experimentada de veinte años y Jofre tiene solamente catorce. Le trae y le lleva como quiere pero, eso sí, a completa satisfacción de nuestro pequeño hermano.

—¿Le ama?

—Lo aparenta. Jofre da crédito a Sancha. Y ella, muy hábil, coquetea con quien le place.

—Se dice —explicó Juan con alegre malicia— que nuestro padre esperaba impaciente la venida de Sancha desde Nápoles. El día de su entrada oficial en Roma, abandonó su puesto entre los cardenales para espiar detrás de los postigos de la ventana. Solamente cuando atisbó la comitiva regresó a su silla pontificia. En realidad el Papa continúa siendo un chico de quince años. ¿No se le habrá ocurrido cortejar a Sancha? —parecía divertido.

—En absoluto. Sancha decide por sí misma quiénes desea que la cortejen.

—¿Y son...?

—¿Acaso tú, Juan?

El amanecer ya no lo era. Los cortinajes nada significaban. La pujanza del día despejado arrasaba cualquier impedimento. La miel de los ojos castaños de Juan dejó al descubierto su infinita ternura. Dijo afectuoso:

—Yo estoy enamorado, Lucrecia.

Erróneamente, la figura de María Enríquez y Luna ocupó mi memoria:

—¿Cómo está tu mujer? —pregunté.

—Tenemos un hijo y María vuelve a estar embarazada. Me encargó agradeciera al Papa la distinción concedida a sus primos, los reyes Isabel de Castilla y Fernando de Aragón. Desde ahora se llamarán Reyes Católicos —y engolando la voz como si recitara, imitó—: «Nos, les otorgamos el título de Reyes Católicos por sus virtudes y su piedad, por haber dado cima a la guerra contra los moros, defendido la fe contra los judíos y llevado la sacrosanta religión a las Indias.» ¿Qué opinas de nuestro padre, hermana? Sabe hacer las cosas, ¿verdad?

De repente, me angustié:

—Habrás oído ciertos rumores sobre César...

—¿Qué clase de rumores? Me divirtió mucho ese asunto de su fuga cuando era rehén de Carlos VIII. ¿O te refieres a otra cosa?

—Dicen que envenenó a tu amigo, aquel hermano del gran señor turco que te regaló a Catarinella. También le achacan otros envenenamientos. Le estoy tomando miedo —admití.

Aunque el rostro de Juan se ensombreció, no quiso eludir la pregunta. Era limpio como el filo de una espada y me encantaba confiarme a él.

—Lucrecia —dijo en tono severo y claro—, los asuntos de los hombres debes dejarlos a los hombres. Ni te inmiscuyas ni pretendas esclarecerlos. Te aconsejo que jamás hables de estas cosas —pasó sus dedos por mis labios como si deseara enmudecerlos—, sólo conmigo, ¿lo prometes? Mira, hermana —besó la punta de mis dedos—, Italia no es un cuerpo único que mantenga de su pecunio un ejército para su defensa. Somos determinado número de pequeños reinos acaudillados por los jefes de poderosas familias. Las guerras resultan caras. Los ejércitos a cargo de un solo señor, muy costosos de mantener. No hay fortuna capaz de resistir los años de batalla. Se necesita el oro de Creso para financiar trajes, comida, armas, caballos y demás avíos. Utilizar el veneno es más barato. Bien administrado, en vez de cientos de soldados, muere uno, solamente uno de los cabecillas adversarios, y el poder cambia de mano. Es un método limpio, eficaz, para la defensa de tierras y familias amenazadas. Todo el mundo recurre al veneno. Y hay una parte de justicia en su uso. No debes preocuparte por César. En este instante hay muchos Césares en Italia. El nuestro, nuestro César, actúa siempre en beneficio del Papa.

—Sin embargo, yo temo a César —insistí.

—Mientras nuestro hermano vista el capelo cardenalicio no debes temerle. Por ningún motivo personal había de perjudicar los intereses de Su Santidad. Otra cosa sería si obtuviera la secularización.

—¿Por qué, Juan?

—Fuera de la Iglesia se consideraría libre de servir sus ambiciones. A cualquier precio, hermana.

—¿Y la pretende?

—¿La secularización? —suspiró—. La desea con toda el alma.

Llevada de una leve ansiedad, me arrimé a Juan buscando amparo ante el difuso peligro que, en ocasiones, descubrí en la mirada de César. El atractivo de César se parecía a la turbación que sentí a la vera de mi padre, mientras observaba las caricias que el señor de Baglione prodigaba a su hermana. No me cabía duda de que César era conocedor de las más horrendas pasiones, embellecidas por su arrogante valor. De naturaleza solitaria, nadie tuvo el privilegio de merecer sus confidencias. Yo le imaginaba en la soledad de su mansión del Trastévere, ocupando el amplio espacio de la casa con su espíritu tenebroso. Sintiéndome temblar, Juan quiso distraerme:

—Dime, Lucrecia, ¿qué me cuentas de tu esposo?

—Está en Pésaro.

—¿Por qué?

—¿Cómo voy a saberlo? —Puse mis pies descalzos en sus rodillas para alejar el frío—. Debe de tener una buena razón. En realidad debe de tener un montón de razones. Desde la boda no hace más que irse; siempre se está marchando, continuamente.

—¿Te molesta?

—A estas alturas lo considero normal. He llegado a creer que así sucede en cualquier matrimonio. Mi madre estaba casada y vivía con el Papa. Sancha tiene a Jofre pero se divierte con otros caballeros. A Julia Farnesio apenas la vi un par de ocasiones al lado de Orsino Orsini. Tú has dejado en España a tu esposa. ¿Por qué ha de extrañarme la ausencia de Sforza?

Juan se rió de manera tan espontánea que yo me uní a su risa, hasta que sus labios cerraron mi boca. Con ademán imperativo me asió ambas manos y repentinamente preocupado dijo:

—Murmuran que tu matrimonio no se ha consumado.

—Eso es asunto mío —respondí adusta, un tanto humillada.

—Cierto, cierto... ¡Dejémoslo! No obstante, me acucia una curiosidad. La tarde en que me despedí de ti para irme a España, me contó César que le hiciste una pregunta, ¿recuerdas? —me habló al oído y su aliento encendió pequeños estremecimientos—. Deseabas saber qué eran las refriegas amorosas... Me enternecí, ¿sabes? Viéndote tan infantil y tan ignorante sentí la frustración de abandonarte sin respuesta. Y ahora te pregunto: ¿lo sabes ya? —me acosaban sus manos, su intensidad, su cuerpo entero; intenté alejarme de su insidia, pero mi hermano me sujetó—. ¿Sabes lo que significan las refriegas amorosas? ¿Nadie te explicó todavía que se trata de un débil combate entre dos, donde ninguno cede y ambos desean el triunfo del otro o que la lucha continúe? ¿Lo sabes, Lucrecia?

—¡Dios del cielo! —gemí al notar la deserción de mi sangre sofocada por su cercanía.

—No clames al cielo —y la voz se anticipaba a las caricias—. Lo llevas en tus ojos clarísimos. En tu clarísima belleza adolescente que se trasparenta en esta seda que te cubre. Lo llevas en tu corazón. Te amé siempre, Lucrecia. Siempre... ¿Por qué no me amas tú?

—Porque eres mi hermano, Juan. Un Borgia como yo.

Fue un error. Fatídicamente un error. Acababa de derribar los muros que ocultaban el abismo de las pasiones marginadas. Por fin iba a saber el amargo placer de entregarse a uno mismo. Por fin intuiría la soledad de César sumido en las tinieblas. La ardentía de mi padre. El infernal poder de los Borgia, capaces de dominar el mundo. Por fin conocería mi propio precio. Porque, ¿quién, sino un Borgia, se halla capacitado para valorar a otro Borgia? Con el sol entrando de pleno por debajo de las cortinas del oratorio, la luz reflejada desde el suelo enarcó las cejas de santa Ana y santa Catalina, poniendo en sus rostros de piedra el mayor de los asombros.

Los esfuerzos de mi padre por hacer que Juan Sforza regresara a Roma fueron absolutamente inútiles. Ninguna razón aducía mi esposo para justificar tamaño alejamiento y, desde luego, ninguna razón, puesto que no existía, admitió mi padre. La realidad era que Sforza desertó de su puesto de marido, grave falta para los planes de Su Santidad, que hacía de mis bodas tácticas de gobierno. Asimismo desertó, crudamente dicho, de su papel de soldado mercenario al servicio de la Iglesia que le pagaba los consabidos estipendios. Sforza cobraba también supuestos servicios realizados a su tío Ludovico, llamado *el Moro,* y a mi padre le irritaba la desfachatez con que su yerno encendía una vela a Dios y otra al Diablo. Quedaba claro que, siendo imposible servir intereses distintos, engañaba a una de las partes. Fue por entonces cuando en la mente del Papa comenzó a germinar una idea capaz de inquietar a mi esposo, caso de haberla sospechado. Pero, muy taimado, mi padre iba escribiéndole pequeñas notas humildes, llenas de afecto paterno y ruegos de su pronto regreso que, a buen seguro, hincharían de cabezonería y vanidad la obtusa mente de Sforza. Y mientras mi esposo se obstinaba en permanecer ausente, mis hermanos iban y venían por los Estados de la Iglesia en defensa de las fronteras eclesiásticas. Se libraron batallas en Brecciano, Trevignano, Cerveteri, Anguillara, y se luchó contra Julio Orsini, pariente de Adriana Milá y de la eclipsada Julia Farnesio. Se puso cerco al castillo defendido por la valerosa guerrera Bartolomea, hermana del gran Virgilio. Se ganaba a veces, se perdía otras. Su Santidad soportaba muy mal las pérdidas. Estaba paternalmente enamorado de su hijo Juan, cuya fabulosa presencia y enorme parecido físico le traían el perfume y la energía de su perdida juventud. En recuerdo de sus buenos días de joven y arrogante cardenal, perdonaba a Juan todas sus flaquezas. En su opinión, un guerrero de buena presencia, familia influyente y fortuna generosa podía ser agresivo, sanguinario y de lujuria desbordante. Lo único que jamás debía permitirse un hombre de armas en combate era la derrota. Y mi hermano Juan, falto de talento táctico, a la menor de las heridas delegaba en otro la responsabilidad de la batalla y regresaba a Roma. El Papa se enfurecía. Luego recapacitaba, terminando por atribuir a un maldito azar los errores de su hijo que, a buen seguro, acabaría desquitándose. A César, sin embargo, no le disgustaban los fracasos de nuestro hermano pues alimentaba la secreta esperanza de que el Papa, decepcionado, le devolvería al reino de Valencia, a sus ocupaciones españolas, a su pequeño hijo Juan, al otro vástago a punto de nacer y a su resignada esposa María Enríquez de Luna, siempre vigilando la posible llegada del esposo tras las celosías del castillo. Hombre de acción, César sentíase humillado en su parte de segundón al lado de aquel inepto de Juan. Más que nunca refrenaba sus ímpetus el capelo cardenalicio. Cardenal sin vocación y guerrero por naturaleza, aguardó en vano que su hermano partiera o que a él le concediesen la secularización, asuntos contrarios a las intenciones de Alejandro VI. Y mientras la política seguía su curso, la vida en Roma continuaba densa y sabrosa como la pulpa de una fruta madura. Las horas transcurrían con exquisita calma en el palacio de Santa María in Pòrtico. Allí se recitaban poesías, bebíanse delicados vinos, los servicios eran de oro, las damas se enjoyaban de esplendor y los rendidos caballeros rivalizaban en ingenio y cortesía. Pero un mundo insospechado tramaba invisibles hilos entre los invitados. La princesa de Esquilache, por otro nombre mi cuñada Sancha, preparaba la chispa de una posible tragedia cruzando el fuego de sus ojos latinos con su esposo Jofre, deseosa de contentarle; con César y Juan, queriendo enardecerles. De ella se murmuró en vísperas de su matrimonio que no era virgen. Mi padre pidió explicaciones al respecto y medio Nápoles de la mejor alcurnia hubo de firmar cierto documento proclamando una virtud inexistente en favor de su princesa. La humillada Sancha tampoco se mordió la lengua al declarar:

—El Papa no me quería por nuera y ahora soy tres veces nuera suya, pues sus tres hijos pasan por mi lecho.

Desde lejos, Juan vigilaba mis evoluciones entre los invitados, alerta para concertar una posible cita que, sólo de pensarlo, me turbaba. El taciturno César, recomido de celos y resentimiento, se mantenía a corta distancia para interrumpir los posibles atrevimientos de mis aduladores. Yo atendía la buena marcha de la reunión, dispuesta a que nadie sospechara las ocultas turbulencias de los Borgia. Por entonces se consideraba muy distinguido entablar conversaciones sobre temas artísticos y literarios. Una dama prendida de la apostura de su acompañante casual, un alto, esbelto y agradable personaje, quiso coquetear con la cultura:

—¿Hay alguien capaz de aclararme esta exagerada tendencia a las discusiones de Arte? ¡Cualquiera diría que no existen otros temas tanto o más apasionantes! —se pavoneó claramente incitadora.

—Basta mirar a su señoría para convencernos de sus razones —el caballero le besó la mano—. Pero, a Dios gracias, la belleza de dama tan distinguida no consiente discusión. En cambio, señora, el Arte puede ser discutido incluso careciendo de méritos. Y queda muy claro que el tema se emplea como evasión.

—¿Evasión de qué?

—De la realidad. Es un revulsivo contra la violencia de las costumbres. Vivimos una época de conflictos inherentes a un cambio. Andamos hastiados de rémoras anteriores. Sin embargo, nos fascina la antigüedad latina y griega y, de ella, intentamos sacar nuevos modelos aplicables a la vida cotidiana. Estamos desligándonos de todo sentido trascendental y teológico. Comienza a tener importancia el individuo sin influencias sobrenaturales, y ese anhelo de renovación colectiva sin asomos de alma propende a la crueldad y la corrupción de costumbres. El confusionismo es total.

—¿Puede ponerme un ejemplo el señor marqués? Quizá me ayudara a comprender...

—Resulta fácil, creo yo... Todos sabemos que matar envenenando se hizo asunto trivial. El afán comunitario se centra en prosperar y nada tan rápido para ello como anular la competencia por medio del veneno. Cuando no es fácil el envenenamiento se recurre a los asesinos profesionales. Pero aquello que en verdad llama la atención es que, antes de matar, los asesinos pasan por las iglesias, hacen el signo de la cruz y piden a Dios que les conceda el éxito de sus fechorías. ¿Cabe mayor confusionismo?

—Pero ¿qué sacamos nosotros de tanta incongruencia?

—El Arte, señora. Sacamos el Arte. ¿No fue ésa su pregunta inicial? El Arte es la chimenea por donde respira la belleza que arde en las cenizas de la actual devastación. Su atractivo es inmenso y, a veces, excesivo. ¿Conocen la historia de Girolano de Orgiata?

Los presentes hicieron gestos de ignorancia. El caballero continuó:

—Girolano de Orgiata, asesino de Galeazzo María Sforza, duque de Milán, declaró haberse inspirado en la historia romana para cometer el delito. Estaba absolutamente decidido a realizar un acto artístico. Delante del verdugo declaró: «Quien sufre una muerte repugnante, consigue una fama eterna.»

—Yo creo en el Arte —declaró César, impetuoso—. Es más, entre mis soldados hubo uno excepcional.

—¿Qué hace?

—Avanza con mi ejército. Es un genio.

—¿Y cualquiera que avance con el ejército de su señoría es un genio?

La risa amenazadora de César cercenó las otras risas.

—¡Naturalmente! —dijo, despectivo—. A la soldadesca le siguen mujeres que cobran poco y actúan mucho, para animar a los desfallecidos. Músicos que alegran la fatiga. Poetas que versifican las batallas. Comerciantes que absorben la paga del soldado. Todos ellos genios de la oportunidad. Existen también los aventureros de la inteligencia y, a estos últimos, pertenece el que yo llamé genio.

—¿Y qué hizo para merecer vuestro elogio?

—Planificar desagües en las ciudades conquistadas. Inventar artilugios de guerra. Idear lo impensable.

El murmullo, un tanto despectivo, siguió a la decepcionante declaración.

—¿Cuál es su nombre? —preguntó el marqués de Mantua.

—Se llama Leonardo da Vinci.

—Si tú, César —le interrumpieron—, llamas genio a un simple soldado, razones te asistirán.

—Y yo os bendigo a todos, carísimos, en el nombre del Padre, del Hijo y del Espíritu Santo.

El susurro apenas iniciado se convirtió en impresionante silencio ante la repentina aparición de Su Santidad. Besé el anillo de mi padre con suma devoción, deslumbrada por la sorpresa de tenerle a mi lado. Me hice atrás, facilitando el acercamiento de quienes estaban con nosotros. Todos besaron el símbolo pontificio mientras yo miraba arrobada a mi padre. El Papa departió con todos y cada uno de mis invitados. Los sedujo por su sencillez, investida de arrogancia, que era el más atractivo de sus recursos. No dejó a nadie sin una de sus palabras que tanto significaban para quienes difícilmente le accedían. Fue especialmente amable con el marqués de Mantua.

—Nos te apreciamos, Francisco Gonzaga, y tenemos para ti lo mejor de nuestro particular afecto —le dijo.

¿Tuvo, aquella frase de mi padre, influencia premonitoria sobre el amor que, muchos años después, despertaría en mí el marqués de Mantua, futuro cuñado mío? En cualquier caso, no me pasaron inadvertidas las frases susurradas a mis hermanos Juan y César. En cambio, ostensiblemente, se dirigió a mí:

—Querida Lucrecia —dijo a punto de retirarse—, ¿me concedes unos minutos de tu compañía?

Le seguí en silencio por los laberintos del palacio hasta entrar en la biblioteca de Santa María in Pòrtico. En el centro de la sombría estancia se detuvo y me abrazó.

—Hija mía queridísima... —me besaba impetuosamente—. ¿Sabes que dejaría de ser Papa si tu felicidad me lo exigiera?

—Os amo, padre. Y no me parece justo que os sacrifiquéis por mí.

Me apretaba contra su pecho. Parecía tener mil manos como mil voces para envolverme totalmente en un torrente sensorial. Me hablaba de amor paterno y me encendía de amor pagano. Yo me encontraba a gusto incrustrada en su palabra, en su piel, en la grandeza de aquel hombre extraordinario que, además, me pertenecía. El clamor de la carne era total.

—Lucrecia, si yo no fuese tu padre, ¿me amarías también?

Y con toda la inocencia del mundo que luego supe que no era inocencia sino incentivo, respondí:

—Mi adoración por ti es absoluta.

Le quise en un principio. Seguí amándole al crecer. Ningún abril de mi niñez, ninguna primavera de mi adolescencia, transcurrió desasistida de la poderosa presencia de mi padre. Lo abarcaba todo. Llegué a sentir su influjo incluso en los momentos de puro misticismo, cuando yo me arrodillaba frente al altar, entregada a los goces celestiales. Seguía la santa misa llena de fervor, pero raramente la terminaba sin advertir que el sacerdote celebrante era mi padre. Conociendo el latín a la perfección, me seducían las entonaciones valencianas que alegraban el rezo de los paternóster, ofertorios o las epístolas y, muy a menudo, abandoné la iglesia cubierta de caricias.

—Entonces, hija mía, ¿debo creer que no te molesta mi pasión por ti? Reconozco que acaso soy un padre demasiado posesivo...

Iba a responderle cuando mis hermanos irrumpieron en la biblioteca. César se lanzó a escudriñar los rincones, detrás de las cortinas, al otro lado de las puertas. Juan vino hacia nosotros.

—*Ja està bé, fill meu* —dijo Su Santidad a César—. *No busques més y vine. Parlarem en valencià.*

—*Tan important és, pare?*

—*Es tracte d'Sforza, el vostre cunyat.*

—*El meu marit?* —interrumpí utilizando también su misma lengua.

—*Sí. El teu marit.*

Hubo un breve silencio. César se mostró agresivo al preguntar:

—¿Qué le ocurre a ese bellaco?

—No le insultes, César —intenté protestar, pero callé en seguida al sentirme amenazada.

—Es un bellaco, Lucrecia. Y mejor deja hablar a tu padre en vez de meter baza en lo que no entiendes. ¿Qué hizo ahora, Santidad?

Alejandro VI sonrió satisfecho. Lo que iba a decir le halagaba sobremanera.

—¡Por fin viene!

—¿Lo has conseguido? —exclamaron mis hermanos.

—Lo conseguí. Ese maldito imbécil accedió a mis ruegos. He recibido un correo suyo, hinchado de condescendencia. Puesto que tanto supliqué, me concede el honor de regresar. ¿Qué os parece?

—¡Le atravesaré con mi espada, padre!

—¡No vale tanto, César! —ironizó Juan.

Estaba clara la frialdad de mi familia respecto a Sforza. ¿Frialdad? Mejor diría aversión.

—Fuimos nosotros quienes le concedimos la mano de la más bella y poderosa niña de Italia —el Papa se hallaba disgustadísimo—. Y ese pedante, además de zafarse de su compañía, se permite abandonar sus deberes con los Borgia, se hace el sordo a las llamadas del Pontífice durante un año y, finalmente, nos concede el favor de regresar a sus obligaciones. ¡Gentes de esa calaña sobran en la familia! ¡Son un desdoro!

—Padre, ¿qué hacemos? —preguntó César dispuesto a todo.

—¿No sería mejor que le impidierais volver? ¡No le necesitamos para nada! —sugirió Juan.

—Os equivocáis. Le necesitamos para algo de suma importancia —me acercó a su costado, contra sus blancos hábitos, con esa delicada suavidad que se emplea antes de inferir un dolor inevitable—. Le necesitamos para concertar la anulación de vuestro matrimonio, Lucrecia. Es preciso que venga.

—¿Y por qué hemos de separarnos? —reclamé alarmada.

Ciertamente, poco o nada le necesitaba como marido. Pero yo no había probado aún ese amargo sabor del abandono. En la barca del tiempo iba navegando unida a otros seres embarcados conmigo en idéntica aventura y nunca me vi en la obligación de apear a nadie de mi nave. La situación me lastimaba. En mi corazón cabían todos.

—¡Por mil razones, hermana! —gritó César.

—¡Y por traidor!

—¿Cierto, padre? —mi desamparo no tuvo límites.

—Ciertísimo. En mi poder están las pruebas. Dos cartas.

Una de ellas dirigida a su tío Ludovico, ofreciéndose para trasladarse a Milán y luchar a su lado, contándole, en prueba de fidelidad, el secreto de nuestro programa político. ¡El muy cerdo! En la segunda carta repite, palabra a palabra, mis conversaciones privadas con el cardenal Ascanio María Sforza, exponiendo la táctica defensiva de la Iglesia contra el rey francés. No cabe duda: ¡es un traidor!

—La respuesta a una traición está en el extremo de la espada. Si Su Santidad lo desea, salgo a esperarle por el camino de Pésaro y antes de que Sforza atraviese las puertas de Roma, ¡le atravieso el alma!

—¡Por Dios, César! —me dolí.

Desde luego yo clamaba por mi marido. Pero mi marido no tenía la sangre de Alejandro VI. Tampoco la tenía Vannozza. Ni Julia Farnesio. En el jardín oculto de Rodrigo Borja, primero cardenal, después Papa, solamente crecían las flores de su sangre. Los demás estaban condenados a perecer.

—¡César lleva razón! —apoyó Juan.

—¿De veras, padre? ¿No es posible encontrar una disculpa?

La amargura del Papa cayó igual que un manto de hielo en mi frío. Me gustaban las delicias del amor, los bellos trajes, la libertad del campo, las estrellas de enero en el cielo de Subiaco, las manos de mi hermano Juan dirigiendo el timón de nuestro íntimo entusiasmo, el brillo de los ojos de quienes me admiraban. Pero no encontraba justificación al dolor ni a la renuncia.

—¿De veras, padre? —repetí—. ¿De veras no es posible disculpar a Sforza?

—No. No es posible, pues cosas más graves sucedieron. Sabrás, querida niña, que desde su última partida tu esposo visitó a gentes influyentes dejando caer, en cada una de estas visitas, el veneno de la insidia. Para justificar lo desairado de su postura y el haber abandonado nuestra casa, derramó un rosario de lamentaciones bien poco varoniles, explicando que, con gran desespero de su alma, hubo de escapar del Vaticano por el horror que acababa de ver. «Encontré en casa lo que nadie imagina. Jamás regresaré a Roma. Aquello es insoportable. Espantoso.»

—¿Y qué habrá visto, padre?

—¡Ésta no es la cuestión, Lucrecia! Lo rastrero de su conducta reside en no aclarar lo que insinúa. Así desprestigia el Vaticano. De manera que le recibiremos con gran pompa y, cuando se haya confiado, le quitaremos la mujer, la posición social y el prestigio. Una buena patada en el trasero es lo menos que merece.

—Pero ¿y yo, padre?

Los tres me miraron. En cada uno de ellos advertí los diferentes matices que, según las personas, puede conseguir el ansia de posesión. Yo era la única mujer borgiana. Cada quien, me tenía por suya. Y en el centro de aquella trinidad de Borgias, me consideré reina.

—Te casarás de nuevo. Gracias a ti conseguiremos nuevos poderes. Serás la reina de Italia, la gran favorita de Roma, la emperadora del Vaticano. Los años pasan. Quizá un día necesite tu ayuda, Lucrecia. Quizá en un futuro seas la papisa del Papa.

—Bien, pero ¿qué hacemos con Sforza? —tronó César.

La oscuridad nos envolvía y yo, aprovechándola, los dejé enardecidos en sus proyectos. Sin ruido fui retrocediendo hasta salir de la estancia. En el último instante, al abrir la puerta, mi padre gritó:

—¿Dónde vas, hija?

—Hace rato que Sancha atiende sola a los invitados... —balbuceé.

Al Papa le pareció bien. En el pasillo me noté aliviada de una presión ficticia. Hubiera dado cualquier cosa por encontrarme en mi cama a medianoche, desvelada y en condiciones de reflexionar. En mi espíritu alterado flotaba una molesta sensación de ser utilizada. Respiré hondo y el pensamiento cabalgó en pos de libertades desconocidas. De trecho en trecho, camino adelante, un candelabro apoyado en la correspondiente hornacina iluminaba un breve espacio. Respondiendo a un repentino impulso me encaminé hacia el pasillo de unión entre Santa María in Pòrtico y el Vaticano. Tuve el deseo de contemplar otra vez el hermoso tapiz de envés putrefacto. A mi llegada, alguien se movió.

—¿Quién hay?

Las velas del candelabro más cercano apenas esclarecían el rincón del tapiz. Nadie respondió. Pero la sombra, inmóvil, estaba.

—¿Quién hay? —repetí imperiosa.

—Soy yo, mi señora —y la sombra se arrodilló a mis pies.

—¡Me has asustado, Perotto! ¿Qué haces aquí?

Aguardé en vano. Perotto no respondía.

—No irás a decirme —expliqué— que me traes correo de Su Santidad, porque Su Santidad estuvo conmigo hasta ahora.

—No, mi señora. El Papa no me dio ningún escrito.

—¿Entonces?

—Os ruego que me dispenséis de contestaros.

—¡Qué dices! ¡No lo consentiré! ¡Y haz el favor de ponerte en pie! —cogiéndole del brazo le forcé a levantarse—. Ahora explícame las razones que te trajeron a Santa María. ¿A qué has venido?

—Mi señora, os lo ruego...

Era una voz rendida, envuelta en el calor de los sueños nacidos desde la indefensión de la pobreza. Quien nada tiene, más intenso sueña. Perotto se llamaba en realidad Pedro Calderón, nacido en España, hablaba castellano y ejercía en el Vaticano el puesto de cubiculario papal. Alejandro VI se valía de varios de estos mensajeros para las pequeñas funciones de muchísima confianza. Su fidelidad y silencio solían premiarse con cargos de la Iglesia y, más de uno, consiguió el beneficio de encaramarse al episcopado. Pero ésa no sería la historia del muchacho con el cual yo estaba hablando.

—Perotto, no lo repetiré. ¿A qué has venido?

Le ayudaron las sombras, la costumbre de obedecer, la fuerza sugestiva de nuestros encuentros diarios y el ansia que, de súbito, se le escapó de su pecho.

—Mi señora... Sois tan bella que me fue imposible soportar una jornada sin veros. Haceos cargo: las misivas del Papa para vos siempre son urgentes y yo tengo la obligación de entregároslas allá donde estéis. De manera que, gozando del permiso de Su Santidad, os he visto rezar como un ángel en el oratorio; lucir como una estrella en las reuniones mundanas; os sorprendí llorando en días tristes; también os desperté en vuestra alcoba, dormida lo mismo que una criatura. No soy nadie, mi señora, y nunca me hubiera permitido confiarme a vos de no mediar vuestra exigencia. Pero mi mayor orgullo reside en la seguridad de que muy altos caballeros darían la vida por haberos visto como yo os vi.

Al fondo del corredor bailaban algunas sombras, acercándose. Arrastré a Perotto conmigo hasta el negro rincón del tapiz. Las sombras se acercaban. Se hicieron inmensas. Precedido de un soldado de la guardia de Su Santidad que mantenía en alto un candelabro, y seguido por otro guardia en iguales condiciones, pasó junto a nosotros la enorme figura del Papa envuelto en su capa ondulante, magnífico como un guerrero, expresando en su andar la furia que le invadía a causa del comportamiento de Sforza. El corazón me saltaba desacompasado mientras el vacilante fulgor de las velas se iba desvaneciendo rumbo al Vaticano. Cuando se hizo el silencio y la oscuridad, Perotto y yo estábamos turbadoramente unidos.

Iba ya siendo de conocimiento general que los Borgia construían a su alrededor un muro de silencio. Que todos ellos, unos de otros y a la vez, podían ser yernos, cuñados, maridos, nueras, esposas y hermanos, sustituyéndose con pasmosa facilidad en iguales menesteres. Que estaban rodeados de innumerables misterios de los que solamente ellos eran testigos mudos. Que cada uno asumía la responsabilidad de los restantes. Que jamás hablaban de sí mismos. Y que sólo los muertos participaban de sus secretos, pero sin derecho a desvelarlos puesto que morían. Y, a veces, ni siquiera los muertos, pues fallecían antes de ver la cara a su asesino. Esta leyenda circulaba por Roma cuando llegó Juan Sforza cargado de sus honorables títulos y la insostenible vanidad de la persona que, por no valer, comete el error de no valorar a los demás. No se puso en guardia ante los rumores. Ni se le ocurrió desconfiar del generoso recibimiento de mis familiares, gentes de mucha influencia, la más alta de Italia y, por lógica, resentidas con su estúpido comportamiento. Los falsos halagos le parecían merecidos. Acudió a numerosos acontecimientos pavoneándose al lado de sus cuñados. Participó en cabalgatas. Ocupó sitio preferente en el recibimiento del gran Gonzalo de Córdoba. Y así, confiado, iba cayendo en la trampa que le tendían. Tan fuera de la realidad le vi que, cediendo a un sentimiento de caridad, le insinué que visitara a su tío, el cardenal Ascanio María Sforza, a la espera de que monseñor le advirtiera de peligros. Mi esposo accedió de inmediato. Durante la cena, pregunté:

—¿Cómo se encuentra el cardenal? ¿Está bien?

—Sí. Muy bien, mucho.

Le temblaron las manos. Se puso pálido, lleno de miedo. Comprendí que el cardenal le había informado de los aires que, a su respecto, soplaban por el Vaticano. Hombre de intimidad diaria con el Papa, quizá pudo adivinar lo que nadie osaba decir. Tal vez se permitió alertar a Sforza acerca de nuestro César Borgia. Mi esposo se retiró en seguida a sus aposentos pues, dijo, se hallaba verdaderamente fatigado. A la mañana siguiente, día de Viernes Santo, el señor de Pésaro se levantó al alba. Y al alba entró en mis habitaciones, comunicándome que iba a confesarse a San Crisóstomo del Trastévere. Luego cumpliría con la solemnidad de la celebración, visitando siete iglesias romanas. Le consideré arrepentido de tantos errores y me sentí feliz. Pero las malas noticias llegaron pronto.

—¡Se ha marchado! ¡Ese gran estúpido se ha marchado! —dijo César irrumpiendo en mi dormitorio.

—¿Quién se ha marchado?

—¡Sforza! A estas horas ya debe de avistar Pésaro a lomos de su caballo. ¡Valiente cobarde! ¡Le faltó tiempo para huir!

Por entonces se inició un febril correo entre Ludovico el Moro, el cardenal Ascanio, los secretarios de Sforza, el mismo Sforza y el Papa. Lo que debió ser asunto de familia se convirtió casi en asunto público al pasar por despachos y cancillerías. Se pedían explicaciones. Se respondían vaguedades. El señor de Pésaro insinuaba cosas monstruosas. En más de una ocasión se refirió a la «castidad de su esposa». A ciertos detalles repugnantes que se negaba a formular por escrito, consecuencia de su habitual cobardía y de la indudable gravedad del asunto. Por desgracia, se habían corroborado sus sospechas, dijo. Si huyó de Santa María in Pòrtico, razones le asistieron y, en nombre de las mismas, Sforza pidió ayuda a sus parientes Ludovico y Ascanio. Pero éstos poco podían hacer sin enfrentarse al principal ofendido, Su Santidad Alejandro VI, cuya hija había sido públicamente abandonada. La curia se mantenía alerta, un tanto asustada del cariz que tomaban las cosas y, claro está, contraria al desfasado comportamiento del joven y alocado señor de Pésaro. El escándalo culminó al extenderse por Roma el rumor de que Su Santidad honraba con sus particulares favores a su hermosísima hija doña Lucrecia. Y, caso de tener por cierta la calumnia, ¿por qué mi esposo reclamaba a voz en grito que yo le fuera devuelta a sus tierras de Pésaro? La respuesta de mi padre fue clara: me enviaba a España. Sforza jamás volvería a verme. Y a partir de aquel instante iniciábase un proceso para disolver el vínculo matrimonial. Juan Sforza debería firmar un documento declarando la no consumación de las bodas durante el espacio de tres años a causa de su impotencia. Las protestas de Sforza resonaron en todo el territorio italiano. Era viudo, su mujer murió de parto. ¿Cómo podía declararse impotente? Ludovico el Moro le aconsejó, antes de firmar tal desprestigio, demostrara su virilidad yaciendo con su mujer a la vista del tribunal eclesiástico en el territorio de Nepi. O, si lo prefería, lo hiciera frente a la corte de Milán, que generosamente le ofrecía Ludovico, con mujer desconocida. La respuesta de Sforza fue contundente: lanzó al viento las intimidades habidas conmigo, ciertas o fingidas, que ya poco importaba para tamaño escándalo. Dio sórdidos detalles y el número aproximado de las veces en que yacimos. Y terminó con la tremenda afirmación de que mi padre buscaba separarnos para disfrutar de mi persona sin impedimentos. En aquellos días tan terribles una mano anónima deslizó, por debajo de la puerta de mis habitaciones personales, un papel escrito. Recuerdo que entonces reventaba de plenitud la primavera. Roma parecía potenciarse: las bellas mujeres eran doblemente agresivas, aumentaba el número de gatos, los niños triplicaban sus gritos, las noches se prolongaban con el insomnio de los grandes bebedores. Imaginé el papel repleto de palabras de amor. ¿Qué otra cosa cabe esperar de un escrito anónimo cuando se tienen dieciséis años y corre por las venas el calor de la primavera? Desdoblando el billete, leí: «Tú eres tres veces Lucrecia: la hija del Papa, nuera del Papa, esposa del Papa.» Estuve un rato inmóvil. Luego, ya nunca mi corazón fue un girasol pendiente del astro rey minuto a minuto, día a día. De súbito y para siempre se convirtió en un corazón como los demás: frío, calculador y horriblemente mutilado.

Hice los preparativos en silencio. Congregué a mis damas y el resto de mi corte. Y estando Juan Borgia en casa de nuestros hermanos los príncipes de Esquilache, César en su mansión del Trastévere y Su Santidad en secreto conciliábulo, salí de Santa María in Pòrtico casi al alba, huyendo como huyó mi esposo, sin que nadie viniera a despedirme, excepto varias palomas de la galería de honor, que me siguieron hasta que abandoné la plaza de San Pedro. Mucho me temo que mi paso por Roma dejó una estela de melancolía fácil de seguir. Tenía el alma embarrancada y el grito de socorro que exhalaba cada poro de mi piel, a buen seguro nublaba la ciudad. Al entrar en la Vía Appia me sentí mejor. Y un rubor de esperanza caldeó mis mejillas al avistar, delante de las termas de Caracalla, la vieja silueta del convento de San Sixto sumergido en el sopor de su tranquilidad. En el vestíbulo aguardaba la abadesa sor Jerónima, acompañada por sor Querubina, sor Serafina, sor Esperanza y sor Paulina. Las noté recelosas como si estuvieran al corriente de los rumores, lo cual no significaba repudio o censura a mi comportamiento. Era, simplemente, temor de que mi presencia en el convento llenara la santa casa de pasiones mundanas, trastornando la cándida espiritualidad de las niñas allí acogidas, dignos vástagos de prestigiosas y católicas familias. Pero ¿cómo iban a negar la hospitalidad de su casa a la hija del Sumo Pontífice, Alejandro VI? Me recluí en el convento ávida de olvidar las crueles perversiones que me atribuían. Manejada por los hombres de la familia, se me hacía más fácil acoplarme a sus ambiciones a cambio de gozar vida tan regalada, que contradecir sus deseos entablando con aquella trinidad de poderosos varones una lucha perdida de antemano. A mi edad, atraía más la diversión que el sacrificio, pero nunca entró en mis cálculos convertirme en objeto de conversación y maledicencia para el vulgo. Aislada en el recoleto candor de las capillas, sus cirios humeantes, la piedad de las imágenes religiosas, la presencia oculta de Dios en el sagrario, tomé la decisión de confiar mis cuitas a sor Jerónima: harta de mundanas corrupciones, deseaba hacerme monja. En realidad fue un acierto, pues antes de cuarenta y ocho horas un batallón de soldados vaticanos rodeó el convento con orden expresa de Su Santidad de hacerme regresar a Santa María in Pòrtico.

—Enciérrate en tus habitaciones, Lucrecia. Y no salgas hasta que yo lo disponga —dijo la abadesa.

Sor Jerónima nunca me contó los razonamientos empleados con el capitán de la fuerza armada. Desde la ventana de mi alcoba vi marchar a los soldados y cuando se apagó el ruido de los cascos de la caballería, sin saber por qué, me puse a llorar. Pantasilea me ayudó a superar la crisis provocada por las calumnias y a resistir las embestidas de mi padre, pues en modo alguno aceptó mi encierro ni renunció a la anulación matrimonial. Como de costumbre, enviaba diariamente a su fiel Perotto, inundándome de misivas conminatorias, amenazadoras, suplicantes. El aturdimiento de sus escritos solía dulcificarlo la presencia del joven español. Su rostro familiar, sus ojos enamorados, su servicio incondicional y el hablarnos en castellano acrecentaban el efecto de calma y seguridad que tan necesarias me eran. Pantasilea solía dejarnos solos. Le tomé un gran cariño.

—¿Sabes, Perotto? —le confié en cierta ocasión—. Apenas acabe el asunto del divorcio, mi hermano Juan me llevará a España con él. Conoceré tu tierra, Perotto...

—Pero yo os perderé, mi señora.

—Vendrás conmigo, ¿quieres? —ofrecí en un arranque de sinceridad.

El día 14 de aquel mes de junio, Perotto me tendió un gran sobre conteniendo los documentos iniciales de la separación. Lejos de las continuas conspiraciones de Santa María in Pòrtico y sumida en el místico sopor del convento, era fácil creerse que acababa de protagonizar una pesadilla. Pero allí, entre las manos, tenía la primera prueba tangible de una amarga realidad. El sueño infantil de mis doce años se acababa de romper. Alejandro VI, César Borgia, cardenal de Valencia, y Juan Borgia, segundo duque de Gandía, reunidos con el cardenal Ascanio María Sforza, iniciaban en mi nombre petición de divorcio contra Juan Sforza. Una nota oficial dirigida a mi nombre llevando el sello pontificio, acompañaba el documento. Ni «Mi querida Lucrecia» o «Amada hija» lo encabezaba. Con la imponente autoridad conferida de su altísimo cargo y aquel Nos evocador de la noble figura de un Cristo, al parecer de común acuerdo con mi padre, el Papa reclamaba mi firma al pie de la solicitud. Naturalmente, firmé. Sin articular palabra me dirigí a la capilla, enterrando numerosas ilusiones a lo largo del camino. Delante de la Madonna de Todas las Gracias me arrodillé suplicando consuelo. Sin embargo, mientras yo me refugiaba en la oración, mi nombre y las más secretas intimidades de mi vida llenaban las correspondencias diplomáticas, las conversaciones cortesanas y los obscenos comentarios de taberna en todo el territorio nacional.

—¿No duerme, doña Lucrecia?

—Imposible, Pantasilea.

La noche fue larga. Como otras veces tuve sobre mi cama la colcha plateada de la luna. El rezo de los maitines esclareció mi alcoba. La ventana estaba abierta de par en par. El campo olía a romero. Una orquesta de grillos tapizaba de añoranzas el aire. El desgarro de sus gritos, mezcla de triunfo y amorosa queja, consiguió despertar el fantasma de mis antiguas apetencias. Sentí un ardor viajero a lo largo del cuerpo. Dos manos exquisitas me acariciaban en la memoria. Dos manos absolutamente mías. Manos de mi sangre que mi sangre levantaban. Las doradas piedras de Roma se unieron a las constelaciones, justo en el horizonte. Y yo pasé toda la noche en los imaginados brazos de Juan, mi queridísimo hermano.

—Señora, ha llegado Perotto.

Y con Perotto, llegó la mañana. En el escrito que me trajo, las palabras de mi padre continuaban siendo órdenes.

—Noticias de su hermano don Juan, mi señora.

—Cuenta, cuenta —le senté a mi lado, esperanzada.

Entonces supe que mi padre, henchido de orgullo paterno, decidió colmar de honores a su hijo Juan. Honores superiores a los que ya tenía en España como pariente próximo de los Reyes Católicos, dueño del ducado de Gandía y progenitor de Juan II, todavía en los brazos de su madre. La finalidad del Papa, posiblemente, fuera evitar o retrasar el regreso de su hijo a Gandía. Le quería consigo. Y para lograrlo comunicó al consistorio sus intenciones de adjudicar a Juan el ducado de Benevento y declararlo hereditario de la familia. A este ducado pensaba añadir Terracina y Montecorvo. El Papa, además, hizo entrega a la Iglesia del tributo pagado por Nápoles y de esta manera situó a Juan en posición de pretender el trono napolitano. Con el fin de dar cumplimiento a todo ello, Su Santidad envió a Juan hacia Nápoles, acompañado de César. Un César, se suponía, recomido de envidia y sublevado por la injusticia. Su padre le amaba, no cabía duda. Pero por mucho que él se esforzase, nunca conseguiría obtener del Papa la rendida adoración que sentía por Juan. Apenas una semana antes, volvió a demostrarlo. Durante un ágape en casa del cardenal Sforza y replicando a las burlas que Juan dedicaba a los comensales, alguien le echó en cara su bastardía. A mi hermano le faltó tiempo para contárselo a Su Santidad. Inmediatamente, por orden de Alejandro VI, el incauto personaje fue ahorcado.

—Mi padre jamás procedió así —exclamé asombrada.

—La pasión por el joven Juan le ciega, mi señora.

Enterada del viaje que sus hijos iban a emprender, Vannozza organizó una cena en honor suyo, la noche antes de su partida. Mi madre siempre permaneció alerta ante los celos de César. Los temía. Y quizá quiso reunir a ambos hijos en su casa para inculcarles sensatez. Se alegró de nuevo la viña del Esquilino. Adornaron la mesa con las bellas lozas traídas de Manises por mi padre, el fino cristal de las botellas, el oro de los vasos, la plata de los candelabros. César estuvo atrayente en su oscuro traje de terciopelo. Regiamente vestido, Juan se comportó con su jactancia habitual, empleando en sus diálogos una osadía rayana en desvergüenza y celebrada por la familia y aduladores. Honraron la mesa distinguidos personajes que, en mayor o menor grado, se apellidaban Borgia.

—Dicen, mi señora —apostilló Perotto deseando complacerme—, que Madonna Vannozza estuvo bellísima con su hermoso vestido malva, adornado de piedras preciosas, brillantes como espejuelos a la luz de las velas.

Pero lo más hermoso —pensé—, debió de ser la ligera brisa que en los anocheceres del mes de junio apenas movía la tela de los manteles bordados, las anchas faldas femeninas, los rizos de las damas en sus frescas mejillas. Aquel cielo de oscuro terciopelo tendido como un palio sobre la colina del Esquilino. El gran farol de la luna. El rumor de la cubertería al chocar con los platos, las tenues palabras, las risas insinuantes, todo resonando suavemente en la gran habitación del orbe con un sentido infinito de felicidad. Sentí nostalgia.

—¿Resultó bien el banquete?

Perotto suponía que debió resultar espléndido pues, según le contaron, se prolongó hasta altas horas. Los convidados, después de agradecer a Vannozza la invitación, se dispusieron a regresar a casa. Entonces apareció un enmascarado que se dirigió a Juan, hablándole al oído. El rostro de mi hermano expresó la presunción y la dicha de quien recibe el apremio de acudir a un encuentro clandestino con una amante impaciente. Montó a caballo y acogió a la grupa al misterioso enmascarado. Se hizo seguir de un palafrenero y despidió al resto de sus hombres armados. Vannozza le advirtió su imprudencia y los demás la secundaron. Pero el duque de Gandía se perdió en la negra noche entre grandes carcajadas. «No te preocupes, madre —dijo César—. Sólo sucede lo que ha de suceder.»

—Juan es valiente —murmuré envidiando a la dama que se reunió con mi hermano a la misma hora en que yo le soñaba.

—Y temerario, mi señora. Se necesita mucha irreflexión para cruzar Roma desasistido, cuando la gente descansa en sus casas bien atrancadas y en cada esquina suena el cascabel de la serpiente.

—¿Regresó esta mañana?

—Lo ignoro. ¿Os preocupa, señora?

—No... —dije pensativa—. Creo que no.

Fue una duda mínima, pero precisamente por el sendero de la duda desapareció mi hermano aquella siniestra noche. Alto, esbelto, cabellos y ojos de miel, sonrisa deslumbrante y la noble gracia de su alcurnia, atravesó la ciudad como una exhalación. Delante le esperaba la muerte. A su espalda, la muerte enmascarada cabalgaba con él. No tenía escape. Era hombre muerto. Mi padre le aguardó en vano al filo del mediodía sin inquietarse. A veces Juan se retrasaba al regreso de sus citas. El vigor amoroso de Su Santidad continuaba con el mismo ímpetu que en sus buenos tiempos de joven cardenal y el comprensivo padre se hacía cargo de la tardanza. Si Juan despertaba tarde en el lecho de sus delicias, actuaba bien al demorar la salida hasta que las sombras le protegieran. Pero las nuevas sombras llegaron sin que llegara Juan. Cundió la alarma. Los adictos españoles, las gentes de armas, aquellos que estuvieron en situación de ser movilizados, partieron en busca del muy amado hijo de Alejandro VI. La primera señal de alerta se tuvo al encontrar el palafrenero herido. Dada su gravedad, el hombre no pudo hablar.

—¡Que sigan buscando! —exigió el Papa hundido en la angustia.

Los Colonna, los soldados de los Orsini sacados de sus guaridas, los enemigos armados, los asustados ciudadanos, se unieron a la inquietud general. ¿Dónde estaba el duque de Gandía, quizá futuro rey de Nápoles? A punto de ocultarse el sol, llamearon las nubes detrás de las colinas y el rojo del ocaso se reflejó en el Tíber. Los soldados de Su Santidad que rastreaban la orilla interrogaron a un barquero que, tumbado en la barca, vigilaba su depósito de leña. El hombre respondió:

—Desde luego que lo vi. Fueron dos hombres los que exploraron muy concienzudamente el terreno. Estaba tan oscuro que sólo pude seguir sus sombras. Una vez inspeccionado, hicieron señas a una persona escondida. En seguida apareció un jinete sobre un caballo blanco, llevando en su montura la carga de un cadáver. Entre los dos de a pie, lo echaron al río y cuando estuvo bien hundido, los tres hombres desaparecieron.

Sondeado el Tíber, se recuperó el cadáver que, en efecto, era el duque de Gandía. Enfangado, sucio, cortada la garganta y desfigurado por nueve heridas, se llevó a la tumba el nombre de los asesinos, traspasó de dolor el corazón del Papa, dejó en su castillo de Gandía dos hijos esperándole y una María Enríquez de Luna que ya no se asomaría más a la ventana aguardando su regreso. Mi hermano desapareció para nunca jamás alegrar con su elegancia las fiestas del Vaticano, ni dulcificar mi oprimida adolescencia llenándola de fantasía. Prometió llevarme a España y, en cambio, me llevó a la más tremenda desesperación. Juan se alejó de esta vida entre el llanto de quienes le amábamos y las risas de sus enemigos. ¿Pero cuáles eran esos enemigos y dónde se escondían para reír? Se hizo de noche y a la luz de cientos de antorchas, seguido de sacerdotes, familiares, españoles, nobles y una turba atraída por el imán de la tragedia, se le dio sepultura en Santa María del Pópolo. El fantástico cortejo salió del castillo de Sant'Angelo entre llantos y gemidos de la impresionada multitud. Y sobre tan inmenso clamor, desde una ventana del castillo Alejandro VI llamaba desgarradoramente al hijo muerto. Pasaron días sin que mi padre aceptara comer. Solamente lloraba, permaneciendo insomne. Al fin reaccionó mandando todo su ejército a la búsqueda del criminal. Fueron muchos los sospechosos y diversos los motivos: el cardenal Ascanio por haber ahorcado el Papa al hombre que insultó al difunto Juan, el duque de Urbino por no habérsele rescatado de los enemigos, Juan Sforza y su hermano Galeazzo por la humillante anulación de nuestro matrimonio... Puesta en claro la inocencia de los acusados, el Papa, destrozado y al límite de sus fuerzas, presidió el consistorio. Revestido de sus insignias pontificias, bien evidente la dignidad de su poder, ante cardenales y embajadores lloró sin pudor la muerte del hijo, proclamó la inocencia de los sospechosos y anunció una nueva era vaticana en la cual, además de la firme resolución de ocuparse únicamente del esplendor de la Iglesia, anularía el nepotismo. En cumplimiento de tales intenciones, los príncipes de Esquilache, mi pequeño Jofre y mi cuñada Sancha fueron reexpedidos a su reino de Nápoles. César se alejó del Trastévere para eludir el peligroso paroxismo del Papa. Pero justo mi hermano César quedó señalado como culpable del escabroso delito. Roma proclamaba unánime: «¡Ha sido César! ¿No veis que Su Santidad no busca al culpable? Razones muy fuertes hay para no vengar muerte de tanto dolor.» A decir verdad, la insensibilidad de César ante los delitos, la marca de astucia, el odio hacia un hermano que él consideraba le robaba poder, además del ansia insaciable de protagonismo, le denunciaban. También le denunció el frío recibimiento de Alejandro VI, cuando regresó César. Ni mi padre ni mi hermano vinieron a visitarme al convento de San Sixto. Quizá mi dolor no merecía ser valorado. En atención a semejante abandono, sor Jerónima envió a dos de sus más calificadas monjas a que dieran al Papa el pésame de la comunidad y, de paso, trajeran noticias del drama familiar. Gracias a la abadesa, a Perotto y a Pantasilea seguí los dolorosos acontecimientos. De súbito me llamaron de la Santa Sede.

—Mi señora —explicó Perotto—, despacho urgente del Papa.

Mi esposo ya había firmado su declaración de impotencia. Destrozada por la implacable sucesión de hechos penosísimos, comparecí ante la comisión cardenalicia. El Vaticano me pareció una tumba. Hice la consabida declaración de mi pureza y, con el alma ausente, les oí leer la anulación de nuestro matrimonio que mi padre confirmó sin el menor signo de su amor paterno. Yo era libre del compañero que me buscaron. Era libre para disfrutar de una libertad impuesta. Libre para llorar el mal que me hicieron. Libre de celebrar el triunfo de una libertad vencida. Según las normas, di las gracias en latín y pronuncié un pequeño discurso de promesas de bondad religiosa. Luego asumí la humillación de sentirme elogiada por mis grandes conocimientos lingüísticos, mientras omitían mi delicado estado emocional. El pobre señor de Pésaro proclamó más que nunca por Italia que Su Santidad provocó nuestra separación para disponer a su antojo del morboso placer de acostarse conmigo. Tan desorientado como siempre, Juan Sforza desacertó sus declaraciones pues, durante aquellos días, mi padre, con el alma de luto riguroso, ni siquiera me mandaba sus notas de afecto. Mi desesperación no tuvo límites. Reclamé la compañía de Perotto en las horas de vísperas. No soportaba el crepúsculo en soledad y la mano del joven español entre las mías me consolaba el tiempo de las sombras. Terminamos pasando de la ternura al amor compasivo. Nada de pasión. Mucho de remansada caricia. Nos quisimos sin condiciones, sabedores de que nuestro amor no tenía futuro. En realidad fue una llamarada dulce y melancólica que cauterizó trances amargos. Desde luego le ofrecí mi cama y ambos la utilizamos como un lecho de jazmines de las añoradas vegas valencianas. Bien ajenos a ello, mi hermano y mi padre, algo olvidado de su dolor por los problemas vaticanos, estudiaban las proposiciones de aquellos que deseaban contraer matrimonio conmigo. La historia siniestra de incestos, crímenes y venenos que rodeaban la familia no desanimaba a los pretendientes. Una vez decidido cuál sería mi próximo esposo, cabe suponer la irritación de César al visitarme cuando, irrumpiendo en mis habitaciones sin previo consentimiento, halló al asustado Perotto conmigo y a mí en avanzado estado de gestación. Escapó Perotto como pudo, pero la persecución del ambicioso César no conocería tregua. Al sorprenderle un día entre el laberinto de corredores y estancias particulares del Papa, le acosó sin piedad. El joven cubiculario se tuvo a salvo al entrar en el privado del Papa que se hallaba aposentado en su trono pontificio. Perotto se echó a sus pies en petición de clemencia. Pero antes de que la orden del Papa y su ademán en defensa del muchacho consiguieran detenerle, César atravesó el pecho de Perotto con la espada, manchando de sangre el inmaculado hábito de Alejandro VI. Espectador de la fría arrogancia de su hijo en el instante de cometer el crimen, y suponiéndole ya asesino de Juan, mi padre le cobró un horror que habría de arrastrar el resto de su existencia. En un estado de alteración alarmante, Su Santidad abandonó la estancia. No cambió sus vestiduras ensangrentadas. Tal como estaba se presentó ante los cardenales reunidos de urgencia y, semejante a un desecho humano, pidió confesión. Todos a una retrocedieron negándose a escucharle. Confesar al Papa significaba conocer sus más siniestros pecados. Y, por conocerlos, podían perder la vida. Alejandro VI no consiguió el consuelo del perdón confesional.

—Hija mía amadísima —la abadesa resumió sus impresiones—. El mundo está perdido. Te compadezco y alabo tu inclinación a profesar en nuestra santa comunidad.

Enmudecí de espanto. ¿Cuál sería su reacción, pensé, cuando descubriera mi embarazo? Perotto apareció muerto en las orillas del Tíber. A pocos metros, muerta también, descubrieron a Pantasilea, que tanto me ayudó a esconder mi estado entre los pliegues de mis vestidos de invierno. Aquel brillante cinturón de agua que arrobaba mi alma visto desde la colina del Esquilino, se transformó en lúgubre sepultura de tres personas amadísimas. Estaba sola. Una soledad adornada con mi colcha de luna, los celestes cánticos de las monjas, las risas de las educandas en el jardín, las brillantes constelaciones al borde de la Vía Appia, y una vida nueva creciendo en el silencio de mis entrañas. Aterrorizada, imaginé la voraz maledicencia preguntando: «¿Quién será el padre del niño de Lucrecia? ¿César, Perotto, Juan, o quizá el Papa?» Quise huir, pero el camino no tenía salida. El pavor me convirtió en piedra. Una piedra que se puso a temblar como hoja de árbol en el centro de un huracán.

BODA CON ALFONSO DE ARAGÓN

Desde las ventanas de mi dormitorio en el palacio de Santa María in Pòrtico no se podía ver aquel Tíber que recibió en su seno los cuerpos destrozados de la amable Pantasilea, el enamorado Perotto y mi adorable hermano Juan, enviados quizá al otro mundo por el satánico dios llamado César. Pero yo, apoyada en el alféizar y mi corazón acompañando a los añorados ausentes, dejaba deslizar las horas como si fueran agua del río. Suavemente. A conciencia de perder lo imposible de parar, y sólo por ello ya causa de melancolía. Recuerdo la impresionante soledad de la luna en un cielo falto de estrellas. Eran vísperas de mi segunda boda. Innumerables evocaciones me acompañaban en la involuntaria introspección que realizamos sobre nosotros mismos cuando algo va a cambiar. No quedaba muy bien parada en las comparaciones. En principio, ya no esperaba un matrimonio de amor. De antemano renuncié a esa dicha iluminada que relega el mundo a un rincón y nos entroniza dueños del alba en brazos de nuestra enamorada pareja. El enamoramiento era una enajenación espontánea surgida de un suelo virgen. Y el suelo de mi alma estaba cubierto de sombrías historias que convirtieron en pantano el lago tranquilo que me correspondió al nacer. ¿Qué había sucedido? Pese a esforzarme, no lo entendí. En cambio, estaba claro que las huellas de los Borgia se cruzaban una y mil veces en el terreno de mi existencia, cubriendo por sí mismas la vida que me pertenecía. Infatigables, impulsivos, con mayor vitalidad que tiempo para agotarla, hicieron de mí el cubiculario de sus recados, la secretaria de sus emprendedoras acciones, el jardín donde agotar su insaciable sed de afecto. La invasión física y espiritual de mis parientes próximos me robó la tranquilidad. ¿Sería yo capaz de vivir sin su permiso? Si pudieron dominar Italia, reyes, guerras y la Iglesia, ¿cómo no iban a poder conmigo? Desde mi uso de razón no dije un sí que ellos no me pidieran. No dije un no que antes no me solicitaran. Me encantaba contemplar el mullido traje de las rubias abejas, los hélitros palpitantes de las luciérnagas, la doble y fastuosa capa de las mariposas. Y, en cambio, acabé acostumbrándome a los delitos y a las muertes violentas. Asistía a cenas de gala sabiendo de antemano que el cumplido caballero que sonreía junto a mí en la mesa amanecería envenenado. La inocencia de la primera boda celebrada a mis cortos trece años se había perdido al borde de las nuevas nupcias cuando mis diecisiete recién cumplidos daban derecho a ilusiones ilimitadas. Mi futuro esposo era Alfonso de Aragón, hijo natural de don Alfonso II, rey de Nápoles, y de doña Trusia Gazullo, su concubina. Tenía el título de duque de Bisceglie y de Coriata, además de príncipe de Salerno. Estaba considerado como el más bello doncel de toda Italia, pero su mejor adorno para mí consistía en ser cuñado de mi hermano Jofre y, por tanto, hermano de mi cuñada Sancha. La relación habida entre nosotras tuvo un carácter muy peculiar. La boda de Sancha y Jofre se celebró cuando mi pequeño hermano contaba trece años de edad y Sancha diecisiete, tratándose además de una mujer experimentada. Visto desde mi fraternal afecto, el pequeño Borgia fue y seguía siendo un niño y, cumpliendo Sancha edad comparable a la mía, supuse que también ella vería un niño en su esposo. De manera que no tomé en consideración ni agravio hacia Jofre, sus devaneos en la Corte. Nacida hija de reyes y hermana de reyes, en cuanto a su rango, y sugestiva joven de enormes ojos azules de espesas pestañas tan negras como sus cabellos, en cuanto a su físico, me pareció normal hiciera de la conquista de los mejores varones de la sociedad romana su ocupación favorita. Los comentarios de sus devaneos también la emparejaban con César y Juan, mi añorado difunto. Cuestión que tomé según me convino: ellos no claudicarían ante sus insinuaciones y Sancha, al fijarse en mis hermanos, los honraba como merecían. Sometida yo en aquella época a los pendulares abandonos de Sforza, la visita de cuñada tan ansiosa por disfrutar los placeres de la existencia, colmó mis horas de alegría. Las fiestas, los recibimientos y los ágapes jamás terminaban. Fuimos inseparables y, en múltiples ocasiones de confidencia, me habló de su único hermano, Alfonso. En boca de Sancha conocí su talento, su carácter amable y algo que después, al concertarse nuestro matrimonio, iba yo a conseguir: un nombre real y un título de gran nobleza emparentándome a hijos y hermanos de reyes, asunto nada despreciable, puesto que la maledicencia enturbió mi honor en demasía. Las murmuraciones no arredraban a mis pretendientes. A fin de cuentas, el lodo que me echaban se componía de supuestos. Pero, curiosamente, la maledicencia primaba en el momento de rebajar el precio de las negociaciones matrimoniales. Querían comprarme barata y aceptarme cara. Poco dar y mucho recibir. Sin embargo, Alfonso de Aragón y los nobles napolitanos, basándose en anteriores contactos con los Borgia en ocasión de la boda de Jofre, tenían el convencimiento de que los únicos reparos a mi conducta moral surgían de las relaciones familiares, de lo cual no me responsabilizaban. Sin embargo, las murmuraciones no daban fin. Desde Milán a Salerno, de Roma a Pésaro, sin olvidar la Florencia de los Médicis o la aristocrática Ferrara y llevada en boca de los detractores, paseaba la diminuta sombra de una criatura nacida bajo los suaves arcos de la abadía de San Sixto, rodeada de una corona de monjas misericordiosas y cantos arcangélicos. Ninguno la vio. Pero iba creciendo en boca de los malintencionados. Se hacía mayor. Le designaron progenitores diversos y acabaron dándole el nombre de Infante Romano en un simbólico bautizo multitudinario. Nadie consiguió ubicarle. En cambio, el tierno desconocido aparecía en todos los escritos, cartas, notas e informes cruzados entre los enemigos de mi padre. Esta criatura salida de bocas mordaces no traspasó la frontera de Nápoles. La piadosa contingencia me permitió un amago de esperanza. Harta del escándalo de mi divorcio, de mi aventura con Perotto, de los adjudicados incestos, de oírme clasificar cortesana del Vaticano o, más exageradamente, cortesana de Roma, mis tendencias me decantaban hacia tiempos domésticos y tranquilos. Mi vida íntima no era frívola ni libertina, como dejaban entrever quienes me criticaban. Discurría, tal vez, por caminos aún más tenebrosos que los supuestos, rodeada de tinieblas y de ese algo trágico que se apodera del alma cuando, sin corromper su grandeza, se hunde en la perversión. Por aquellas fechas yo no esperaba un esposo, sino la oportunidad de volver a empezar. En cierto modo cabía ilusionarse frente a las buenas maneras y correcta educación de mi futuro marido. Don Alfonso de Aragón, duque de Bisceglie, entró en Roma con un digno acompañamiento nada ostentoso. De antemano le fue comunicado el deseo del Papa de guardar las formas por respeto a los últimos y desgraciados acontecimientos acerca de su amadísimo hijo Juan. Huésped de mi padre en las lujosas estancias de Santa María in

Pòrtico próximas al corredor que conducía al Vaticano, el día siguiente a su llegada, el joven fue recibido por César. Su encuentro, al parecer, transcurrió muy cordialmente. Y de manera más protocolaria asistimos ambos a la audiencia pontificia acompañados del representante de Nápoles, del cardenal Perusa, quien enturbió el acto con el recuerdo de los incestuosos y magníficos hermanos Bisceglie, y del cardenal Sforza, lamentable memoria de mi anterior marido. Al fin se firmó el contrato matrimonial, estipulándose las dotes, títulos y territorios. El territorio de Coriata se definió como patrimonio mío inamovible y, más que ninguna otra cosa, agradecí a mi suegro, el rey de Nápoles, aquella parcela de tierra para soñar. Podían celebrarse las bodas. Abandonábamos las salas vaticanas con excelente ánimo, cuando redujo mis ímpetus uno de los cardenales con quienes nos cruzábamos. Sus excelencias iban en dirección contraria a la nuestra.

—Ni su nombre ni su estirpe real —dijo inclinándose hacia su acompañante— podrán librar de un mal fin al heredero napolitano.

Volví la cabeza ligeramente. Viéndoles alejarse, sus dos solideos rojos y emparejados, y las amplias capas carmesí hinchadas en el aire a causa del brioso andar, me parecieron la fosca premonición de estigmas inevitables. En el espacioso vestíbulo de Santa María in Pòrtico se dijeron adiós y hasta mañana Alfonso y Lucrecia, dos seres jóvenes y tranquilos decididos a quererse. Alfonso, posiblemente, descansaría en su alcoba muy cerca del hermoso tapiz de mis admiraciones. Yo decidí hacer lo mismo en aquella noche de luna solitaria, sin vistas al Tíber, sin acompañamiento del alma y sin la menor seguridad de que el futuro estuviera de acuerdo con mis personales ambiciones.

Era domingo y amaneció festivo. Quiero decir que lucía el sol. Las calles romanas ofrecían su calma y ese pasivo caminar de las gentes cuando no van a ninguna parte y disfrutan del ocio. Celebramos el matrimonio en las llamadas Torres Borgia. El lugar, testigo de mi anterior boda, era muy bello si bien melancólico pues, orientado al norte, interceptaba la luz natural hasta bien avanzada la mañana. Las pinturas del maestro Pinturicchio, ya terminadas, redoblaban la impresión dorada de la sala. Desde los elegantes ventanales de ojiva se apreciaba la verde extensión de los jardines, pinos y naranjos vaticanos que hacían anhelar un descanso placentero. Por disposición de Su Santidad, a mi lado aparecía Jofre y, al lado de Alfonso, su hermana doña Sancha; los cuatro arrodillados en sitiales de brocado. Encontré muy atractivo a don Alfonso de Aragón con su bonete de terciopelo, jubón de brocado negro cubierto de raso morado, calzas del mismo tono y una ropa francesa forrada de raso encarnado que le llegaba hasta el suelo. Mi segundo vestido de novia no alcanzó la magnificencia del anterior, aunque mantuvo el debido rango. Llevaba blusa de mangas engalanadas, suntuosas faldas en color rojo y un brial de seda bordado con innumerables joyas. Las perlas de fino oriente que formaban el cinturón deslumbraban en la diadema y casi se hicieron vivas en torno a mi cuello, engarzadas a un fastuoso collar. Mis tres doncellas vestían cofias doradas, hábitos de raso y briales de terciopelo verde. Los invitados, aunque pocos, no desmerecían en elegancia. Consagrado el matrimonio, comenzaron los festejos. Dispuestos a comer nos dirigimos a los aposentos preparados de antemano. Entonces se produjo un desagradable disturbio. Por razones de precedencia, mis familiares y los de Alfonso se enzarzaron en áspera discusión. La viveza de carácter propia de españoles y napolitanos llevó a las manos sus mutuas insolencias. Algunos cardenales recibieron inesperados golpes. Mi padre hubo de esquivar espadas y, en vista de lucha tan frenética, desaparecieron los asustados servidores. Mi esposo y yo nos observamos con la humillante sensación de no significar nada en acto tan importante para ambos. El banquete, abundante en exquisiteces, aplacó los ánimos. Una picante felicidad discurría por las mesas a medida que se escanciaban los vinos. Alguien comentó detrás de mí:

—Su Santidad tiene un aspecto magnífico.

—Si los vinos de la consagración —terciaron— son de igual calidad que éstos, la salud del Papa está garantizada, monseñor.

Terminado el generoso ágape, comenzaron las danzas. Mi padre estimaba mucho el baile y se le podía considerar maestro en la materia. No tardó en pedirme que mostrara mis habilidades a los invitados:

—Además de la gracia y ligereza de las jovencitas levantinas, tienes arte y sentido del ritmo. No te hagas de rogar, Lucrecia —y dio orden a los músicos de interpretar sones de su patria.

Cuarenta años alejado de Xátiva no menguaron el amor a la tierra que le vio nacer. ¿Sería el amor entre parejas el más frágil de los amores? Le obedecí. También a mí me agradaba el baile. Fui el centro de la atención general aunque yo bailé sólo para uno. Quería que Alfonso encontrara satisfacción en saberme esposa suya. Deseaba eternamente enamorarle. Fomentar en mi marido el maravilloso sentimiento de caminar juntos «hasta que la muerte nos separe». Al azar, crucé la mirada con la del Papa y no pude abandonarla. Así sucedió durante mi anterior enlace, cuando creí posible el milagro de la levitación. Pero en aquel momento no cabía el misticismo. La mirada de Su Santidad, habitualmente lúcida, aparecía cubierta por un velo de añoranza. Rastreaba los hilos rubios de mis cabellos mecidos a compás encima de los hombros, seguía el punteado de los pies, el arco de los brazos en el aire y, en el ir y venir de su atención, descubrí un vaivén de lágrimas furtivas. Igual que dos peces negros a través del agua, sus ojos no conseguían verme. En algún punto de la distancia que nos separaba, algo invisible le retenía. También a mí. Los rumores de quienes me alababan como bailarina fueron alejándose de mi interés. Una sorda desesperación me invadía y de súbito nuestros fantasmas se reunieron. Nadie los vio, excepto nosotros. Los demás, al parecer, le habían olvidado. Pero allí estaba aquel cuerpo irrepetible, aquella apostura, aquellos ojos de miel, aquella víctima inocente y adorada, aquel hijo y hermano perdido para siempre, que se llamó en vida Juan Borja, duque de Gandía, príncipe de Tricarico, capitán de la Iglesia y cadáver a perpetuidad sin razón conocida. Hice una genuflexión a los pies de mi padre y ambos supimos que recordábamos a Juan. Conmovida, regresé a mi puesto en la mesa. El baile y la diversión siguieron animados hasta la hora de cenar. Después de la cena me entregaron los regalos, muchos y fastuosos. Luego nos trasladamos a las nuevas habitaciones del Vaticano destinadas a mi hermano César. A su modo espectacular, César había preparado diversiones impresionantes que levantaron el asombro de los asistentes. El Papa ordenó servir un refrigerio pues las luces del alba ya resbalaban por los tejados de la Santa Sede. Amanecía la víspera de la Virgen de Agosto y el esplendor religioso se anticipaba en la luminosidad de la mañana, que hacía más verdes los árboles y más rojas las piedras de Roma. César se quedó en el Vaticano con mi padre. Los demás nos dirigimos a nuestras respectivas casas. Acompañada de mi atractivo esposo, conocido como el doncel más bello de Italia, entré en Santa María in Pòrtico, domicilio oficial según el contrato de las bodas. Sentí en el alma el fatigoso peso de un corto y tenso pasado. Recordé los asombrados rostros de santa Ana y

En Roma vivíamos muy cerca de la basílica de San Pietro ad Vincula, cuyo cardenal, Julián della Rovere (el papa Julio II, aquí pintado por Rafael), **disputó a mi padre, en su momento, el trono pontificio.**

Mi madre, Vannozza Cattanei, casó de nuevo con Carlo Canali. Un tan sensible poeta como el Poliziano (que en este retrato de Ghirlandaio aparece acompañando al niño Piero de Médicis) **le había dedicado a ella su «Orfeo».**

Recuerdo la historia del tío de mi padre, aquel papa Calixto III (en el grabado), **pionero de la poderosa familia Borja, a quien, siendo niño, le preguntaron: «Y tú ¿qué deseas ser de mayor?» «Papa de Roma», contestó decidido.**

En un lejano futuro aquel florentino Juan de Médicis (aquí retratado por Rafael), **que se iniciaba en la vida, acabaría siendo León X, el Papa a quien yo escribiría mi última carta antes de expirar.**

Con la mayor de las indiferencias acababa de oír el apellido que yo llevaría meses después por ser mi futuro esposo, Juan Sforza, sobrino del mentado cardenal Ascanio María Sforza (en el grabado).

La excitación de la fiesta, los exquisitos manjares, los inspirados vinos y ese trasfondo sensual que ocupa el pensamiento de los asistentes a una boda puso en guardia a mi padre.

Alejandro VI (así entrevisto por Juan de Juanes) **parecía tener mil manos como mil voces para envolverme en un torrente sensorial. Me hablaba de amor paterno y me encendía de amor pagano. El clamor de la carne era total.**

«Nos les otorgamos —afirmó nuestro padre Alejandro, la voz engolada al referirse a sus parientes Isabel de Castilla y Fernando de Aragón— **el título de ''Reyes Católicos'' por sus virtudes y su piedad.»** (En el devocionario de Marcuello, Isabel y Fernando flanquean a su hija, Juana la Loca.)

Ya en nuestras habitaciones, mi nuevo esposo, Alfonso, me susurró: «Ya sé que eres rubia, menuda, delicada, clara de ojos y de piel. Pero te quiero tanto, Lucrecia, que te siento fuerte, morena y profunda.»

Esperaba conocer en breve al discutido canónigo de Frauenburgy, Nicolás Copérnico, quien escandalizaba al afirmar que el centro del sistema planetario no es la Tierra, sino el Sol.

De paso, en la ciudad me hablaron también de la fatiga de Miguel Ángel, que acababa de terminar «La Piedad».

La avaricia de mi nuevo suegro, Hércules I de Este —padre de Alfonso, el duque de Ferrara—, ni siquiera me permitió vender mis joyas, exigiendo formaran parte de la dote. (Retrato de Hércules de Este por Dosso Dossi.)

Mi hermano César regresó a Roma y organizó una fiesta espectacular en honor de quienes acudían a la Corte desde Ferrara. También a mí me invitó. (Lucrecia y César Borgia usados como «modelos religiosos» en el fresco de «La disputa de santa Catalina» por el Pinturicchio.)

Camino de Ferrara conocí a mi cuñada Isabel de Este (en el grabado), la espía de mis costumbres en Roma y de mis camisones durante el viaje. Me había mirado con la furia de quien hubiese querido estrangularme.

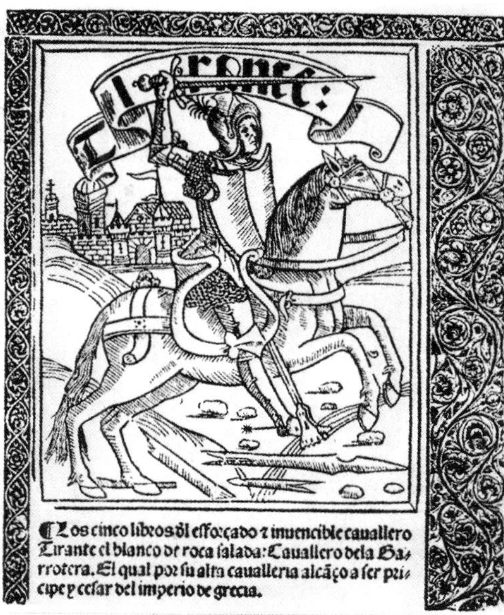

En la biblioteca del castillo ferrarense hallé un libro en forma de nostalgia. Se trataba de una traducción de «Tirant lo Blanc», escrito en valenciano por Juan Martorell y que, en su versión original, conocí en casa de mi padre.

En Ostellato recibí carta de mi amado Pedro Bembo (en el grabado). **Se extendía en consideraciones sobre la soledad, el corazón maltratado, la dureza de la existencia, la importancia de un padre... Yo acababa de perder al mío.**

Los pájaros del jardín empezaron a chillar. Eran las dos de la tarde. Sin embargo, el tiempo apresuró su ritmo y una noche oscura y sin final se precipitó sobre mi cama...

santa Catalina y no me detuve en el oratorio. Ni siquiera en el salón donde Adriana, Julia y yo bordábamos mi niñez y sus complejidades. Tampoco en mi alcoba, testigo de mis precoces experiencias. Menos aún en aquel dormitorio en que, por vez primera, vi a la pequeña Laura nacida de Julia y, acaso, de mi padre. Pasé veloz delante de la estancia cobijadora de los licenciosos encuentros de la Farnesio y el Papa. A mayor velocidad, sin volver la cabeza, traspasé el corredor donde estuve con el asesinado Perotto, ambos revueltos en un amasijo de sombras. Tampoco quise mirar el rincón del vestidor que atendía Pantasilea, la desgraciada muerta del Tíber. Ya en nuestras habitaciones, mi esposo oscureció el sol corriendo los cortinajes. Y todo el ayer quedó borrado. En la falsa noche fabricada adrede por Alfonso dentro del ímpetu desbordante del amanecer, mi esposo me demostró su amor y, remansado su desbordamiento, dijo:

—Ya sé que eres rubia, menuda, delicada, clara de ojos y de piel. Pero te quiero tanto, Lucrecia, que te siento fuerte, morena y profunda, salida de la tierra y de un inagotable manantial de felicidad.

Tal vez sí que el futuro se anunciaba maravilloso. Quién sabe. Quizá.

Fui tan inmensamente feliz durante los días posteriores a las bodas, que no me parecieron borgianos. Los varones Borgia desestimaban la felicidad. Sin embargo, inconscientemente la perseguían. Y la encontraban en sus momentos de lucha. Conquistar y vencer suponían la cumbre de la dicha. Las mujeres a quienes amaban eran el descansado placer de los triunfos adquiridos, pero nunca una finalidad. La paz, la contemplación, arrobar el ánimo aislándose del mundo, no tenían sentido para ellos. En cambio, yo me separé de todo lo que no fuera Alfonso. Ni admití recibimientos. Ni concedí visitas solicitadas. En el palacio de Santa María in Pòrtico flotaba igual que una pluma de ave suspendida en la atmósfera. Con frecuencia solía asomarme a la galería de honor a regar las flores, escandalizando a las personas dedicadas a mi servicio. También daba comida a las palomas, emocionándome sus zureos. Apoyada en el pretil de la baranda de piedra, eternizaba el tiempo mirando Roma, tan bella y sugestiva, triunfadora de los dogmas eclesiásticos que no conseguían dominar el furor de la vida. Mi amor por Alfonso estaba hecho de esa magnífica flor de todas las distancias llamada Rosa de los Vientos. Y allá donde me dirigiera, había de hacerlo acompañada de la preciosa carga de su afecto. Pero los vientos contrarios existían y, si bien yo me mantenía inmóvil, fija en mi pasión personal, el mundo continuaba girando. Dos días después de mi matrimonio, César consiguió ver aceptada su renuncia al capelo cardenalicio. Su alegría no conoció límites. En cambio, yo recordé las palabras de nuestro difunto hermano: «Mientras César sea cardenal, Lucrecia, no debes temerle. Otra cosa sería si obtuviera la secularización.» Yo quise saber: «¿Por qué, Juan?» «Porque estaría libre —dijo— de servir sus ambiciones. A cualquier precio, hermana. A cualquier precio.» El pobre Juan fue demasiado benévolo. Pagó con la vida su candidez puesto que César no esperó a quitarse los hábitos de cardenal para ordenar su muerte. Entonces comprendí la verdadera esencia de aquella tenebrosa criatura de mi sangre, llamado César. Y supe que, tal como yo me entregaba al amor de los hombres, se entregaba César al cálido amor de sus delitos. Ningún hombre o mujer podría redimirle de su áspera soledad. César jamás aceptaría a su lado a quien no soportara arder en su fuego sin pedir clemencia. El problema respecto a César estribaba en resistir su atracción, alejarse de su compañía. O conocer el infierno de su conciencia en cuyo fondo, a continuación de la dicha más extraordinaria, no existía otra salida que la muerte. Su triunfo sobre los otros emergía precisamente de su desprecio a morir. Era felino, ávido de sensaciones, audaz e impávido ante los contratiempos, dueño de esa infinita paciencia de quienes saben esperar la revancha. Estando como yo estaba ungida en el ardor festivo y sentimental de mi marido napolitano, el sombrío perfil de César se alzaba amenazador. Las sombras no convienen a la luz, y por ello me alivió conocer su partida. Librado de su condición religiosa a la que tan mal se adaptaba, mi hermano marchó a Francia con la decidida intención de realizar un matrimonio ventajoso. De acuerdo con Luis XII, concertaríanse nupcias entre el vástago de Alejandro VI y Carlota de Aragón, hija del rey de Nápoles y doncella de la reina francesa. Roma entera acudió a despedirle. Ostentosamente partió desde los jardines del Vaticano, vestido de damasco y oro, cubierto con tabardo de terciopelo negro. Montado en brioso corcel herrado en plata, usaba peluca destinada a cubrir la tonsura cardenalicia falta de los negros cabellos que aún tardarían en crecer. Le acompañaba lo mejor de la nobleza española residente en Roma y una deslumbrante cabalgata de su ejército. Se hacía llamar duque de Valentinois, reciente título que, a modo de anticipada bienvenida, acababa de otorgarle el rey francés. Retenía en su equipaje el nombramiento de cardenal a favor de Jorge Amboise, y la bula papal concediendo el divorcio a Su Majestad Luis XII, favores intensamente deseados por el rey. Su llegada al país galo causó sensación, pero estuvo falto de simpatía. Carlota de Aragón, sin tapujos al hablar, renunció «al honor de convertirse en esposa del conocido aventurero, hijo del Papa». Mi padre consideraba aquello humillaciones inferidas a su César, y vagaba a mi alrededor igual que un alma en pena. El anuncio de mi embarazo le colmó de dicha, si bien le duró poco pues, en el segundo mes, un delicioso día invernal y jugando con mis doncellas en los jardines de la finca del cardenal López, tuve la mala fortuna de caerme en un terraplén. Durante la noche, aborté aquel hijo tan deseado. Sin embargo, tampoco esta vez le duró a mi padre la tristeza, pues a los dos meses del accidente una nueva vida se anunciaba. Además, en seguida redobló el Papa sus motivos de júbilo. Un mensajero de César, llamado García, irrumpió en el Vaticano con la buena nueva de haberse verificado las bodas del duque de Valentinois en la grandiosa Francia. La idea de un César triunfador de insidias y razones políticas, luchador solitario en país extranjero, hizo llorar al Papa. Explicó el mensajero la ceremonia celebrada en Bois; hubo un gran banquete al cual asistieron los reyes, el duque de Lorena y toda la nobleza de Francia. Tantos fueron los invitados de elevada alcurnia que, al no bastar el palacio, se improvisaron salones al aire libre. Tapices sostenidos entre palos clavados en el jardín, simularon paredes bajo el cielo primaveral y un aire perfumado de flores. La noche nupcial tuvo enorme éxito.

—Dime, César —preguntó Su Majestad—. ¿Me quedo tranquilo? ¿Se consumó el matrimonio?

—Por seis veces, mi señor —fue la respuesta del novio y ambos rieron a dúo.

También mi padre se divirtió con la anécdota. Saber feliz y encauzado a su hijo, le apaciguaba el pánico a la influencia malsana de César. Verdaderamente le temía.

—Le ama y le teme —afirmó uno de sus cardenales—. Desde el asesinato de Juan, Alejandro VI tiembla a los pies de César.

La política se enturbió. Los italianos, siempre recelosos de la familia española del Papa, después de esta alianza entre Borgias y franceses, sospecharon una nueva y fatal invasión. Los Sforza sintieron amenazados sus poderes. Y debió de ser entonces cuando inculcaron el mismo temor a mi marido, Alfonso de Aragón. Finalmente le convencieron del peligro que corría al lado de los Borgia.

—Mi querida Lucrecia —habló el Papa irrumpiendo en mis habitaciones—. ¿Y tu salud?

—Muy bien, padre —sonreí notando en mis entrañas el pálpito de mi futuro hijo.

Los últimos rayos del sol se dormían en los aleros de las casas y, desde allí, abrazaban la oscuridad creciente de las calles. En el interior de Santa María in Pòrtico la noche se apresuraba a tender sus negros tapices y, más rápidos todavía, los criados iban encendiendo las velas de los candelabros. Con sus habituales vestiduras blancas, el Papa resaltaba en el anochecer, como debía resaltar en el mundo el símbolo de su paternidad cristiana. Una especial ternura surgía de su aspecto, de su voz, de su modo de tratarme.

—Se ha marchado, hija mía —dijo.

—¿Se ha marchado?, ¿quién?

Habituada a las novedades familiares ni siquiera me inquieté.

—Alfonso de Aragón.

—¿Mi esposo? —pregunté desconcertada—. ¿Y adónde, padre?

—Lo ignoro.

Puesta en pie, indecisa y nerviosa, presintiendo algo desagradable pero incapaz de imaginarlo, insistí:

—¿Qué ocurre, padre?

—Huyó de Roma. Confieso que, advertido, le hice perseguir por mis esbirros con la orden concreta de darle alcance y detenerle. No lo consiguieron —suspiró.

—¿Y por qué huyó? —estaba asombrada.

El Papa tardó en responder. No deseaba dañarme. La turbación de su rostro lo demostraba. Al fin se decidió:

—Escribí a tu hermano felicitándole por haber sido investido caballero de la Orden de San Miguel, la más alta del reino. Me siento muy orgulloso de la actuación de César en Francia y...

—¡No irás a decirme que ese honor conferido al cuñado hizo escapar a mi esposo, el príncipe de Salerno! —dije con altivez.

—¡Claro que no, hija mía! ¡Claro que no! Verás...

Titubeaba. Sus ojos buscaban entre los pliegues de mi vestido la señal de mi embarazo. El recuerdo del anterior aborto le inquietaba. Perder aquella insegura criatura que tenuamente se abría paso hacia la vida era lo peor que podía sucederle. Esta vez alguien de su sangre no llegaría al mundo como un inteligente bastardo, según definición de

César, sino como un hijo legítimo de sus famosos padres, dotados de numerosos títulos, halagadora hermosura, dueños de incontables caudales y posesiones. Le urgía que naciera.

—¿Qué he de ver, padre? —le acucié.

El Papa me invitó a sentarme y tomó asiento a mi lado.

—En mi escrito —explicó—, además de congratularme con César de las inmejorables noticias acerca de su boda, también le hablé de asuntos políticos. ¿Para qué repetirlos, Lucrecia? La situación es grave. Francia, España e Italia se hallan implicadas. Es imposible resolver, pero sí encauzar, los próximos acontecimientos. Parte de ese poder me concierne. Confié a César mi delicada resolución. Entre otras cosas, le advertí: «Urge echar a los Sforza fuera de Milán.»

—¿Y qué tiene que ver Alfonso con tus decisiones?

—El mensaje fue interceptado por Ludovico el Moro quien, inmediatamente, se comunicó con el cardenal Ascanio Sforza. Al cardenal le faltó tiempo, alarmadísimo, de abandonar Roma y todos sus bienes. Antes advirtió a tu esposo de los peligros que le acechaban si continuaba al lado de los Borgia... Alfonso, asustado, escapó.

Siempre igual. Siempre la espada en alto a punto de cercenar una vida. Siempre el veneno en la copa para lanzar al río de las venas aquella fatídica nave de la muerte. Siempre la traición que inquieta el alma y empaña los verdes prados de la existencia.

—¿Y se marchó sin despedirse de mí?

—¿Cómo iba a despedirse? Si considera amenazada su vida por los Borgia, ten en cuenta que tú eres el mismo corazón de los Borgia.

—También soy su esposa. Y nos queremos, padre.

—¿De veras supones que te ama quien prefiere perderte antes de arriesgar su integridad? ¡No seas boba, hija mía! Vine a darte la noticia con las tranquilas maneras que reclama tu estado. Pero me estás exasperando. ¡Considero indigna de ti una reacción tan sumisa!

Le miré. Su Santidad volcaba en mí aquella insobornable ternura que Sforza tradujo públicamente como «el brillo turbio de unos ojos desbordantes de pecaminosa pasión». Dijo, además, que yo tenía el ánimo asustado y un consentimiento sometido. ¡Y mi padre me reprochaba actitudes sumisas!

—Mis reacciones siempre fueron sumisas. ¿O lo has olvidado? —dije—. No acuses a Alfonso, te lo ruego. Todos actuáis igual.

Lloré y el Papa trató en vano de consolarme. Yo estaba

en un inmenso desierto donde mis maridos, los habidos y por haber, salían huyendo de mi lado a galope y de estampida. ¿Tan poco valía yo? ¿Tan incierta era? Estaba soportando mi segundo abandono. Mi segunda afrenta pública. ¿Qué hice para merecerla si me limité a consentir y amar? Juan Borgia, el Papa, César, Juan Sforza, Alfonso de Aragón, llenaron mis diecisiete años como se llena el aire de una jaula: sin querer. Hubo una excepción: lo mismo que en una estancia fría atrae el crepitar de los leños en la chimenea, me quedaba el cálido rescoldo de la humilde figura de Perotto que perdió la vida por haberse enamorado de mí. Los esfuerzos de Su Santidad tratando de apaciguar mi pena resultaron inútiles. A la vergüenza y humillación de la fuga de Alfonso, sumé la amargura de sentirme abandonada en la tarea de animar la vida de mi futuro niño; también abandonado a sí mismo en la aventura de construirse. Alicaído y triste, el Papa se despidió con un beso. El latido de sus labios en mi frente se fundió con el latido del hijo de mis entrañas. Quise protegerle y, al rodear mi vientre entre los brazos, hallé en mi halda una rosa blanca. Mi padre la depositó al salir. En seguida reconocí la flor por haberla visto, al filo de la mañana, prendida en el escote de una de mis doncellas. Los rumores la señalaban nueva favorita de mi padre. Y me abstuve de aspirar el aroma que presidió la última cita galante de Alejandro VI.

El malestar físico del embarazo repercutió en mi inestabilidad emotiva, fuertemente sacudida por los acontecimientos. Los constantes correos de César asaeteaban sin piedad a mi padre con los temibles dardos de la política. Quedaban ya muy lejos los días en que aquel Borgia fuerte, irascible y batallador, prometió al concilio, en memoria de su amado Juan, que en adelante todos sus esfuerzos serían en honor y gloria de la Iglesia. «El nepotismo ha terminado», afirmó de buena fe, esa misma buena fe que avalaba cada día promesas antagónicas. Desde la galería de honor también yo podía dar fe de que por la plaza de San Pedro, camino del Vaticano, no se terminaba la hilera de españoles llamados a ocupar cargos en la Santa Sede. «Mucho es su temor cuando tan prudentemente se rodea», pensé. Pero igual que bien rodearse, sabía desprenderse. En un rincón de la sala de costura descubrí a mi camarera favorita anegada en lágrimas. Ligada con lazos de amistad a otra camarerera de mi cuñada Sancha, sufría la inminente separación de su amiga.

—¿Lo ignora mi señora? —respondió a mi interés—. Doña Sancha y todo su séquito regresan a Nápoles. ¡Sabe Dios si mi amiga y yo volveremos a vernos!

—¿A qué se debe tan inesperado viaje?

—Órdenes de Su Santidad.

—¿Estás segura? —murmuré perpleja—. ¿De veras se marchan los príncipes de Esquilache?

—¡Oh, no! Solamente doña Sancha. El príncipe Jofre se queda con nosotros.

Fue un pequeño detalle ilustrativo. En seguida comprendí, y más tarde comprobé, que a la pobre Sancha la habían echado de casa. La pillaron en el centro de la borrasca política y pagó lo que no hizo. Su tío, Ascanio Sforza, escapó para reunirse con Ludovico el Moro y luchar a su lado contra los franceses, lo cual venía a ser lo mismo que luchar contra César, tan bien instalado en la corte gala. El rey Federico de Nápoles llamó a su hijo Alfonso de Aragón al seno de los Bisceglie, recelando ataques del Papa a su dignidad patriótica. Y Sancha, una Bisceglie de pura cepa, es despedida inmediatamente de su cortesana existencia romana. Así se lo echó en cara el Papa a su nuera en una de sus míticas broncas familiares.

—Si tu padre el rey considera peligrosa mi compañía para sus hijos, tampoco yo los quiero a mi lado. ¡Quédese él sus vástagos, que yo me quedaré los míos! ¡Y no repitas que no deseas marcharte porque te echaré a la fuerza!

De nada le sirvieron a Sancha sus hermosos ojos azules sombreados de oscuras pestañas. Los mismos que encendieron la curiosidad de su suegro, empujándole a mirar tras las ventanas del Vaticano para verla llegar sin que los cardenales se apercibieran de su juvenil impaciencia. En esta ocasión era su belleza contra la mía, mi piel de nieve, mis ojos clarísimos, el oro de los rubios cabellos. Más aún: era su humillación contra mi ofensa. Dolida de cuanto puede dolerse una princesa napolitana, Sancha salió de Roma convertida en mil furias y ninguna queja por el insignificante detalle de separarse del marido.

—¿Estás mejor, hija mía?

El Papa me visitaba con frecuencia.

—Tal vez...

Demasiado duradera la melancolía que amenazaba convertirse en segunda naturaleza. Ni siquiera el buen tiempo me estimuló. El verano ya apartaba los pesados cortinajes del palacio de Santa María. Al morir el sol, las ventanas se adornaban con los sutiles visillos de las profundas noches punteadas de luceros. Delicados perfumes del jardín infiltrados tenuemente en la alcoba, se cernían sobre mi cuerpo y mi cama huérfana de amor. En la invisible cuna de mi seno se mecía el futuro niño, arropado en el más plácido de los silencios. Pero yo despertaba al filo de la madrugada envuelta en pesadillas de maridos fugados, alejándose de mis ojos oníricos, sacudidos por la risa.

—Te enviaré los mejores doctores, Lucrecia. Esta situación debe terminar.

Murmuraban en Roma que los centinelas del castillo de Sant'Angelo negábanse a ocupar sus puestos durante los plenilunios. Desde cualquier puesto de vigilancia y hasta el infinito veíase relucir el campo rociado de plata. De plata también quedaban bañados los soldados y las torres del castillo. De súbito, como surgido del infierno, aparecía el horripilante fantasma del duque de Gandía acompañado de fúnebres encapuchados portadores de antorchas encendidas. En la ventana donde mi padre llamó a su hijo con gritos de fiera herida en ocasión de su entierro, asomábase el espectro clamando justicia. Los asustados centinelas escapaban sumidos en el delirio, negándose a volver. Posiblemente en una de tales apariciones los soldados depusieron armas, dejando en libertad a mi desgraciado hermano, reducido a su denigrante condición de fantasma, para llegar hasta el Vaticano. Uno de los clérigos aseguró haberle visto vagar por las Torres Borgia. Las llameantes antorchas con sus rastros de fuego iban y venían lamiendo la oscuridad mientras la patética voz de Juan reclamaba venganza: «Si llegó hasta el Vaticano cabe en lo posible que me visite a mí», pensé. Pero mi hermano nunca vino a verme.

—Es necesario llevar al campo a la duquesa de Bisceglie, Santidad —dijo el doctor, preocupado—. Cuanto antes, mejor.

—Así se hará —decidió mi padre.

Vino a verme mientras yo rezaba, de rodillas en los mismos almohadones donde descubrí el amor prohibido de mi hermano Juan. Cogiéndome del brazo me acercó cariñosamente al fondo del oratorio y ambos nos sentamos.

—Te advertí que no debes arrodillarte hasta después de dar a luz —me trataba con cuidado, impresionado por aquel mal de melancolía tan misterioso para su recia personalidad—. He de pedirte un favor, Lucrecia.

—Tú mandas, padre.

—Es forzoso que te olvides de esas tristezas que te recomen, y debes ayudarme. Ando falto de quienes fiar y la tarea del Estado es mucha. He decidido nombrarte gobernadora de Spoleto. ¿Qué te parece?

En principio me pareció asombroso. El cargo de gobernador correspondía a un cardenal o gran prelado. Me costó reaccionar.

—Padre, tengo diecisiete años. Soy mujer, abandonada del marido y, por si fuera poco, estoy embarazada... —Más que hablar, parecía pedir clemencia.

—¡Tonterías! Los hijos del Papa no son hombres o mujeres; son hijos del Papa y se acabó. Que yo sepa, a la inteligencia nunca le contaron los años. Y es absurdo que te refieras al embarazo como algo eterno. Dentro de tres meses dejarás de ser una persona embarazada.

—Pero sigo siendo esposa abandonada... —insistí en lo que tanto me dolía.

A mi padre parecían llevársele todos los diablos.

—Una esposa abandonada puede que lo seas, Lucrecia. No te lo niego. Pero a la dignidad altísima del cargo que te ofrezco y a las graves responsabilidades que te corresponden como servidora del Estado, no le alcanzan las pretendidas humillaciones de ese mozalbete llamado Alfonso. ¡A ningún gobernador de Spoleto le puede abandonar su marido!

Con la impetuosidad propia de su fogoso carácter y por enésima vez, mi padre dispuso el rumbo de mi vida. En seguida comenzaron los preparativos. Y al rayar el alba de un día caluroso y despejado, salí cabalgando de Santa María in Pòrtico acompañada de mi hermano Jofre. Íbamos a la cabeza de un cortejo de cuarenta y tres carros, damas, nobles caballeros, doncellas, servidores y soldados. También una lujosa litera dispuesta para mi descanso a lo largo de un viaje de ocho jornadas. Desde la ventana del Vaticano, el Papa me despidió con los honores propios de una gobernadora, dándonos su bendición. Allí se quedó, hasta vernos desaparecer, la solitaria figura de mi padre, grande y abismal al mismo tiempo. Destrozada, dolida de abandonos, tuve el convencimiento de estar dejando atrás recuerdos entrañables que muy pronto, convertidos en fantasmas, acompañarían el amado espectro de Juan en las noches de plenilunio.

Spoleto envió cuatrocientos infantes y varios comisarios a recibirnos. Escoltada por ellos y nuestra propia comitiva, llegamos a la ciudad engalanada, entre los vítores de la multitud. Ya en la fortaleza, di una vuelta en torno al patio de armas y me detuve en el gran vestíbulo de entrada donde los integrantes de la corte de honor me ofrecieron sus respetos. El atardecer estiraba las últimas luces en un cielo repentinamente nublado que sugería una agradable invitación al descanso. El primer efecto debió de resultar agradable, pero se me grabó en la memoria la angustiosa sensación de sabernos niños perdidos. ¿Qué otra cosa podía pensarse de una criatura por nacer, un Jofre de quince años y de mí? Las circunstancias tampoco ayudaban el ánimo, pues yo no olvidaba que al niño le faltaba el padre; a Jofre, la esposa, y a mí, el marido. «Nada mejor que una fortaleza para sustituir la prisión», pensé. De pronto, comprendí la verdadera finalidad de nuestro viaje a Spoleto: evitar a toda costa que mi hermano Jofre y yo, en una de las ausencias de mi padre, nos reuniéramos con los cónyuges en Nápoles, pasando a formar parte de la vida de los Bisceglie. Como de costumbre, habíamos caído en las maquinaciones del Papa: echó de Roma a mi cuñada Sancha, fue el responsable de la huida de Alfonso y nos acababa de confinar a Jofre y a mí en Spoleto disfrazando la cuestión bajo el honorable cargo de gobernadora. Allí nos tendría seguros. Herida en mi dignidad, tomé una decisión inquebrantable. Cerraría mis sentimientos en muros más espesos que los del castillo, dedicándome al exclusivo cumplimiento de mis obligaciones con la férrea determinación de los Borgia. Debí escoger la decisión correcta. Los espoletanos me querían, acataban mis sentencias, mostrábanse felices de mi gobierno y agradecidos a los favores conseguidos a través de mi influencia en la Santa Sede. Entonces tuve noticias de César quien, luchando al lado del rey de Francia, arrasaba el norte italiano y ponía en fuga a los Sforza. El péndulo del triunfo se decantó nuevamente hacia mi padre. De manera que, tal como la política llevó a mi esposo a su casa de Nápoles, le empujó otra vez hacia nosotros. Conseguida la venia del rey Federico y el consentimiento de Alejandro VI, Alfonso de Aragón apareció un día en Spoleto, dichoso de abrazar a la querida y respetada gobernadora. Disfrutamos un inolvidable septiembre repleto de ilusiones en sazón y cálido de esperanzas. Cuando mi padre nos llamó desde el cercano Nepi, nombré quien me representara, puse orden en los asuntos pendientes y salí de Spoleto entre el clamor de una multitud satisfecha de los beneficios recibidos durante mi mandato. Era la primera vez que me sentía orgullosa del propio comportamiento. Lejos de la influencia de los Borgia, pero usando su reconocida fuerza, obtuve resultados magníficos. En cierto modo, mi padre tuvo razón al oponerse a mis objeciones cuando me propuso el viaje. Su respuesta coincidía con la realidad: en la pequeña ciudad de Umbría no conseguí halagos por mujer, sino respeto por hija del Papa. No fui esposa abandonada, sino gobernadora con marido. Y de continuar embarazada debía congratularme, pues llevaba implícito que mi hijo seguía firme camino hacia mis brazos. En esta disposición de ánimo llegué a Nepi, perdidos ya los recelos acerca de las malas intenciones de mi padre. El Papa estuvo con nosotros alrededor de una semana, íntima y familiar, durante la cual trabajó intensamente en el orden de la pequeña población, antiguo regalo suyo al cardenal Ascanio Sforza y, en aquel momento, abandonada por su dueño en su lucha contra Su Santidad. Por tal motivo, y mostrándose orgulloso de mi obra en Spoleto, me nombró asimismo gobernadora de Nepi con todas las facultades, derechos y rentas anexas al cargo. Esta vez no me asusté. La experiencia espoletana me había infundido seguridad y carácter. Al despedir al Papa, no me hubiese importado permanecer por tiempo indefinido en el hermoso castillo rodeado de montes cubiertos de encinas y abruptos barrancos. Mi alma crecía fuerte, cortante como aquella poderosa naturaleza. Resistía ciertas embestidas y, de algunos recuerdos, apenas quedaba el temblor de una llamita apagándose. No me conmovió saber que, por no haberse pagado los diezmos debidos a la Iglesia, mi padre extendió una bula destituyendo de sus feudos a determinados señores de la Romaña entre los cuales incluia al señor de Pésaro. En mi pensamiento, nada conciliador, dejé alejarse para siempre al indeciso Juan Sforza, sus malditas impotencias y las malignas murmuraciones vertidas en defensa de su honra y perjuicio de la mía. Jamás volverían a molestarme los cascos de su caballo galopando al infinito en buena hora. Casi en seguida tuve noticias de César, sutilmente vinculadas a las anteriores. Apenas publicada la bula que desposeía de sus poderes a los feudatarios de la Romaña, el más terrible y sombrío de los Borgia organizó un ejército y, desde Milán, se precipitó sobre la bella provincia del centro italiano. La jugada del Papa no admitía dudas. El próximo señor de la Romaña se llamaría César, duque de Valentinois. Nacían y morían feudos, reinos, ducados, en continuo baile de lanzas y rencillas. Pero un nacimiento más humilde que el de los pueblos reclamó mi atención. Era preciso volver a casa y ocuparnos de recibir al niño. Durante el viaje de regreso, iba contenta, feliz, del inmediato término de mi estado, de haber recuperado a mi esposo, de mis dos cargos de gobernadora, de la propiedad de fincas y castillos y hasta del buen comportamiento fraternal del pequeño Jofre, todavía sin Sancha. Entramos en la capital a las puertas del crepúsculo. Si hay en el mundo una ciudad hermosa, ésa es Roma. Si hay en el mundo una ciudad doblemente hermosa al verla de nuevo, ésa es Roma. Al sol de otoño me pareció dorada, olorosa y crujiente como el pan recién horneado. Desde la plaza de San Pedro me alegró descubrir el vuelo de las palomas en la galería de honor de Santa María in Pòrtico. La casa estaba revuelta con los preparativos del bautizo y yo participé inmediatamente en ellos, activa, emprendedora. Rezaba mis cuitas a santa Ana y santa Catalina en el oratorio, y creí imposible haber sufrido aquel mal de melancolía entre sus paredes. Mi padre se preocupaba demasiado:

—¿Cómo está?

—La joven duquesa de Bisceglie se halla sana y fuerte. Nada debemos temer. Todo irá bien, Santidad —afirmó satisfecho el doctor.

Los últimos días de octubre se mostraron reacios a dejarse avasallar por el frío de un invierno empeñado en anticipar sus temporales. Estoicamente, el otoño resistía sus embestidas y con parsimonia iba desprendiéndose de hojas mustias que al arrinconarse en el jardín, susurraban una nana. Era la madrugada primera de noviembre y el frémito del viento en las vacías calles lanzó un grito de júbilo. En el palacio de Santa María in Pòrtico acababa de llorar un niño. A pesar de la debilidad de sus vagidos, éstos se deslizaron como un eco de una a otra de las habitaciones, despertando a sus moradores. Dueños y sirvientes asomaron a los pasillos, en la mano un candelabro iluminado. Fue una procesión de alborozo encaminada hacia mis aposentos, en cuyo umbral se detuvieron dejando paso al Papa. Lleno de prestancia, con los bellos hábitos que vestía cuando nos concedió audiencia antes de casarnos, entró acompañado de varios criados que le precedían para iluminar su itinerario. Muy conmovido, contempló largo rato la pequeña criatura acostada en tan regia cuna. De súbito se acercó a mi lecho, molesto por su incapacidad de retener las lágrimas y la incontrolable emoción. Bendijo a todos los presentes y antes de salir anunció:

—Se llamará Rodrigo.

El niño fue bautizado con pompa mayor a la de mis primeras nupcias. Ni suelos ni paredes quedaron al descubierto. La casa entera engalanada de tapices, alfombras y colgaduras. Sentada en mi lecho, hube de recibir más de cuarenta damas, prelados, amigos, embajadores y familiares. Pero no me importaba porque la ceremonia iba dirigida a mi hijo. Terminado el desfile, nuestro buen amigo el valenciano Juan Cervillón, brazo derecho de Su Santidad y siempre presente en las celebraciones borgianas, se llevó al pequeño bien envuelto en capa de armiño y rodeado de escuderos portadores de los objetos sagrados, palangana, salero y jarra de oro macizo. A continuación seguía el cortejo presidido por el gobernador de Roma y el gobernador imperial. La Capilla Sixtina rebosaba de invitados. Juan Cervillón entregó la criatura a Francisco Borgia, arzobispo de Cosenza, primo de Su Santidad. Una vez cristianado, me lo devolvieron entre admirativas exclamaciones referidas a la hermosura de mi niño, a su comportamiento, al esplendor de la Capilla Sixtina, a la importancia de los asistentes... No sé qué me contarían más, pues recuerdo perfectamente que aún duraba la retahíla cuando me dormí.

Mi ocupación favorita a partir de aquel momento fue la contemplación del pequeño bebé. Su tierna personita me admiraba de continuo, y sentí cumplida satisfacción de poderlo exhibir a la sombra protectora de mi esposo. El mundo se redujo al tamaño de una cuna y los sucesos posteriores al bautizo apenas conseguían interesarme. La semana después de haber cristianado al recién nacido, mi hermano César estuvo de incógnito en el Vaticano. Tres días de proyectos y maquinaciones junto a su padre y unos breves minutos para conocer a mi hijo:

—Aquí lo tienes. Tu sobrino Rodrigo de Bisceglie.

—Bisceglie y Borgia —añadió agresivo.

Poco hablamos, pero entendí que le desagradó el entusiasmo de nuestro padre hacia aquel descendiente que reunía en sus venas sangre del Papa y sangre de la odiada familia napolitana. Demasiado tenebrosa la soledad de César que, falto de afecto o por incapacidad de amar, perseguía tenazmente la sombría cúpula del poder. En su oscura mirada, asomaba el dolor por los desprecios recibidos. Aunque en principio los Bisceglie estuvieron a punto de darle a Sancha en matrimonio, se la otorgaron a Jofre. Rechazó su propuesta Carlota de Aragón. Y no le admitió en la familia el rey Federico, pero consintieron mi matrimonio con Alfonso. Mientras él se jugaba la vida en los campos de batalla para mantener en su puesto a Su Santidad y acrecentar las riquezas borgianas, los odiados napolitanos iban instalándose en Santa María, en Roma, en el Vaticano y en el corazón de Alejandro VI. El rey de Francia deseaba tomar Nápoles. César se obligó a luchar en el empeño. Y acababa de comprobar la inutilidad de usar la espada frente al enemigo si antes no lo derrotaba en su propia casa. ¿Cómo podría vencer la resistencia del amor de Jofre por Sancha, la mía por Alfonso y la del Papa por su nieto Rodrigo, todos ellos de Aragón y Bisceglie? ¿De qué le sirvió suprimir a su hermano Juan, si los obstáculos a sus ambiciones rebrotaban? ¿De qué, apartar de mi lado el impedimento de Perotto? La mala hierba de las dificultades crecía a su paso. Quizá nunca lograse suprimirla y alcanzar sus objetivos.

—Volveré pronto —se despidió con amargo acento.

Por aquellos días invernales, de árboles y ramas despobladas retorciéndose contra un cielo gris, renacieron en Roma las trágicas flores de los asesinatos. En voz baja y palabras temblorosas de terror, las gentes hicieron memoria de la maestría de César para librarse de cualquier estorbo sin dejar huella ni importarle a quiénes destruía. El Tíber recobró siniestra actualidad. A sus orillas fue hallado dentro de un saco, manos y pies atados, el cadáver de un español gran amigo de mi hermano.

—La muerte —murmuraron— le llegó por saber demasiado.

Juan Cervillón, el capitán español que tuvo lugar destacado en mis dos bodas y, pocos días antes, llevó en brazos a mi hijo a recibir el bautismo, solicitó del Papa permiso para regresar a Nápoles. Cervillón conocía como nadie los secretos vaticanos y sus amigos, temiendo por su vida, le aconsejaron escapar. Al lado del rey Federico estaría tranquilo. Atemorizado y prudente, el capitán arguyó el deseo de reunirse con sus hijos y su mujer. De mala gana le concedieron el permiso, aunque de poco le sirvió. Al salir de una cena en casa de su sobrino Pignatelli en vísperas de Navidad, Cervillón fue muerto a cuchilladas. El río recogió sus vanos sueños de paz natalicia a la sombra del Vesubio.

—El padre le dio permiso y el hijo se lo quitó —comentaron los amigos.

También lejos del Tíber, pero cerca de un Borgia, prosperaba el espectro de la muerte. Se habló de un portugués que se jactaba de haber ayudado a César en el logro feliz de los tratos matrimoniales con Carlota. Desde entonces, el portugués no se despegaba de mi hermano. La opinión general fue que le vigilaba por encargo de Luis XII. Inesperadamente, César quedó libre de su compañía. El portugués murió de súbito, sin enfermedad ni heridas... Algo flotaba en el ambiente.

—Le hicieron tomar la cantarella —sentenciaron—. El veneno de los Borgia.

Eran tan evidentes los triunfos de mi hermano en la Romaña, se habló tanto de su valor y su generosidad respecto de los soldados, incluso respecto de los vencidos, que el cardenal Juan Borgia, sobrino segundo de Su Santidad, se dirigió al campo de batalla para felicitarle. Atacado por una terrible fiebre, el cardenal acabó su vida en pocas horas. El muerto recibió el trato habitual a los fallecidos en idénticas circunstancias: trasladado inmediatamente a Roma y sepultado con rapidez, nadie consiguió verle. El pueblo continuaba insistiendo en la presencia pavorosa del veneno. Fue inevitable enterarme de los rumores. Pero los correos de toda Italia convergían en el Vaticano y con harta frecuencia tuvimos noticia de prestigiosos caballeros que aplicaban el veneno a sus fines o bien morían víctimas de sus efectos. La costumbre transformó la repulsión en indiferencia. Además, si yo no juzgaba a los otros, ¿por qué habría de juzgar a los hombres de mi familia? Acomodada en el suntuoso palacio en compañía de mi apuesto marido, llevando vida muelle y viendo crecer a Rodrigo de Bisceglie entre sedas, encajes, flores y palomas, el veneno y sus cadáveres apenas formaban un incipiente nublado en el lejanísimo horizonte. El cielo de mi casa permanecía despejado. Incluso el Papa adquirió la costumbre de mantener sus amores en un tono de suma discreción. De manera que, siendo incapaz de reprimir sus impulsos galantes, me otorgó socialmente el puesto de favorita. A diario llegaban los cubicularios del Vaticano cargados de espléndidos regalos. También me hizo dueña de la ciudad de Sermoneta y su castillo, hermosas tierras recién añadidas a mis ya innumerables posesiones. Fui la mujer más envidiada de Roma y me sentía exageradamente feliz. Al parecer, el nuevo año de mil quinientos comenzaba repleto de buenos augurios. El día primero de enero asistimos a un gran pontifical para inaugurar el Jubileo, celebración repetida cada cinco quinquenios. De los más alejados países llegaba gente a Roma. Desde la basílica de San Pedro, Su Santidad bendijo doscientos mil peregrinos entre los cuales, alguien interesado, destacó la presencia de un tal Martín Lutero. En la formación de mi cortejo me sorprendió reconocer a Orsino Orsini, tanto tiempo ausente. Julia quedóse en Capodimonte, quizá a la espera de que se reavivase la llama de su antigua pasión en Alejandro VI. Como princesa de Salerno, duquesa de Bisceglie, gobernadora de Spoleto, Poligno y Nepi, tomé parte principal en el boato de las fiestas. Y con todos mis títulos también, a mediados de febrero presidí en la galería de honor de Santa María in Pòrtico la comisión encargada de recibir a mi hermano.

—Mañana llega César —dijo Alfonso—. Cardenales y nobles saldremos a las puertas de Roma a darle la bienvenida. Se le prepara una recepción suntuosa.

—Por suntuosa que sea, no mejorará su propia presentación. Ya lo verás, Alfonso.

Asistimos a la fabulosa entrada con idéntica admiración que el resto de los romanos. Era difícil superar el fausto, la teatralidad, la imaginación de César. Precedido de mi esposo y el pequeño Jofre, encabezaba la espectacular comitiva. La riqueza y la exhibición artística fueron la tónica del interminable desfile, dando fin al mismo un asombroso castillo de fuegos artificiales. Conociendo las imperiosas ansias de poder, la urgencia terrible de mi hermano por triunfar, no me extrañó que se encerrara durante días en sus habitaciones vaticanas. Le imaginé cargado de proyectos que expondría febrilmente a nuestro padre, dispuesto a convencerle o disuadirle. En tanto el Papa no consintiera secundar sus planes de conquista, no vendría a verme. Volví, pues, a mis tardes de recibo en los salones abiertos a lo mejor de la nobleza, de las artes y de la literatura. Grandes escritores me saludaban. Aplaudidos poetas me convirtieron en su musa. Elogiaban la gracia de mi léxico italiano, la fluidez de mi latín y mis conocimientos de griego. En realidad, no perdí ocasión de aumentar mi cultura. Gracias al favor de un embajador alemán, esperaba conocer en breve al discutido canónigo de Frauenburgy que enseñaba matemáticas y astronomía en Roma, escandalizando a los alumnos al afirmar que el centro del sistema planetario no era la Tierra, sino el Sol.

—¿Y usted cree, señor embajador, que ese polaco dice la verdad?

—De momento se trata de pura especulación. Pero si os interesa mi opinión, señora, os confieso que siempre tuve fe en Nicolás Copérnico.

Un distinguido viajero de paso en la ciudad, aludió a la fatiga del gran toscano Miguel Ángel.

—Acaba de terminar *La Piedad*. Haríais bien en visitar su estudio, señora. Sería un honor.

—¿Para quién sería el honor? ¡Cuide las expresiones dudosas, señor mío! ¡Estáis hablando con la princesa de Salerno!

—¿Y con quién tengo yo el gusto de hablar?

—¡Con el duque de Valentinois, capitán general de la Iglesia, pariente de los Reyes Católicos, del rey de Navarra, del rey de Francia, de los reyes de Nápoles, del papa Alejandro VI y hermano de vuestra anfitriona, la ilustrísima dama Lucrecia Borgia!

Aquella entrada turbulenta inmovilizó a los invitados. Muchos le observaron sorprendidos. La mayoría de las señoras le contemplaban arrobadas. La sala se llenó de su misterio y la extraña influencia de su personalidad tenebrosa. Yo me interrogaba acerca de las secretas causas de su violencia. Posiblemente no consiguió arrastrar a nuestro padre donde era su intención. Parecía poseído por la amarga fiebre de sus ambiciones fracasadas. Los momentos de la renuncia eran los peores para César. Volvía a ocultarse en el fondo de sí mismo y allí, en su reino inaccesible, se dejaba arrastrar por la tormenta de las pasiones. Separado de todo y de todos, comenzaba a odiar. El relámpago oblicuo de su mirada se fijó en el rostro amable de Alfonso. El clima de la casa se notaba templado. A punto de estallar la primavera con aquel fragor inaudible de sus perfumes, tuve la intuición de que las primeras flores de la temporada serían crisantemos.

El Jubileo, fiesta excepcional de la Iglesia, fue el pretexto para el regreso de mi cuñada Sancha. La hija del rey de Nápoles llegó en mal momento. Las últimas noticias de una inmediata conquista de su tierra por parte del rey de Francia, aquella tozudez insistente de Luis XII en añadir el reino napolitano a su corona, desató tales tensiones en mi familia que incluso a través de la bella arquitectura del Vaticano hubiera podido adivinarse la tempestad del interior. Alfonso y Sancha temían la desgracia de los Bisceglie y de su país. Jofre, partido el corazón en dos, estaba afectado por el posible sufrimiento de su mujer y el desagrado de no colaborar con su adorado hermano. En cuanto a mí, el peligro crecía amenazador y sentí la necesidad de proteger al niño y al mismo Alfonso. ¿Protegerlos de quién? De los Borgia. No en balde los intereses del Papa estaban unidos a los de César, los de César a Francia, Francia contra Nápoles. Y si yo me decantaba hacia los Bisceglie, entonces nosotros seríamos considerados napolitanos. Es decir: seríamos enemigos. Pero la atractiva presencia física de mi marido, el profundo amor que nos unía, su alegre carácter, la tierna existencia del niño y las evocaciones que de la tierra y el mar de su patria me hacía Alfonso, levantaron en mi alma el deseo de una vida plácida lejos de Roma, propia de dos enamorados. ¿Quizá pequé de ilusa? Tal vez. Sin embargo, corrí el riesgo. Tan alerta como yo, estaba Sancha.

—Si las cosas van mal —me dijo inquieta—, las cabezas de los hijos del rey de Nápoles son un atractivo botín.

Nos acostumbramos a ir juntas por la casa, a emparejar nuestras diversiones, a comunicarnos impresiones y noticias. El día 15 de julio, Alfonso no cenó en casa. En aquella época del año el crespúsculo se estiraba sobre las horas por el lado de poniente. Apartándose de la ventana, Sancha preguntó:

—¿Dónde va mi hermano, Lucrecia?

—Le invitó mi padre a cenar. No te preocupes.

Sancha sintió alivio al conocer la cercanía. La asustaban la noche, las sombras de la calle y hasta los oscuros corredores de Santa María in Pòrtico. Al menor movimiento de los cortinajes se crispaba. Las reacciones, curiosamente, no denotaban temor. Su prevención era prudencia y debajo de tanto cuidado asomaba su gallardía. Estaba decidida a defenderse. La noche avanzó hasta la completa oscuridad. El Papa envió a buscarnos. Acudimos a su llamada atravesando la Capilla Sixtina y le encontramos en la mejor disposición de animo.

—¿Y Alfonso? ¿No cenaba contigo, padre?

—Acaba de salir. Le pedí un favor. Pero no os preocupéis. Le acompañan un gentilhombre de cámara y un escudero.

La charla se hizo amena, incluso alegre. Después del caluroso día sentaba bien el pequeño esparcimiento. Llegué a renegar de mis malos pensamientos. Tal vez mi padre fuera capaz de luchar contra los padres de Sancha, si bien nunca contra nosotros. Incluso contó una divertida anécdota. Nos reíamos los tres alborozados, a grandes carcajas al sabernos sin espectadores. De pronto tuvimos la impresión de que el ruido era mucho. Demasiado. Prestamos atención. Pasos alterados, el sonido de armas golpeándose. Voces entrecortadas, confusas.

—Padre —me arrimé a él.

—Tranquila, Lucrecia, nada pasará.

Sancha, muy erguida, quedóse inmóvil, la mirada fija en la puerta. Y por allí irrumpieron los soldados vaticanos, llevando en brazos un cuerpo ensangrentado.

—¡¡Alfonso!! —gritó desgarradoramente Sancha, abalanzándose hacia su hermano.

La voz de mi cuñada había sido mi voz. Muda y absorta en la contemplación del rostro de mi esposo, más pálido que el mármol, caí al suelo desmayada. Al despertar, noté el punzante dolor de la pérdida amada. Alguien hablaba quedamente y en seguida deduje que Alfonso, aunque herido, vivía.

—¿Dónde estamos, Sancha?

—En casa de tu padre.

—¿Por qué?

—El estado de Alfonso no permite el traslado.

—¿Sabéis cómo ocurrió?

En los escalones de la iglesia, o en el suelo de la plaza de San Pedro, los peregrinos del jubileo dormían al amparo de ese primer calor, tan apetitoso, que anuncia las noches del estío. No había luna. En la magnífica quietud de la hora, Alfonso de Bisceglie, flanqueado por un escudero y el fidelísimo Tomás Albanese, cruzó la plaza observando los bultos inmóviles de quienes llegaron a Roma en pos del perdón de sus pecados. Pero no todos los bultos dormían ni eran peregrinos. Inesperadamente se oyó un corto, apremiante silbato. Se alzaron con rapidez negras sombras. El brillo de las espadas rayó el aire. El fiel Albanese, Alfonso de Aragón y el escudero, se pusieron en guardia como un resorte. Los atacantes eran muchos. Los rodeaban. Los acosaron. El duque sintió las punzadas desgarrándole el traje y la carne. Con violenta decisión iban a por él. Le arrancaron la capa. Estaba perdido. Sus dos defensores tampoco vacilaron. Cayó el señor de Bisceglie. El escudero le apartó de los asaltantes, arrastrándole. Albanese cubrió su retirada. Gritaron las furiosas espadas. Gritó el escudero pidiendo socorro. Los peregrinos de la plaza que quizá oyeron, no escuchaban. Las grandes puertas del Vaticano se abrieron y la luz del interior se filtró hacia la plaza. Los enemigos habían huido. Debieron ser muchos, pues los cascos de los caballos parecían un ejército. Los soldados de la guardia vaticana se hicieron cargo del maltrecho cuerpo del príncipe de Salerno intimidados, tal vez, por el poder de la muerte sobre las jerarquías. En el vestíbulo ya procuraron ayuda al escudero. Viendo a salvo al duque de Bisceglie, Tomás Albanese escapó en busca de un seguro refugio.

—¿Dónde le hirieron, Sancha?

—En la cabeza, las piernas, en la espalda.

—¿Se salvará? —dije temblando.

Mi cuñada demostró su temple:

—Entre tú y yo, le salvaremos. Vayamos a verle, Lucrecia.

Su Santidad dispuso que nos situaran en una sala de las Torres Borgia. Allí nos habilitaron dos camas provisionales en la misma habitación del herido. Llegaron de Nápoles sabios y fiables médicos. A las curas, por indicación del Papa, asistía el embajador napolitano. El hermano de la madre de Alfonso, su tío Juan María Gazullo, le visitaba a diario. Sancha y yo cocinábamos la comida del enfermo en un hornillo de campo, en evitación de que intentaran envenenarlo. Mi padre puso en la puerta dieciséis guardias permanentes. ¿Quién fue el agresor? Tomás Albanese le había reconocido y no pensaba dejarse ver, ni menos testimoniar, pues estimaba mucho su vida. Sin embargo, el nombre silenciado por Tomás estaba en boca del pueblo. Los romanos evitaban acercarse al Vaticano. No les agradaba aunar los sentimientos religiosos con hechos y actos que la murmuración suponía infernales.

—Allí dentro —decían— está lleno de odios, envidias, resquemores. Peor aún: celos por cosas que es mejor no mentarlas.

—Aseguran que de poco, le matan. Se despedazarán unos a otros.

—¿Se sabe quién fue?

—El mismo hombre que envió al otro mundo al duque de Gandía.

Gracias a su juventud, mi esposo se recuperaba de prisa. Nosotros procurábamos distraerle, pero a él no le parecía mal prolongar su estancia en el Vaticano. Sin embargo, a los tres nos incomodaban las visitas de César. Mi horror por César aumentó considerablemente. De buena gana le hubiese fulminado viéndole acercarse a su víctima, arrogante y embaucador. Le conocía demasiado para no descifrar sus intenciones. Toda su actuación la dedicaba a confundir a los posibles acusadores. Habrían de alzarse muchas y poderosas voces en defensa del amenazado hijo del rey de Nápoles. Decidido a desviar las sospechas, César preparaba el escenario de su falsa inocencia. Incluso, aparentando preocupación por la salud del cuñado, publicó un edicto prohibiendo el paso de gente armada en los alrededores del Vaticano. Y ésta fue la más falaz de sus intervenciones. Así pues, la prudencia aconsejaba silencio. Y en silencio Alfonso y yo, esta vez sin intervención del Papa, decidimos nuestro futuro. Cuando mi esposo recuperase la salud nos iríamos a Nápoles, tierra alegre, de contornos altivos y mares azules, apropiadísima para recibir el nuevo hijo que estábamos esperando. Pero, ¿cabían los bellos mares, las tierras acogedoras, las costas arrogantes, en el espíritu inhumano de César? A fines de agosto Alfonso se hallaba de buen humor, acompañado de personas de su confianza, además del médico y del cirujano venidos desde la corte de su padre. El calor hizo abrir las ventanas de la Torre Borgia y su impetuosa vaharada llevó la conversación hasta Bisceglie, cuna del título de la familia y delante de cuya catedral pasaba el Adriático en dirección a Grecia. Con gran sobresalto, un grupo numeroso de soldados irrumpieron en la tranquila reunión. Eran gentes de César. Los capitaneaba Micheletto Corella, su hombre de confianza. Exhibieron la orden de arrestar a cuantos estuvieran junto a don Alfonso de Aragón, acusados de conjura contra los Borgia. Asombrada y viendo que ninguna razón les impedía llevarse de nuestra casa a los distinguidos detenidos, pedí explicaciones del atropello.

—No sé nada, mi señora. Cumplo órdenes, eso es todo. No obstante, si tan injusto os parece, tenéis el remedio a vuestro alcance —habló Micheletto—. Dos puertas más allá de la vuestra encontraréis al Papa. ¿Por qué no le pedís que derogue la orden?

Me acompañó Sancha. Corrimos esperanzadas en busca de mi padre. El despacho estaba vacío. Con la muerte en el alma regresamos sin pérdida de tiempo. Pero la muerte no estaba en nuestra alma, sino en el cuerpo de Alfonso, vilmente asesinado por la voluntad de César y la mano de Micheletto. En cuanto los soldados que llenaban el corredor nos interceptaron el paso, así lo entendimos. Habíamos caído en una trampa. La orden de arresto fue la excusa, el modo de sacar a los visitantes de la habitación. Librarse de Sancha y de mí, resultó cosa de niños para el diábolico cerebro del capitán. Mientras nosotras abríamos la puerta del despacho de mi padre, Micheletto cerraba la de nuestros aposentos. Y en aquella soledad necesaria para que el crimen quedase impune, se adelantó decidido y feroz al encuentro de la indefensa víctima. Viéndole avanzar quizá Alfonso, en el estupor de la desesperación, se preguntaría por qué le habíamos abandonado. El terror debió de ser el último de sus sentimientos antes de que la espada le atravesase el corazón, cercenando a la vez la tarde de agosto que se desplomaría en el lecho como un piadoso sudario.

—Señora, vuestro esposo ha muerto. Cayó al suelo con tan mala fortuna que falleció en el acto —dijo Micheletto compungido, pero la espada salpicada de sangre.

No pudimos verle. Tampoco nos permitieron asistir al entierro. En realidad, no hubo entierro. A los que abandonan la vida sin permiso de Dios, pero por orden expresa de

César Borgia, se los sepultaba inmediatamente. A las pocas horas de su fallecimiento la noche se extendió sobre Roma con aquella natural avaricia del verano, que le hace acumular estrellas. Todas las del mundo se asomaron al negro abismo del cielo para despedir el joven cuerpo de Alfonso. Varios frailes y el arzobispo de Cosenza fueron su único acompañamiento. Desde lejos y vigilando, César y sus sicarios los siguieron. Después se quedó en el sepulcro de Santa María de las Fiebres y nunca jamás volvimos a amarnos.

Rafael Blandolini, perteneciente a la nobleza florentina, ciego, sabio famoso y antiguo preceptor de Alfonso de Bisceglie, fue el único que vino a darme sus condolencias. A los demás, gentes de trato frecuente, de motivaciones políticas, sociales o amistosas, los debió de inmovilizar el miedo. No les faltaba razón. La osadía de los Borgia alcanzó límites increíbles. La provocación, la falta de ética y el descarado enfrentamiento con cualquiera de los señoríos o reinos de Italia, traspasó toda prudencia. Cobró fuerza el viejo rumor de que, desde el asesinato de mi hermano el duque de Gandía, el alma de Su Santidad estaba poseída por el poder demoníaco del duque de Valentinois, su hijo. La imagen venerada de Cristo traída y llevada por el implacable César en la persona del Sumo Pontífice, representante de Dios en la Tierra, no agradaba a los romanos. Y en sentido más modesto, tampoco encajaban que los detuviera en mi propia casa, para conducirlos prisioneros al castillo de Sant'Angelo. Las nobles personas tan injustamente tratadas sufrieron allí torturas con la única finalidad de reforzar la imagen de un César acosado por los enemigos y obligado a defenderse. Aparentemente perdonados de sus intrigas antiborgia, luego se los dejó en libertad de regresar a Nápoles. Llegaron todos menos uno: Juan María Gazullo, hermano de la madre de Alfonso. Demasiado dolido del trágico fin de su sobrino, cabía suponer que enardecería los ánimos de la familia Bisceglie, procurando vengarse de los Borgia. Había que evitarlo a toda costa. Y César lo evitó a su manera. A Juan María Gazullo le hallaron muerto en los jardines de la prisión. ¿Cuándo acabaría la terrible plaga de los cadáveres inesperados? Después de la violenta desaparición de Alfonso, mi sentido religioso se acrecentó. Me gustaba rezar, aunque no tuve ánimo de hacerlo en el pequeño oratorio de santa Ana y santa Catalina, no fuera caso que las dos grandes benefactoras de mi padre me revelaran los secretos suyos. Como los cardenales del consistorio, también yo me negué a saberlos por si el conocimiento de los mismos me concedía el favor de viajar a la otra vida. Pero mediada la tarde pasaba largas horas en la penumbra de la capilla de Santa María in Pòrtico. Sentada en uno de los bancos tapizados de raso, murmuraba interminables oraciones que lentamente derivaban hacia un morboso adormecimiento. Así me encontró el aya del pequeño Rodrigo cuando vino a consultarme sus dudas domésticas. No le fue posible despertarme. Al principio le pareció somnolencia. Después hubo de considerarlo como patética actitud de quien camina hacia su fin a menos de recibir ayuda. Gracias al aya, me salvé. Por designio divino aborté aquel hijo que deseábamos napolitano. Hube de renunciar a él, tristemente. Desde mi pensamiento le abandoné en las playas de Bisceglie, lo mismo que el mar deposita sus algas en la arena de la orilla. Quedé destrozada. El apoyo de mi cuñada Sancha, sumida como yo en el desespero, no consiguió interrumpir mi llanto. Vino a mi memoria la ocasión en que, de regreso de sus bélicas aventuras, me pareció notar en César la preocupación de encontrar bien instalados en el Vaticano a sus enemigos los Bisceglie; los mismos que, en alianza con el rey francés, intentaba eliminar. Entonces me dije: «¿Cómo podría César vencer el amor de Jofre por Sancha, el de mi padre por mi hijo Rodrigo, el mío por Alfonso?» Pero mi hermano conocía los métodos para apartar los obstáculos de su camino. Y en seguida tuve la respuesta: haciéndolos desaparecer. Su Santidad se mantuvo al margen de los acontecimientos, se hizo el distraído, demostró una cierta solidaridad respecto a César. En nuestros escasos contactos mostróse indiferente, aburrido. Enemigo de las penas, se iba cansando de ellas. Dispuesta a no quebrar la concordia con mi padre, no pudiendo vivir donde la vida se me había muerto al desaparecer Alfonso, me levanté una mañana decidida a librarme de la angustia.

—Padre —le dije—, quisiera marcharme a Nepi.

—¡Excelente idea! —contestó demasiado alegre.

Escoltada por seiscientos jinetes, doncellas, servidores y, entre los brazos, mi niño Rodrigo y la decepción del aparente desamor del Papa, llegué a Nepi. Era agradable no forzar la atención en el trato del prójimo. Llorar si me placía. La naturaleza me acosaba desde cualquier ventana del castillo. Ardía el sol, pavorosamente quieto durante los mediodías. Chirriaban las cigarras en el fondo del barranco. Frente al bosque, mi corazón temblaba como un pájaro dispuesto a buscar entre los árboles restos de la antigua imagen de Alfonso, que estuvo allí conmigo. Un silencio amargo enhebraba mis noches. De pronto, acompañado de lo mejor de su ejército, llegó César. Triunfador, exuberante, cruel. A la fuerza hube de oír el relato de sus victorias, glorias, sarcasmos, malas intenciones. Después de cenar nos quedamos solos. Sirvióse un excelente vino color púrpura y vació la copa de un trago. Cruzó por mi mente la visión de dos cardenales desconocidos que, al vernos salir de la audiencia de Su Santidad en vísperas de mi boda, murmuraron refiriéndose al difunto Alfonso: «Ni su nombre ni su estirpe real podrán librar de un mal fin al heredero de Nápoles.» Para que tan acertadamente se cumpliera su premonición, ¿de cuántas muertes fueron verdugo aquellas manos asidas a la copa?

—¡Te he vengado, hermanita! ¿Me oyes?

—Sí —dije abstraída.

—Humillé y puse en fuga a tu impotente Sforza. Aterrorizado ante la inminencia de mi llegada, abandonó el castillo y la ciudad. ¡El cobarde caballero renunció a luchar! Parece que su destino es huir. Huir siempre. ¿Querrás creer que no recuerdo su cara? Le vi escapar incontables veces del Vaticano, de Santa María in Pòrtico, de Roma y de su hogar. ¡¡Tiene vocación de liebre!!

Las risas resonaron en el castillo. Lo poblaron de sobresaltos, de su vitalidad monstruosa, nutriéndose del mal. Sus carcajadas brincaban lo mismo que saltamontes entre el romero y la maleza. Olían a existencia vegetal. A las cenas tumultuosas del Esquilino servidas de erotismo. A las viñas pletóricas de sabrosa uva y algún capelo de cardenal luciendo en los rincones sombreados.

—Y dime, Lucrecia —su voz mordía al hablar—, ¿de verdad era impotente?

En el patio del castillo cantaban los soldados, bien comidos y mejor bebidos. Las canciones tenían letras obscenas, chispeantes. Hacía calor y la luna llena sacaba de la oscuridad el magnífico paisaje atestado de encinares y edificios medievales. Inclinado hacia mí, César se acercaba demasiado. Reconocí sus intenciones. Lamenté saberme entregada a sus poderes. Pero empezaba a cansarme de estar a la disposición de los Borgia. Me sublevé.

—Dime si Sforza era impotente —repitió—. ¡Quiero saberlo!

—Eso a ti no te importa.

El brillo de sus blanquísimos dientes a la luz de los candelabros me deslumbró. Recordé su fama de gran conquistador. ¿Cómo verían las mujeres al hombre que era mi hermano? Sentí curiosidad y le miré desde los ojos de ellas. Entonces César besó la punta de mis dedos. Luego la mano. Después el brazo.

—Por favor... —dije.

—Ese «por favor», ¿qué significa?, ¿rechazo o súplica?

—¿Cómo te atreves? ¡Acabas de matar a mi esposo! —le rechacé y él se acercó más.

—Tu esposo no ha existido. Sforza no ha existido. ¡Sólo existen los Borgia! ¿Todavía sigues sin comprenderlo, queridísima tonta?

—En nombre de los Borgia te ruego que no me fuerces. Por favor, César, somos hermanos.

—¿Hermanos? —de nuevo su risa, su atractivo desenfrenado, el relámpago de sus ojos, la secreta profundidad de sus seductores infiernos—. ¿De veras supones que Vannozza fue siempre fiel al Papa? ¿Quién puede asegurar que seamos hermanos? ¿Quién, di? Lo único cierto es que tú eres bellísima y joven. Pero nunca estarás segura de ser la Lucrecia que supones, ni yo de ser el César que supongo. El gran Rodrigo Borgia jugó y juega con nosotros. ¿Por qué renunciar a nuestra vida?

La hosca amargura de la voz se quebró de pronto. Separándose de mí, lentamente, aprisionó entre sus dedos, una a una, las llamitas de los candelabros. En la oscuridad oí sus pasos, acercándose. Tal vez eran fundadas sus sospechas. Tal vez no éramos hermanos. Tal vez.

—Por favor, César... —y no me hizo caso.

Al despertar encontré un papel en mi almohada. Leí: «El Papa te espera.» Mediado septiembre regresé a Roma. ¿Para qué me reclamó mi padre? Las ambiciones borgianas no se concedían descanso. Y entre sus múltiples tratados de expansión y conquista se incluían los sugestivos planes de mis futuras nupcias. Las dotes diplomáticas del Papa consiguieron cotas muy altas en mi tercera boda. Las llamadas a su despacho se hicieron constantes.

—Querida Lucrecia, debo comunicarte que el conde de Ligny solicitó el honor de casarse contigo. ¿Puedo comunicarle que accedes?

—No.

—¿Por qué? —protestó Su Santidad.

—Porque todos mis maridos acaban mal.

—¡Con alguien habrás de casarte! ¿No te parece?

Fue el principio de una serie de numerosas peticiones. Una tras otra, yo las rechazaba.

—¿Y qué me dices del duque Francisco de Gravina?

—Lo mismo: no. ¿Por qué habría de condenarle a muerte?

Mi padre se irritaba aunque, perfecto conocedor de la naturaleza humana, adoptaba actitudes resignadas, llenas de aparente mansedumbre. Llegué a sospechar que me daba nombres de escasa importancia, reteniendo los de su interés para el momento en que se resquebrajara la fuerza de mi decisión.

—Espero que te agrade Octavio Colonna.

—No, padre.

Obedecía prestamente sus llamadas, pero al acudir estaba segura de negarme a cualquier nombre. Colmado de paciencia, el Papa aguardó mi rendición. Había de suceder.

—Tu nuevo pretendiente, hija mía, es el hijo primogénito del duque de Ferrara.

—¿Cómo se llama?

—Alfonso de Este.

En seguida recuperé la memoria de la ya vieja tarde en que ambos conversamos. Las descaradas frases de una dama procaz confesando al oído de mi aya, Adriana Milá, su deseo de tener al joven en su cama. Las observaciones de mi difunto hermano Juan acerca de la nobleza y la enorme fortuna del culto caballero. Me agradó pensar en aquellos felices momentos. En la posible lejanía de una vida en Ferrara. En la nueva libertad junto a un hombre sacado de un recuerdo de mis quince años.

—¿Qué respondes, Lucrecia?

—Digo que sí.

—¿Cómo? —no consiguió reprimir la sorpresa.

—Que accedo, padre.

Y de esta sencilla manera consentí unirme a quien había de ser mi tercer y último marido. En realidad, estaba escrito.

BODA CON ALFONSO DE ESTE

Vestida con la pulcritud habitual, luciendo joyas elegidas por mi doncella y orgullosa de mis dorados cabellos tendidos en la espalda, cada mañana salía de mis habitaciones dispuesta a repetir el mismo itinerario. Por los corredores de Santa María in Pòrtico y después de cruzar la capilla privada del palacio, entraba en San Pedro donde, a través de una pequeña puerta, iba a parar a la Capilla Sixtina, definitivo acceso a los enrevesados pasillos y grandes estancias del Vaticano, que yo recorría ante el asombro de cardenales, obispos, sacerdotes, cargos y ayudantes de la Santa Sede, quienes me saludaban con respeto al verme pasar. Supongo que la mayoría de Sus Eminencias, hombres muy apreciables en cuanto a cultura, alcurnia, largos años de experiencia y una vida dedicada a la religión y la política de la Iglesia, no verían con buenos ojos que una frágil muchacha de poco peso y escasos diecinueve años supliera la autoridad del Papa ausente. Pero exactamente eso hacía yo en el despacho de la sala Borgia, aposentada en la silla del Sumo Pontífice. La costumbre de presenciar desde mi primera infancia los rituales vaticanos, el recibimiento de embajadores, las discusiones diplomáticas de los cónsules, las luchas legales sobre dominios o territorios, además de conciertos o separaciones matrimoniales desde el punto de vista jurídico, me facilitaron la tarea. Durante un tiempo mi poder fue absoluto y sentí su embriaguez. Caso de surgir alguna dificultad, a mi lado estaba el anciano cardenal Jorge Costa, a quien no se le resistía la solución de cualquier complicado problema. El cardenal solía decirme que le encantaba tener de vicepapa a una jovencita más espabilada que toda la curia reunida. Yo creo de veras que el amable anciano casi nonagenario resultó el único adicto a mis funciones de papisa. En realidad, el asunto pudo criticarse por quienes hacían de su vida un cúmulo de costumbres establecidas. A mí me pareció normal pues nací fuera de la ley y mi existencia, hasta aquel momento, seguía fuera de la ley. Tal vez, habituada a moverme en el caos, me sedujo la esperanza de formar parte de la familia de Este, un reino sometido a costumbres inamovibles. Cuando yo peteneciera a los Ferrara habría de acatar sus reglas y de veras me ilusionaba cambiar las frenéticas improvisaciones borgianas por la serena felicidad de la rutina. Comencé exigiendo a mi padre la clarificación de nuestras irregularidades familiares. El Papa se ausentó de Roma dispuesto a complacerme. Aquélla fue la razón primordial de su viaje pues hubo otra, secundaria, bien digna de las sutilezas de Su Santidad. Harto de los inacabables trámites necesarios a la celebración de las bodas, debido a la impertinente superioridad de los Ferrara, el Papa decidió demostrarles la categoría de su hija, confiándome la dirección del Vaticano.

—Este asunto, princesa de Salerno —señalaba el cardenal Costa—, merece mayor tiempo y consideración. Si dais vuestra conformidad, lo discutiremos mañana.

—Estoy de acuerdo con vos —accedí.

La mañana siguiente no lo discutimos. Cuando entré en el salón Borgia, mi padre ocupaba la silla pontificia a la que ya me iba acostumbrando.

—Querida Lucrecia —sonreía plenamente satisfecho—, quiero manifestarte mi profunda satisfacción por la sabia manera en que has atendido los asuntos y la justicia vaticanos. Indagué a fondo las resoluciones tomadas por ti y avaladas por mi consejero cardenal Costa. Ambos consideramos muy inteligente tu actuación. ¿Cierto, cardenal?

—Cierto, Santidad.

Cuando monseñor Costa salió de la sala, mi padre tomó una actitud distendida, lejos de la habitual prestancia de su cargo, y propicia a los intercambios de afectos familiares de cuyas manifestaciones tanto necesitaba. No obstante, más que esa clase de afectos yo deseaba cancelar mi pasado. Determinados recuerdos, por dolorosos o tremendos que fueran, mi voluntad conseguiría destruirlos. El problema estaba en las responsabilidades adquiridas o derivadas de mis actos que, indudablemente, no deseaba eludir. Entonces no era costumbre de las novias llevarse al nuevo hogar restos del pasado, posible enturbiador de felicidades futuras. Pero entre los restos del ayer, dos seres indefensos y entrañables reclamaban sus derechos. No sería yo quien se los negara.

—¿Lograste tus propósitos?

—Siempre consigo lo que me propongo, hija mía. Traigo el ducado de Sermonetta para tu pequeño Rodrigo de Aragón y Borgia, también duque de Bisceglie merced al favor especial del rey de España. Puedes quedar tranquila: Rodrigo es noble y muy rico.

—¿Te ocuparás de él?

—He nombrado tutor del niño a nuestro pariente Francisco Borgia, obispo de Cosenza. Nada le faltará. ¿Estás conforme?

Incliné la cabeza en sentido afirmativo, un tanto distante mi pensamiento en busca de palabras que no me atreví a pronunciar. Temía la reacción de mi padre, pero era necesario a mi tranquilidad saber el futuro de aquella criatura clandestina, de aquel enternecedor Infante Romano del cual el Papa y yo jamás solíamos hablar. Reuní todo mi valor y pregunté:

—Supongo que te acordarías del... otro, ¿verdad?

—¿Me crees capaz de olvidarle? —en su mirada leí una profunda reconvención—. Desde ayer, el niño Juan Borgia es Señor del ducado de Nepi y Palestrina. Por tanto, duque y heredero del resto de tus bienes. Espero haberte complacido.

—Sí —afirmé emocionada.

La luz fría y dispersa que entraba por la ventana adquirió la intensidad de un brillante rayo de sol que fue a caer sobre Su Santidad.

—Padre, ¿en qué piensas?

—*En la meua mare* —respondió en valenciano.

Al no encontrar ilación entre su madre y los asuntos de nuestro diálogo, le expresé mi desconcierto.

—No, Lucrecia. No es raro. Pienso en mi madre porque recuerdo mis paseos infantiles por las calles de Xátiva montado en mi jaquita blanca. A veces regresaba a casa acompañado de alguna pena y pedía: «Ayúdame, mamá.» En su regazo todo se resolvía. Mas si algún niño como yo se convierte en prohombre, ninguna madre le puede ayudar. Para el Infante Romano las circunstancias serán peores. Está privado desde la cuna de apelar a su madre. Es una criatura desvalida.

El Papa me conmovió. Abandonando su silla, vino a mi lado. No intenté eludirle. Un apretado nudo de afectos torrenciales nos martirizaba. Me abrazó con el ardor infinito de su fuego paterno. Paternidad rendida ante su única hija. Ante el fantasma del hijo asesinado y a quien seguía amando como en vida. Ante el audaz César en sus lejanías satánicas. Ante aquel niño inocente y escondido cuyo futuro nos preocupaba a los dos, uniéndonos en un afecto más carnal de lo aconsejable. El cúmulo de amores revueltos en el alma sin fronteras de Su Santidad, le impulsaron a besarme como un hombre enamorado. Suavemente le aparté. El Papa lloraba. Lloraba y me bendijo.

—*In nómine Patris, et Filii, et Spiritu Sancti.*

¿A quién bendecía? ¿A mí? ¿O a las pasiones suyas volcadas en mi persona, en un intento desesperado de perdón hacia sí mismo puesto que nadie le quería confesar? Le miré enternecida. Alejandro VI, ferviente piadoso, gran pecador, Papa y padre mío, ya no era el atractivo cardenal de mi infancia. Sobre todo y aun en contra de sus deseos, era un hombre anciano. Sentí honda piedad.

—Doy por sentado, padre —quise distraerle—, que habrás arreglado los documentos de modo que nadie impida al Infante Romano el goce de sus derechos.

—Le protegí bien. He suscrito una bula declarando, al niño, hijo de César y mujer romana. Asimismo suscribí otra bula posterior declarándole hijo mío y de mujer romana.

—¿Por qué dos bulas contradictorias, padre?

—Un mismo enemigo no ocupa dos flancos diferentes. Si atacan al Infante Romano por un lado, se salvará por el otro. Además, si es considerado hijo de César, no extrañarán que te ocupes de su educación siendo tía suya. Suponiéndole hijo mío, tampoco extrañarán que te ocupes de él como hermana. ¿Te parece bien, Lucrecia?

Me parecía bien en cualquiera de los casos expuestos, pero el Papa había omitido la tercera escalofriante posibilidad. Si identificaban a Juan Borgia como Infante Romano y a mí como la mujer romana, madre suya, yo no tenía escape, y la terrible palabra de «incesto» me estremeció. Aterrorizada preferí guardar para mí el pavor del posible estigma.

—Me gustaría saber —hablé fatigada— quién cuidará de Juan cuando yo esté ausente.

—Juan Borgia se quedará en el Vaticano bajo mi protección. Tu cariño por la criatura no es mayor que el mío. Debes confiar, Lucrecia. Sólo te exijo una promesa: nunca revelarás el nombre de sus padres. Causarías su ruina.

—Nadie lo sabrá, padre. Te lo prometo.

La sensibilidad del Papa respecto a los intereses de la Iglesia jamás cedía. Pese a sus preocupaciones por las guerras que asolaban Italia, los actos violentos de César cuyas barbaridades le llegaban de continuo y las preocupaciones de mi boda, mi padre encontró tiempo para llamar la atención del mundo católico al proclamar la censura eclesiástica hasta entonces inimaginable. Era hombre liberal, capaz de admitir cualquier desafuero a su persona, pero irritable y nada comprensivo con los ataques a la Iglesia de ciertas publicaciones, debido a lo cual creó una ley en su defensa.

—El cuerpo de la Iglesia es sagrado y Nos lo protegemos —sentenció.

Sin embargo, agredía cuerpos físicos, amándolos o destruyéndolos con su afecto irrazonado, la espada, el veneno, o los expolios de cargos o propiedades. Era un ser singular de reacciones singulares motivadas por la intensidad de sus múltiples pasiones. Así lo demostró humillándose voluntariamente, pese a su enorme poder, ante mi futuro suegro. Hércules de Este cayó insaciable sobre las riquezas borgianas en continua exigencia de donaciones económicas, favores eclesiásticos, cargos políticos, entrega de tierras y castillos. La avaricia de mi suegro ni siquiera me permitió vender mis joyas, exigiendo formaran parte de la dote. ¿Acabaría alguna vez la voraz codicia del reverenciado duque de Ferrara? El abuso dio fin cuando el Papa, harto de lo que podríamos llamar clara desvergüenza de la más noble casa italiana, insultó a los emisarios acusando abiertamente al duque de Ferrara de que se condujera como un vulgar mercader. Fue un auténtico saqueo, al cual se prestó mi padre con cierta amargura, decidido a retener mi futura felicidad. Cumplidos los trámites, los esponsales se anunciaron inminentes. César regresó a Roma y organizó una fiesta espectacular en honor de quienes acudían a la corte, venidos desde Ferrara. También a mí me invitó. Acompañada del Papa y de mi hermano, presidí la mesa. Los salones de César en el Vaticano rebosaban lujo y esplendor. La cena fue exquisita. Desde el principio reparé en la general curiosidad que yo despertaba. A los ávidos ojos forasteros no escapaba ningún detalle de mi costoso vestido, peinado, joyas, adornos de mis largos cabellos, ni tampoco mis gestos, ademanes, sonrisas, incluso inclinaciones de cabeza al saludar a algún conocido caballero situado demasiado lejos para dirigirle la palabra. «¿Quién será el privilegiado?», pensaban. Tuve la molesta sensación de hallarme vigilada. Pero aún era más palpable el morboso placer de buena parte de los invitados, al saberse disfrutando de una fiesta pagana en la sagrada intimidad del Vaticano, cuyo recinto ni soñaron frecuentar.

—¡Que empiece la música! —ordenó César.

Entonces algo inaudito dejó mi ánimo en suspenso. Al son de la música entraron en la sala alrededor de cuarenta mujeres que, ocupando el espacio libre, comenzaron a bailar. A primera vista se las podía clasificar de cortesanas de alta condición, pero cuando se les unieron, casi en igual número, los sirvientes de César, la orgía desencadenada las rebajó al peor de los niveles. En el colmo del estupor fui forzada espectadora del vergonzante espectáculo durante el breve tiempo necesario para reaccionar. Familiares, invitados y cardenales contemplaban alborozados la diversión. El Papa y mi hermano reían ajenos a mi presencia. Los lacayos derramaron en el suelo grandes cantidades de castañas, símbolo de la festividad de Todos los Santos. Las mujeres se desvestían entre viles carcajadas. Los trajes volaban por los aires. Ya desnudas, las cortesanas gateaban dispuestas a recoger los frutos esparcidos. El vino rebosante de las copas mojaba los manteles. Los invitados empezaban a desvariar. Abandoné la estancia soportando a duras penas la indignación. Traspuesto el umbral, lloraba de rabia corredor adelante cuando escuché la voz de César.

—¿Qué te ocurre, Lucrecia?

La ira me impulsó a golpearle. Mi hermano me asió ambas muñecas. Dijo furioso:

—¿A qué viene este desplante?

—¿Cómo te atreves a invitarme a una fiesta tan repulsiva? ¿Por quién me has tomado, César?

—¿Quieres que me ría, hermana? Poco puedes aprender de lo que veas. No te hagas la santa, por favor. Dos veces casada y, en ocasiones, licenciosa amante, ¿dónde está el perjuicio?

—¡En mi boda! Los ecos de esta fiesta llegarán a Ferrara. Mi suegro vigila cualquier desliz para impedir el matrimonio. ¿De qué sirve a mis adictos escribir al duque ensalzando las virtudes de su futura nuera, si mañana le llegan noticias de mi participación en esta orgía? ¡Estás loco, César! ¡Pero te aseguro que de un modo u otro, con la ayuda del Papa y tuya o sin vuestra ayuda, dejaré Roma para vivir a mi gusto entre la familia de Este!

También a César le interesaba que se llevase a cabo mi enlace. Dueño de la Romaña, pariente del rey de Francia, dominando la voluntad del Papa y rendidos a su voluntad los Estados de la Iglesia, su alianza con los Ferrara a través de mi futuro enlace le concedía un poder extraordinario. Nunca supe de qué medios se valió, pero en los correos de Italia llevando noticias de la insólita fiesta habida en el Vaticano, ninguno de los corresponsales mencionó mi nombre. Con razón, además. Porque yo no quise estar y, ciertamente, no estuve. Días más tarde me enteré de que uno de los invitados era enviado especial de mi futura cuñada. Me lo contó Adriana Milá, de nuevo en Santa María in Pòrtico, reclamada por mi padre para acompañarme a Ferrara. Los ojos de Adriana eran pura picardía al hablar.

—La marquesa de Mantua, tu futura cuñada Isabel de Este, anda inquieta con tu llegada a Ferrara.

—¿Por qué, aya? —la noticia me pareció inusitada.

—Allí está considerada la mujer más elegante de Italia. También presume de persona culta y, aun sabiendo que tú lo eres, no parece preocuparle. Lo que de veras la descompone es que vistas mejor.

—¿Y eso te parece inteligente?

—Lo es, Lucrecia. Por lo menos se dio cuenta de que la belleza impresiona de súbito y la cultura necesita sondearse. Ahora no respira ante el supuesto de que tu hermosura y elegancia la superen.

—¡Dios Santo! ¿Y cómo te has enterado?

—De manera casual y con astucia. Así supe que tu cuñada mantiene en Roma, desde hace años, un corresponsal encargado de tenerla al corriente de tus trajes, peinados y apariencia.

—¿Desde hace años? —me admiré.

—Cierto. Desde hace años. Imitándote ganó su prestigio, aunque nunca imaginó que su modelo caería en el centro de su reino. Al sentirse amenazada obligó al corresponsal a seguirte día a día, minuto a minuto, para saber los detalles de tu vestuario. En los orfebres, los comerciantes de tejidos, donde quiera que te proveas de artículos personales, el enviado de tu futura cuñada pide información. Incluso consiguió entablar amistad con tu modista —Adriana reía sin parar—. Apuesto que al llegar a Ferrara nos encontraremos con tu doble. No te extrañe.

Desde luego, no me extrañaba. Todo parecía confabularse contra mi boda. Tampoco me pasó inadvertido un hosco sentimiento de hostilidad. Casualmente me enteré del cúmulo de enviados anónimos de mi suegro, comisionados para mezclarse entre la plebe, los enemigos de los Borgia y también los amigos. Objetivo: rastrear al máximo cualquier asunto capaz de anular una boda propiciada por el influyente rey francés y aceptada de mala gana por los Este. Enterado Su Santidad, dejó abiertas las puertas del Vaticano a los ferrarenses, incitándolos a comprobar la vida austera de nuestra familia. En aquella época Roma entera debió de ser un inmenso despacho, donde innumerables caballeros escribían al desconfiado duque de Ferrara múltiples impresiones acerca de los Borgia. Nada sucedió capaz de justificar la ruptura y, finalmente, se puso fecha a la ceremonia.

—Querida hija —anunció el Papa—, hoy ha salido de Ferrara la cabalgata nupcial. Debes prepararte.

Y, en efecto, me preparé. Las damas que me ayudaron a disponer el equipo de novia quedaron extasiadas de los primores de mi ropa y ellas mismas difundieron la riqueza del ajuar. Doscientas camisas bordadas en oro y perlas, trajes de terciopelo, brocado, raso, guarniciones de perlas, tejidos de oro y plata, franjas de oro batido llenas de pedrería, hojas y flores esmaltadas, asombraron a pobres y a príncipes. Aunque no de estas intimidades, el pueblo romano pudo dar fe del boato y la magnificencia exhibidos en la cabalgata nupcial de los Este a su llegada a la ciudad. Verla desfilar bastaba para conocer la importancia de la gran familia en la cual iba yo a integrarme. Era el día 23 de diciembre, vísperas de Navidad. Apenas el alba acodó su tenue luz en los alféizares de Santa María in Pòrtico, un rumor de gentes somnolientas arrancadas del lecho antes de su costumbre, agitó la casa. Debíamos preparar la solemnidad. A la misma hora y en las puertas de Roma, arriba y abajo de los caminos de acceso, piafaban impacientes los caballos de la comitiva. En el momento oportuno llegaron a las afueras los maestros de ceremonia de Alejandro VI, y la cabalgata se puso en marcha. Encabezaron el desfile los hermanos Este, excepto el novio que, protocolariamente, aguardaba en su alejado feudo el privilegio de recibir a su futura esposa. Seguían los nobles, cardenales, obispos estenses, el embajador de Ferrara, el consejero ducal y un acompañamiento de hasta quinientas personas. En la plaza del Pópolo se encontraron con la espléndida comitiva del duque de Valentinois. Precedido de una extraordinaria exhibición de jinetes que mostraron la pericia de sus bien adiestrados caballos, apareció César seguido de ochenta alabarderos vestidos de negro y amarillo, los colores del ejército de Su Santidad. Les seguían, perfectamente uniformados, cuatro mil hombres de tropa, luciendo en el pecho y en plata la inicial de mi hermano. Oro, perlas y piedras preciosas cubrían el traje y la capa de César, montado en un bellísimo caballo blanco. Luego acudieron a recibir a los recién llegados el consistorio en pleno, diecinueve cardenales acompañados, cada uno, por doscientos servidores suntuosamente equipados. Los saludos y presentaciones duraron casi dos horas. A continuación, reunidas las comisiones, se dirigieron hacia el Vaticano. Al pasar el puente de Sant'Angelo atronó la artillería y el resto del camino sonaron gaitas y trompetas. Los romanos se echaron a la calle dispuestos a contemplar el brillante espectáculo y aplaudían entusiasmados haciendo votos en favor de la felicidad de la hija del Papa, demasiado castigada por el sufrimiento pese a su juventud. Lo que no se supo entonces fue la última recomendación de mi futuro suegro a sus comisionados.

—Apenas lleguéis —les dijo—, exigid al Papa el cumplimiento de los compromisos matrimoniales. Una sola omisión acerca de lo convenido y os mando regresar a casa sin la novia.

El duque de Ferrara era impertinente y tenaz. Yo no me mostraría impertinente, pero sí doblemente tenaz. Hércules de Este quiso librarse de una boda concertada por motivaciones políticas y yo hacía lo imposible para conseguir la celebración de aquel matrimonio. Nadie impediría mi alejamiento de Roma. Menos aún, que yo comenzara una vida autónoma de los Borgia. Mis veinte años me concedían el derecho a esa oportunidad. Mientras actué sometida a los sentimientos, de antemano fui vencida. Pero mi actuación razonada, fruto de la experiencia, me colocó a la altura de los oponentes. En la plaza de San Pedro se dividió la comitiva. Ciertas autoridades se despidieron. Otras entraron en el Vaticano para ofrecer sus respetos al Papa. Se dispersó el ejército. Una sabia comisión aleccionada por mi suegro vino a cumplimentarme. Al parecer me encontraron perfecta. Ese día y los siguientes, celebráronse fiestas, bailes y recepciones. El Papa seducía con su extraordinaria personalidad y encanto. César, naturalmente, levantó el humor de los jóvenes caballeros conduciéndolos a divertirse en compañía de las grandes cortesanas. Mi familia, cada cual en su estilo, me ayudaba a conseguir mis preciados ensueños. Casi inadvertidamente, llegamos a la fecha de la boda por procuración. Adriana Milá, como en mi primer enlace, ayudó a vestirme.

—¿Te parezco bien, aya?

—Bellísima, Lucrecia. Aunque te fatigas en vano. Tu futuro esposo no podrá verte.

—Pero se lo dirán, Adriana, se lo dirán. ¡Estoy rodeada de espías!

Vestida de terciopelo y brocado de oro forrado de armiño, acompañada de mis cuñados don Fernando de Aragón y don Segismundo de Este, seguida de cincuenta de mis damas y al son de trompetas, hice mi aparición en el recinto donde aguardaban cardenales, embajadores, obispos, senadores, nobles ferrarenses, invitados y el Papa. Conmovida recibí el anillo de mano de mi cuñado, don Fernando de Aragón.

—El muy ilustre señor Alfonso —dijo—, vuestro esposo, os envía por su espontánea voluntad este anillo matrimonial y yo, ilustrísima señora Lucrecia, os lo presento en su nombre.

—Y yo lo acepto —contesté emocionada— por mi espontánea voluntad y libremente.

Hice un esfuerzo tremendo para pronunciar las palabras de rigor sin temblarme la voz. Aquel anillo era promesa de muchas esperanzas. En un campo de vid, trigo y árboles frutales alimentados por la finura de las aguas del Po que rodeaban Ferrara, se erguiría el castillo de los Este, austero lugar donde yo desarrollaría hermosos años de doméstica cordura. Las Artes y las Letras constituían la única generosidad del avaro Hércules de Este, quien no ahorraba gasto en la protección de los artistas. Yo adoraba la música, la danza, la pintura, la poesía. Pero el hombre que en representación de mi marido colocó en mi dedo el anillo nupcial era primo de mi anterior esposo napolitano. Para colmo, también ambos maridos tenían el mismo nombre. Tanto Bisceglie de Nápoles como Este de Ferrara respondían al apelativo de Alfonso. El porvenir me abría de par en par sus puertas y, por ellas, se colaba de rondón parte del pasado. Necesitaría gran entereza para sacudirme de encima los recuerdos. De momento, salimos de la sala Paolina del Vaticano para celebrar en otras dependencias un espléndido banquete. Allí recibí regalos de valor incalculable y, a continuación, bailamos hasta el amanecer. De tal manera terminaron las celebraciones de mi tercera boda como, a la mañana siguiente, acabó el último día de 1501. También dio fin a diez años de mi vida vaticana. Las fiestas, no obstante, continuaron en honor de los ferrarenses y, en ellas, poco o nada me dejé ver.

—El motivo de este gran movimiento eres tú, Lucrecia. Deberías participar con mayor entusiasmo.

—Dentro de cinco días nos marchamos, aya. Me queda muchísimo por hacer.

Nada menos que empaquetar una década de mi existencia resumida en montones de trajes, objetos de oro, vajillas de plata, muebles, joyas, alfombras y tapices. Era lo único visible de diez años repletos de algo infinitamente más íntimo y precioso. El hecho de empaquetar mis pertenencias me enfrentó al pasado. Solitaria y melancólica, me asomé a la ventana del salón de recibir, tratanto de recuperar la vieja tormenta sobre la plaza de San Pedro mientras Sforza me confesaba su inmediato viaje a Pésaro. O a esa otra ventana desde la cual quise ver el fantasma de mi hermano el duque de Gandía, gritando sus lamentos en las Torres Borgia. O aquel otro ventanal brillante de luz que mi esposo Alfonso oscureció corriendo las cortinas antes de maravillarme con su espléndido y joven amor. También me asomé a la galería de honor llena de claveles y geranios. Observé el vuelo de las palomas, descendientes de aquellas cuyo zureo me emocionaba. Por los corredores de Santa María in Pòrtico, mientras los invitados a mis esponsales se divertían lejos del palacio, caminé de puntillas en pos de la ruta del ayer. Como si aún fuera posible sorprender los encuentros clandestinos de mi padre y Julia Farnesio, la novia de Cristo. O las discusiones del Papa, César, Juan y yo misma, gritando nerviosos palabras valencianas perfumadas de azahar. Me sentí desfallecer delante del tapiz donde, abrazada a Perotto llena de pánico, vi pasar a Su Santidad, airado y arrogante, precedido de sus criados manteniendo en alto los candelabros de velas llameantes. Después, levanté apenas los pesados cortinajes de la habitación maldita. Angustiada, descubrí a la pareja con idéntica claridad que entonces. A Juan y a mí. La sorpresa de antaño haciéndome temblar. Haciéndole temblar a él, el fatal desbordamiento de su pasión. Impresionada, regresé a mi dormitorio. Allí me asaltó el recuerdo del amor titubeante de Sforza, inhibido frente a mi niñez. El montaraz cariño de Perotto. El delicado afecto de mi hermano Juan. El corrompido atractivo de César. El romántico y a la vez realista sentimiento de Alfonso. La volcánica pasión que jamás confesaría y tanto me turbaba, pues dejó la imborrable impronta del Infante Romano. ¿Qué ocurrió para ser invadida de quienes pretendían guardarme? Tratando de comprenderlo, mi razón desvariaba. Me hubiese despedazado las entrañas con tal de descubrir el misterio de aquella posesión. Extrañamente, no me sentí injuriada sino querida por los varones que dispusieron de mí en días de inocencia. ¿Quizá influyó en los hechos la facilidad de tenerme en casa? ¿O el atractivo de mi cuerpo los incitó a la acción?

—Lucrecia —llamaron a la puerta—, ¿vienes a cenar?

—Prefiero dormir, Adriana.

Despacio comencé a desnudarme. La lentitud voluntaria pretendía detener el tiempo hasta conseguir retrocederlo. Abrí las puertas del mueble forrado de espejos. Una a una, me quité las prendas. Las dejé caer sintiendo el peso de las horas vividas. A medida de aliviarme de su disfraz, crecía la necesidad de reconocerme. ¿Quién era yo? Los ojos intentaban conseguir la visibilidad del alma. Los velos de la imposición fueron cayendo y, finalmente, me contemplé libre de influencias. En la superficie azogada descubrí una mujer bellísima, fina como una gacela, blanca lo mismo que el nácar, irisada de juventud, cabellos de oro reflejando el menor átomo luminoso, ojos azul celeste de interminables horizontes, estilizadas manos y pies de niña. Sonreí sin querer. Una hilera de dientes deslumbrantes idénticos a los de César acabó por hacerme disculpar a quienes me sedujeron. Sin embargo, ¿por qué, antes de seducirme, no consideraron mi derecho a decidir? Apagué las velas y me tendí en la cama llevando el mismo camisón que durante la visita de Juan en mi oratorio. Aquella noche, en el secreto de mi alcoba, concedí audiencia privada a cuantos me habían impuesto su amor. Los recibí en la gran sala de mi pensamiento con el deliberado propósito de analizarlos. Pese a la diversidad de sus recordadas caricias, uno tras otro fueron despedidos sin contemplaciones. Y no les perdoné me hubieran hecho creer que la esencia del amor residía en la obediencia cuando, en realidad, era seducción y negativa, conquista y ofrecimiento, entrega incontrolada y el riesgo absoluto de ganar o perder a cada intenso y fantástico minuto. Exactamente lo que representó para mí durante apenas dos años aquel desgraciado muchacho de fina estampa, moreno y romántico llamado Alfonso de Aragón, duque de Bisceglie y príncipe de Salerno.

Era el 6 de enero de 1502, último de mi existencia en Roma. Día que, por cierto, no tuvo principio, pues avanzó en vano entre la persistente oscuridad. En las habitaciones particulares de Santa María in Pòrtico se mantuvo vivo el fuego de las chimeneas a lo largo de la fría noche. Los troncos crepitaban simulando el pálpito de un corazón desacompasado. El humo de la leña aromaba el aire y las llamas relucían en el centro del hogar como una rosa enardecida. Inquieta por el retraso del amanecer, me asomé a la ventana. El cielo estaba cubierto con la cerrazón propia de las tempestades. De su techo sumergido en el infinito descendían montones de blanquísimos ampos, rítmicos, interminables. ¿Cuántos quedaban por caer? Mientras los romanos dormían ajenos al milagro, la nieve nos invadía por sorpresa. El silencio se hizo oír. También silenciosa, di comienzo a una de las jornadas más penosas de mi existencia.

Pasé muchas horas dando órdenes, ultimando asuntos, explicando a cada quien sus atribuciones, enviando en todas las direcciones de la ciudad notas de adiós o reclamaciones. Ayudada por Adriana, me vestí de acuerdo a tan largo viaje. Luego mandé que me sirvieran el almuerzo muy cerca del rincón donde aprendí a bordar cuando apenas tenía once años. Fue mi última comida en el palacio. En la cercana galería de honor ninguna paloma batía sus alas. Tampoco escuché sus amorosos arrullos. Al cabo de los años repletos de espantosas experiencias, continuaba ignorando el lugar de sus albergues nocturnos. Probablemente no lo averiguaría jamás. Sin embargo, en alguna parte se resguardaban para dormir o, como en aquella mañana, huyendo de la nieve. Era lógica su ausencia ante el repentino frío. Lógica mi sensación de creer que desertaban en el momento de mi adiós. El mayordomo entró a comunicarme:

—La señora madre de Su Ilustrísima acaba de llegar.

Con todas las alas de las palomas ausentes, salí corriendo a su encuentro. Hacía tiempo que no me visitaba. La vi aparecer al fondo del corredor. Avanzaba tan majestuosa como siempre. Vestida de terciopelo negro, erguida, más negros que el traje los cabellos, las manos resguardadas en pieles blancas y el signo de los años grabado en su rostro de emperatriz mantuana, consiguieron conmoverme. Y no por verla, sino porque dejaría de verla.

—¡Madre! —me abracé a su cuerpo envejecido.

—Querida Lucrecia, hija mía tan amada...

La conduje hasta la biblioteca. Allí nos miramos largo rato en un mutuo reconocimiento silencioso. Luego nos hicimos incontables preguntas a sabiendas de que, tal vez, jamás volveríamos a encontrarnos. Las llamas del hogar animaron su hermoso rostro de rubores juveniles.

—Pareces una muchacha, madre —acaricié sus amadas y fláccidas mejillas.

—Pareces una criatura, Lucrecia —se le rompió la voz con la carga de tantas emociones.

Aparté la mirada para dominar el llanto. La nieve seguía cayendo y el silencio de Roma continuaba. Los ampos eran más endebles, menos copiosos. Quizás cesarían antes de mi partida.

—Fui tan feliz en la viña del Esquilino... —la colina resbalaba por mi alma suavizando la nostalgia con su alegría.

—También yo.

—Quiero pedirte un favor.

—Dime.

—Ahora entrarás en las habitaciones de tus nietos. Tú

sola. Acabo de verlos y repetir la despedida me transtornaría demasiado.

—Te duele, ¿verdad?

Entre las dos se alzó el recuerdo de nuestra antigua separación, cuando mi padre decidió llevarme consigo. El olor de la huerta, la luz recostada en los árboles, las constelaciones brillando en el cielo de una silvestre felicidad nos inundaron desde la misma memoria. Pedí a mi madre disculpas por no comprender entonces la enorme desolación de su abandono. Ella me ofreció su tardía angustia al no luchar por conservarme a su lado.

—Te suplico que veas a los niños regularmente. Que los vigiles. Que andes alerta a sus necesidades. Que... —suspendí el habla con la voluntad de reprimir los sozollos.

—¿Qué, Lucrecia?

—Que les hables de mí —confié angustiada—. No quiero que me olviden. Diles que no los abandoné por gusto. Y que...

—Y que la vida es así, ¿verdad, hija?

Me abracé a ella. Vencida. Destrozada. La puerta detrás de la cual estaban las dos criaturas prendidas a mi destino se abrió para permitir la entrada a Vannozza Cattanei, viuda de Doménico d'Arignano, viuda de Giorgio da Croce en segundas nupcias, actual esposa de Carlo Canali y, de siempre y hasta siempre, amor del alma de Alejandro VI, Papa y padre mío. Nunca la volví a ver.

—Su Santidad la espera.

—En seguida voy —anuncié al emisario.

Como pude me deshice de las vocecitas infantiles, la alegría de encontrarse a la abuela, las risas entrechocando al hablar, las palabras de mi madre y de las respectivas ayas, tratando de calmar la vivacidad de los pequeños. Por última vez me vestí en el dormitorio perfumado de amores fallecidos, con la impresión de estar amortajándome como en la noche de mi primera boda. Desde la ventana contemplé las cercanías de los techos vaticanos. El lento deshacerse de la nieve tejas abajo, a las primeras caricias del sol calentando la mañana. Las flores invernales erguían sus inclinados tallos al librarse del peso de los ampos. En la próxima primavera los jardines del Vaticano reventarían de esplendor. Su perfume nunca llegaría a Ferrara.

—El Papa aguarda, Lucrecia —me recordó Adriana.

Vestida de seda roja, adornos de armiño, un manto de brocado y sombrero de pieles, me dirigí a la sala del Papagayo. Atravesé Santa María in Pòrtico, muy conmovida. Al cruzar la Capilla Sixtina dejaba atrás una década repleta de increíbles experiencias, conjuntados el odio y el amor, la esperanza y el desespero, el bien y el mal abrazados con el mismo furor que la vida y la muerte. Finalmente, los soldados de Su Santidad, viéndome llegar, abrieron de par en par las puertas de acceso a la estancia de las grandes recepciones. En el magnífico esplendor de su excelso cargo, mi padre ocupaba el trono pontificio. Rara vez desplegó mayor boato que en la ceremonia de mi despedida. El Sacro Colegio Cardenalicio estaba presente, además de ciertos organismos de la Curia Romana. Los altos cargos de la Iglesia no me intimidaban y avancé ingnorándolos, consciente de ser la hija del poderoso Papa, mitad dueño del orbe católico, mitad representante del orbe celestial, único mandatario del más allá en la Tierra. Ninguno de los distinguidos espectadores dudaron que, al apartarse, dejaban paso a la persona más amada por el corazón de aquel viejo león herido llamado Alejandro VI. Mi atención se fijó en el cojín donde me senté tantísimas veces, mientras, atenta a las audiencias del Papa, iba aprendiendo la vida. Sumida en grave silencio caminé hasta hincarme de rodillas a los pies de Su Santidad. Mi profundo recogimiento y el trastorno de mi padre al verme, desalojaron la sala. Nos dejaron solos. En el amplio vacío me sentí infinitamente pequeña.

—Llegó el momento, Lucrecia.

—Santidad... —besé su sandalia con fervor.

—¿Por qué lloras?

—No me gustan las despedidas, padre.

—¿Todo arreglado?

—Todo menos el dolor de esta separación.

—Para ese mal no existen bulas ni documentos. La mano del Papa no alcanza a dominar los sentimientos humanos. Deberás aprender a sujetarlos por ti misma.

—Ya me voy acostumbrando, padre.

Sonó a vencimiento, a resignación, a pena avergonzada. Toda mi infancia, quizá la suya, desfiló entre ambos. Los amados muertos ocuparon el espacio que nos separaba, hasta hacerlo irrespirable. Era imposible mencionar hechos repudiables, a menos de romper la dignidad que aún conservábamos. Sin el impulso de mi padre yo no hubiera cometido ciertas culpas, pero el cariño que le profesaba me impedía reprochárselo. Además recordaba la atracción de lo prohibido y el placer que yo sentí al participar involuntariamente. Observé conturbada a mi padre frente al ocaso de su gigantesca personalidad. Tuve la intuición de que nos despedíamos para siempre. Dije:

—Pido humildemente a Vuestra Santidad el perdón de mis pecados y la bendición apostólica.

—Nos te perdonamos y bendecimos.

Después me hizo sentar en el solio pontificio. En el colmo del asombro le vi arrodillarse a mis pies. Mi corazón palpitaba desbocado.

—¿Qué haces, padre?

Extrañamente conmovido le temblaba la barbilla. Apenas entendí sus palabras.

—Lo mismo que tú, Lucrecia. Pedirte perdón por las faltas cometidas al respeto que te debía. Estoy desolado. Necesito explicarte que jamás te ofendió el Papa, sino este hombre incontrolable que ruge como una fiera salvaje dentro de la jaula de la religión. Mi fe es grandiosa. Mis pasiones humanas, excesivas. Mi lucha, desesperada. ¿Podrás perdonarme, hija mía?

—Por favor, Santidad...

La estancia era enorme. Bellísima. La imaginé embalsamada por la nieve que, a buen seguro, cubriría sus techos. Al otro lado de la puerta cerrada de la sala, cardenales y sacerdotes estarían preguntándose el posible tema de una conversación de casi una hora. Aunque mucho imaginaran, no acertarían. ¿Cómo iban a suponer que aquel ante quien se arrodillaban los reyes, estaba postrado a los pies de una jovencita? La intensa turbación del momento se interrumpió con la llegada de César. Al instante surgieron recomendaciones, órdenes, consejos, promesas, en la musical suavidad de nuestro valenciano. Las puertas quedaron abiertas, pero no cabía el temor de ser entendidos. No tardaron demasiado en venir mis cuñados a buscarme. César explicó al Papa los pormenores de la partida. El viaje era largo en tiempo y en distancia. Me llené de congoja al pensar en lo que allí dejaba.

—Hazme saber tus necesidades o lo que te haga ilusión. Pídeme lo que quieras, hija mía. Complacerte será mi único consuelo.

Ya en el corredor, caminando entre César y mi cuñado el cardenal Hipólito, todavía escuché las últimas recomendaciones de Su Santidad.

—*Escriu-me cada dia, filla meua! Escriu-me tots els dies!*

Acababa de oír por última vez la voz de mi padre. Nunca nos volvimos a ver. Jamás regresé al Vaticano, sede del mundo católico y domicilio de una niña bastarda llamada Lucrecia Borgia y Cattanei, hija del Papa y de mujer casada.

En la calle esperaba la cabalgata de viaje. Caballos, mulas, soldados y la cobertura de los carros estaban salpicados de lunares nevados, pequeños copos que caían con mayor lentitud y menos arrebato. Reconocí mi caballería por su gualdrapa de terciopelo violeta y adornos de plata labrada. Al montar en ella acudieron a escoltarme mi hermano César y mi cuñado el cardenal Hipólito de Este. Detrás seguían mis otros dos cuñados don Segismundo y don Fernando, además de mi tío el cardenal y obispo de Cosenza Francisco de Borgia, tutor de mi niño Rodrigo de Aragón. El resto de la comitiva la formaban embajadores, obispos, nobles, escuderos, mi corte de damas, doncellas y ciento cincuenta carros llevando mis bienes. El frío y la nevada apagaron los colores de Roma. Todo se uniformó de gris. En el vacío de la atmósfera resonaban las palabras, el piafar de los caballos y cualquiera de sus relinchos. La única señal de vida cálida la dio mi padre al seguir la marcha de la cabalgata, yendo de una ventana a otra del Vaticano, prolongando la penosa despedida. Se le estaba marchando su única hija. Falleció de muerte natural su hijo Pedro Luis, primer duque de Gandía y hermanastro mío. Le asesinaron a su hijo favorito Juan Borgia, segundo duque de Gandía. Y no tardaría en regresar César Borgia, el único hijo que le infundía pavor. Cuando dejamos de vernos, se apagó en mi espíritu la candela afectiva del apasionado Papa y la tarde cayó de nuevo en su monotonía. Imaginé la desolación de mi padre vagando como alma en pena por las inhóspitas estancias vaticanas. Desolación equiparable a la mía mientras atravesaba las calles romanas, puertas y postigos cerrados, ningún transeúnte, todos, quizá, arrimados al fuego del hogar. Los cascos de los caballos resonando en el suelo, no despertaban la curiosidad de sus habitantes. Nadie salió a despedirme y aquello aumentó mi malestar. Abandoné la ciudad con el cuerpo y el alma helados. No volví la cabeza al pasar delante de Santa María in Pòrtico. Tampoco miré la iglesia de la plaza del Pòpolo, donde estaba enterrado mi hermano Juan. La comitiva ni siquiera se acercó a Santa María de las Fiebres, sepulcro de mi asesinado esposo Alfonso de Aragón y Bisceglie, pero yo supe muy bien cuándo le dejamos atrás. Le dije adiós con un sollozo reprimido. En el puente Milvio se despidieron de mí los embajadores. Y deshecha, desmoralizada ante el cúmulo de tantas despedidas, me enfrenté, al fin, a la campiña. Cada adiós revoloteaba en la niebla de mis lágrimas. Tuve la premonición de que la imagen de mi casa me seguiría dondequiera que fuese. O bien la arrastraría penosamente como en aquel momento. El campo ofrecía un aspecto melancólico, sin color ni resonancia. Tuve la impresión de que asistía a mi propio entierro. Vino a despedirse el embajador ferrarés. Llegada la noche, César nos dijo adiós.

—Hermana, iré a Ferrara. Vigilaré que en tu nueva familia te traten bien.

Desde lo alto de mi caballo contemplé la tremenda seducción de aquella energía que afloraba a la piel del rostro. El imán de sus ojos renegridos, el brillo de sus dientes, la severidad española del traje oscuro y los rizos de sus cabellos negros. Tenía idéntico atractivo al de la noche pasada en Nepi. No obstante, dramáticos signos de perversión rayaban sus bellas facciones. Y vi claramente, como al trasluz, el odio de su cara al decretar la muerte de Juan Borgia, de Alfonso de Aragón y de una veintena más de personajes que se le achacaban. La comitiva estaba pendiente de nosotros y hube de guardar para mí el resentimiento.

—Buen regreso, César —concluí.

Pasadas un par de horas, mi cuñado, el cardenal de Este, confirmó su particular necesidad de volver al Vaticano. Continué el camino en compañía de mi querido tío Francisco de Borgia, mis dos cuñados, don Segismundo y don Fernando, Adriana Milá, mi prima Ángela Borgia y el consejero de mi suegro. Cenamos y dormimos en Castelnuevo di Porto. A pesar del agradable calor de la chimenea y los exquisitos vinos y manjares que nos ofrecieron, la noche se hizo larga e insostenible con las tiernas imágenes de mis pequeños surgidas en la oscuridad. A la mañana siguiente reemprendimos el itinerario: Civita Castellana, Narni, Terni y Spoleto. Los agradecidos habitantes de Spoleto salieron a mi encuentro con grandes muestras de regocijo y prepararon mi descanso en las antiguas habitaciones de gobernadora. La entrada al castillo me produjo intensa emoción. El hecho de ver el patio, la galería, el pozo y las torres, inamovibles donde las hallé la primera vez, resaltó la ausencia de mi anterior esposo, Alfonso de Aragón, quien me acompañó a Spoleto.

—Adriana —confié a mi aya al proseguir el viaje—. Quisiera haber llegado.

—¿Tan impaciente estás?

—Tanto me duelen los recuerdos.

—Es malo dejarse arrastrar por los recuerdos. Pertenecen al pasado, Lucrecia. Y el pasado no es posible resucitarlo. En Ferrara te aguarda una buena lucha. Allí no serás la niña mimada del Papa. Quizá se muestren hostiles contigo. Los de Este forman una familia numerosa muy unida. Tu condición de esposa del primogénito te coloca en un puesto privilegiado que no te cederán fácilmente. Tu obligación no está en recordar, sino en atender los sucesos del día. Quizá luego te sean útiles.

—¿Ocurre algo que yo deba saber?

Adriana Milá contuvo la risa. Dijo:

—¿Te acuerdas del religioso que escribía a tu cuñada desde Roma? ¡Viene en la caravana!

—¿Y eso qué importa?

—Cada dos días el Prete, nombre familiar de Nicolás de Correggio, manda un soldado de los Este al encuentro de tu cuñada Isabel y le entrega largas cartas explicándole lo descubierto acerca de ti. Pero si él es espía, yo también los tengo. Cuando tú sales del dormitorio, el Prete consigue entrar y husmea tus prendas de dormir. En la última carta le explicó a tu cuñada que debía desconfiar de ti, pues eres persona muy astuta y de gran talento. También daba noticias de la belleza de tu prima Ángela y que la negra Catalina, vestida y enjoyada como una princesa pese a ser sirviente, era quien arrancaba mayor admiración. Créeme, Lucrecia. Cuando llegues a Ferrara, tu cuñada no necesitará hacerte ninguna pregunta: lo sabrá todo.

Dejamos atrás Foligno, Nocera Umbra, Gualdo, Tadino. Finalmente salimos de los Estados de la Iglesia y penetramos en territorio del duque de Urbino. Cerca de Gubbio vino a recibirme Isabel Gonzaga, esposa del duque de Urbino y hermana del marqués de Mantua, a su vez casado con mi cuñada Isabel de Este. La duquesa estuvo, por motivaciones políticas, muy amable conmigo. Nos llevó a su palacio, dejándome dueña del mismo durante un par de días. La duquesa y los suyos se fueron a descansar al campo. La segunda mañana seguimos el viaje. Después vino a decir adiós el cardenal legado Francisco Borgia, tutor de mi niño Rodrigo.

—Eminencia, os lo suplico. Preocupaos por mi hijo como un auténtico padre. Es huérfano. Y ahora, al impedirme las costumbres que lo lleve conmigo a la casa de mi nuevo esposo, también se quedó sin madre. Cuidad de mi pequeño, por favor.

—Primero ha de ser su vida que la mía, señora.

Quise hacerle innumerables recomendaciones. La emoción me cortó el habla. Antes de poder pronunciar una palabra, la comitiva se puso en marcha. Francisco Borgia se mantuvo inmóvil sobre su brioso caballo. De repente, dio la vuelta y desapareció rumbo a Roma envuelto en nubes de polvo. Al cabo de varias jornadas, mi tío el cardenal gozaría del placer de ver a mis hijos. De súbito recordé los consejos de Adriana y apagué la memoria del pasado con un soplo de voluntad. Desde alguna parte me estaría observando el espía de Isabel de Este. Tampoco hacía falta ir tan lejos. La misma duquesa de Urbino, tendida a mi lado dentro de la lujosa litera obsequio de mi padre, tomaría nota mental de los hechos. La caravana había engrosado al añadirse el séquito de la duquesa. Juntos llegamos a Cagli, ya de noche. Al siguiente amanecer estuvimos en Urbino. Allí nos recibió el duque Guidobaldo de Montefeltro, a quien yo conocí en Pésaro y Roma. El duque nos preparó dos días de efectivo descanso en su palacio, amenizados con fiestas dadas en mi honor. Entonces recibí gratas noticias de mi cuñado el cardenal Hipólito. Me envió unos valiosos brazaletes acompañados de un escrito en el cual me participaba la belleza, la tranquilidad y el encanto de mi pequeño Rodrigo a quien tuvo el placer de contemplar mientras dormía. ¿Qué haría el Infante Romano? El pobrecito Juan, por no considerársele hijo mío, no era merecedor de interés ni de la más escueta de las cartas. Al amanecer del tercer día de nuestra llegada, emprendimos la ruta y al pasar por la Romaña me saludaron los hombres de César, dueño de la región.

En Pésaro el cielo se había nublado. Una espesa y glacial lluvia difuminaba el perfil de la ciudad. La contemplé reviviendo mi primer viaje cuando, acompañada de Adriana Milá y Julia Farnesio, llegué a Pésaro en busca de mi primer esposo, Juan Sforza. La tempestad de entonces nos llevó velozmente al lado de la chimenea encendida en nuestras habitaciones. ¿Sería la lluvia precursora de las lágrimas y el dolor que después soporté? La cinta del mar tenía el color de las perlas grises, brillante y satinado. Después de las damas, se acercó a saludarme mi antigua doncella española Lucrecia López, a quien yo arreglé el matrimonio con el médico pesarés Ardizi.

—¡Cuánto celebro verte! —dije, al cabo de siete años de ausencia—. ¿Todo va bien?

A los ojos de mi antigua doncella afluyeron repentinas lágrimas.

—¿Tienes problemas con Ardizi?

—¡Oh, no, señora!

—Pues ¿qué te ocurre? ¡Debes contármelo!

La duda avanzaba y retrocedía. La mantuvo temblorosa un momento. Después se decidió.

—Dos veces expatriada; estoy muy sola, señora.

—¿Dos veces? —reclamé extrañada.

—Expatriada de mi patria, de España.

—¿Y cuál es la otra expatriación?

La joven inició un pequeña reverencia y dijo tímidamente:

—También estoy expatriada de vos, señora. Sois mi segunda patria. Acababais de cumplir quince años y ya no os volví a ver.

Agarró mi mano y, al besarla, la llenó de lágrimas.

Le hablé con suavidad.

—¿Amas al médico Ardizi?

—Sí, mi señora.

—Pues entonces agradece a Dios ese refugio y acuérdate de que allí donde se encuentre tu esposo estarán reunidas todas tus patrias.

Quienes me conocieron condesa de Pésaro, tuvieron que llamarme duquesa de Ferrara. Las damas prepararon un baile para mi diversión y entretenimiento. Los moradores de palacio y la mayoría de la comitiva acudieron a la fiesta mientras yo me quedaba en compañía de Adriana Milá para lavarme el cabello. Que yo no asistiera al baile no ofendería a nadie, pues Pésaro pertenecía a mi hermano, por tanto estaba en casa de César. En cambio, bailé en Rímini, llamando la atención de mi cuñado Fernando, fascinado por mi traje de terciopelo negro, dibujos en forma de aspa, una cinta de seda blanca alrededor de la cintura y, en los cabellos, redecilla de oro con un diamante caído en la frente. El gozo de merecer el aplauso de Fernando, representante de mi nueva familia, se acabó pronto. Hasta la comitiva nupcial llegaron los rumores de que el capitán de la República Veneciana, don Juan Bautista Caracciolo, me buscaba para raptarme. César le robó la novia, llamada Dorotea, mientras se dirigía a celebrar sus bodas. Jamás fue encontrada y, al raptarme, el capitán pretendía vengarse de mi hermano. La tranquilidad adquirida al estar alejándome cada vez más del clima y los terrores borgianos, se desplomó ante el supuesto de que ninguna distancia me libraría del odio a los Borgia. El escalofrío de la noticia me duró la noche entera. Cualquier ruido desataba mi pánico y ya me tenía por raptada, sujeta a las peores ignominias. Juan Lucas Castillani y Ramiro de Lorca vinieron a consolarme.

—Señora duquesa —hablaron con infinito cuidado—,

debéis desechar vuestro temor. El capitán Caracciolo no conseguirá raptaros. Es imposible. Necesitaría dejar sin defensas militares la República de Venecia, cosa inaudita, para triunfar sobre las mil personas que vigilan vuestra comitiva, sin contar las tres escuadras a caballo del gobernador de la Romaña y los acompañantes de la duquesa de Urbino. Nosotros estaremos alerta, pero estoy seguro de que al ver vuestras defensas, el capitán veneciano renunciará al ataque.

De momento me calmé, perdiendo de nuevo la serenidad cuando, al llegar la noche, tuvimos nuevas noticias. Caracciolo estaba cerca y avanzaba hacia el cortejo. Pasé del pánico al terror. Alguien, más aterrorizado que yo, puso en pie de guerra a los habitantes de Rímini. En la ciudad se vivió una jornada de constante confusión, alerta a la menor señal de peligro. Llegamos al anochecer sin producirse ninguna alarma. En cambio regresaron los enviados a las ciudades donde surgieron los rumores del proyectado rapto. Todos con las mismas noticias: a Caracciolo nunca le vieron en Rávena, ni en Cervia, ni en los pueblos circundantes.

—Mi señora duquesa, podéis estar tranquila.

—Entonces, ¿de quién habrá partido esa fantasía?

—De alguien deseoso de inquietar o bien Caracciolo tuvo de veras intención de atacarnos y desistió al enterarse de la buena protección que lleváis.

Resuelta la tensión, dormí profundamente. Ni siquiera recordé haber soñado. Por la mañana reemprendimos la marcha. El largo viaje tenía un término bien definido: el 2 de febrero, veintisiete días después de haber salido de Roma, nos esperaban en Ferrara. Ese tiempo era corto para olvidar una vida anterior llena de graves acontecimientos y, además, transformarse en criatura nueva e ilusionada con esperanzas de doméstica felicidad.

Absorta en los espantosos avatares que no cesaban de martirizarme, pasé por Cesena, Forli, Faenza e Imola, límite de las posesiones de mi hermano. En Cesena me saludaron niños vestidos con los colores del Papa, negro y amarillo. En Forli, niños acicalados de blanco y morado, colores de César. Y en Imola, final de las tierras de mi hermano, los niños vestían mis colores, amarillo y violeta. Al terminar enero, nos acercamos a Bolonia. Los hijos del señor de la ciudad nos aguardaban tres millas antes. En Bolonia apareció el majestuoso Juan Bentivoglio, quien se vanagloriaba de ser descendiente del rey Federico II. Después de los saludos protocolarios, entré en la ciudad en su compañía y la de sus vástagos, Alejandro, Hermes, Antongaleazzo y su primogénito Aníbal, yerno de mi suegro. A las puertas del palacio me recibió Ginebra Sforza, tan arrogante como su marido y, a juzgar por el entusiasmo demostrado, sin recordar que era tía de mi divorciado esposo Juan Sforza. Estuvimos allí poco tiempo, pero suficiente para inquietarme con los rumores de que Juan Sforza tramaba vengarse de aquel divorcio culpable de lanzar por Italia la humillación de su impotencia. Pretendía arruinar las fiestas de mi llegada con un variado ramillete de calumnias. Las amenazas no se cumplieron y a mí me pareció normal pues en el escaso tiempo que estuvimos casados, Sforza se dedicó a su deporte favorito: huir de mi presencia. El último día del mes dormimos en la casa de campo de los Bentivoglio. Se trataba de una hermosa mansión con los muros adornados de rosales trepadores. El lema del dueño campeaba en las generosas ventanas: «Por amor quiero sufrirlo todo.» Leerlo confortaba el ánimo, tanto como las chimeneas, cargadas de leña, el cuerpo aterido. En seguida nos apresuramos a preparar el descanso nocturno, disfrutando antes de un buen rato junto al fuego. Las velas de las habitaciones se iban encendiendo, la casa animándose y las risas salían de todas partes haciendo honor a la bien llamada Casa de la Alegría. Un leve ruido fue aumentando la potencia hasta definirse. Se trataba del galope de varios caballos. Se acercaban a tal velocidad que parecían desbocados. En la planta baja también lo oyeron. No esperaban ningún huésped y los Bentivoglio se alarmaron. Asomado a la ventana, Aníbal pronto reconoció a uno de los jinetes y vino a decírmelo.

—Señora, acaba de llegar vuestro esposo Alfonso de Este.

La angustia me dejó paralizada. En cinco minutos lo tendría enfrente y yo, mientras, cansada del viaje, los cabellos despeinados, el traje arrugado, los zapatos llenos de polvo. A toda prisa atusé mi peinado, sacudí los zapatos, alisé el vestido y puse unas gotas de perfume en las palmas de la mano. Alfonso ya estaba en la habitación.

—Mi querida esposa, no fui capaz de sujetar las ansias de conoceros y, ante la noticia de vuestra cercanía, escapé a daros mi afectuosa bienvenida.

—Muy reconocida, mi señor.

—¿De qué sonreís, Lucrecia?

—Recordaba el retrato que me enviasteis.

—¿Me encontráis parecido?

—Os encuentro muchísimo mejor, Excelencia.

Completamente halagado, me llenó de elogios. Estuvo

galante en extremo. Ensalzó el azul de mis ojos, el rubio de los cabellos, la igualdad de los dientes, la curva dorada de las pestañas... No olvidó ninguna alusión agradable a cada parte de mi persona. Incluso a la gracia de mis reverencias, a la inteligencia de las frases. Estuvimos juntos un par de horas en presencia de mis damas y doncellas. Un rato encantador. Y al preguntarme si estaba de acuerdo con su decisión de llevar él la voz de mando, me entró un calorcillo especial viéndome cerca de la vida que anhelaba: un marido que programara nuestra común existencia, cumpliera e hiciese cumplir las normas, alguien capaz de ocuparse de ambos, prescindiendo de violencias, caprichos y decisiones asesinas. Le di el consentimiento a su proposición sintiéndome feliz.

—Señora, me habéis complacido de tal modo que os aguardaré ansioso en Ferrara.

—Me abrumáis, Excelencia —dije iniciando una reverencia de respeto.

—Pero ni siquiera podré esperaros si me seducís con la gracia de vuestras inclinaciones y vuestra cautivadora sonrisa. Habré de quedarme.

—¿Qué diría vuestro padre, el señor de Este, si os viera llegar conmigo? ¿Lo juzgáis prudente?

—Por no provocar su ira me alejaré con harto pesar de mi corazón. Me hablaron de vuestra belleza, pero no imaginé tanta. Que Dios os traiga pronto a mi lado.

—Señor... —hice una genuflexión cortesana y no me levanté hasta que desapareció escaleras abajo.

Las personas de mi cortejo le dejaron paso a los gritos de «¡Alfonso, Alfonso!» Durante toda la noche sentí el calor de sus manos en las mías y la sensación de sus labios en mi piel.

—Gracias, Dios mío —recé—, por haberle inspirado esta visita.

Nos levantamos antes del alba. A la luz de las antorchas me vestí para embarcarnos en la nave que, a través de los canales, nos conduciría a las tierras de Ferrara. Desde el dormitorio percibí los reflejos de las antorchas que alumbraban la habitación de la duquesa de Urbino. Eran las cuatro de la madrugada. Una hora que apetecía pasar bien abrigada en la cama, pero el tiempo se nos echaba encima y, aunque soñolientas, fue preciso animarse a proseguir. El capricho de mi suegro de hacernos alcanzar sus dominios a bordo de una nave fluvial, retrasaba considerablemente la hora de nuestra llegada. No obstante, debía obedecerle para entrar con buen pie en su familia. La fama de Hércules de Este bastaba para tenerme en ascuas. Menos mal que Alfonso, presentándose de antemano, consiguió quitarme una fuerte preocupación al notarle tan bien predispuesto. Me puse un traje de oro y adornos carmesí, collar de gruesas perlas con un rubí colgando y un amplio abrigo de raso color violeta forrado de martas cibelinas. La duquesa de Urbino también supo defenderse de la baja temperatura arropada en un traje de terciopelo negro y un abrigo forrado de piel. Acompañadas de nuestro séquito, de don Segismundo y don Fernando de Este, embarcamos decididas a realizar el último tramo del penoso viaje. Llegamos a tiempo. Febrero se estrenó con el más helado de los días. Tuve la impresión de congelarme. Estando en la proa de la pequeña nave pensando en retirarme, escuché la grave sirena de otra nave cercana. Nave que se unió a la nuestra mediante una pasarela. Parecía un abordaje, pero la primera persona que traspuso el puente de unión fue una mujer. Acababa de conocer a mi cuñada Isabel de Este, la espía de mis costumbres en Roma y de mis camisones durante el viaje. Se me echó encima con la furia de quien hubiese querido estrangularme. Al separarse me observó con idéntica curiosidad que yo a ella. No hizo falta hablar. Sus ojos explicaban muy bien su disgusto al encontrarme bella y vestida con tal lujo que le sería difícil superarlo pues, contra sus ambiciones, estaban la avaricia de su padre y la fortuna de su esposo, ínfima comparándola con las arcas del Papa y la generosidad de los Borgia. En realidad, Isabel había organizado, por su cuenta y riesgo, el encuentro entre mi esposo y yo, estando ella presente. Quería ser testigo de las primeras impresiones de su hermano al conocerme y manejar después a su antojo una relación matrimonial que deseaba conducir al fracaso. Se disgustó mucho al enterarse de que Alfonso le había robado aquel ansiado placer al visitarme en casa de los Bentivoglio. Resolvió la rabieta presentándose en mi nave sin avisar.

—En prueba de mi buena voluntad, os prevengo que será muy difícil borrar en mi hermano el recuerdo de su primera esposa.

—No es mi intención borrar el recuerdo de una buena esposa. Al contrario, siguiendo su ejemplo me será más fácil triunfar.

—¿Pues cuál es vuestra intención en esta boda?

—Únicamente seguir los deseos de Alfonso. Eso me bastará.

—Lo dudo. Un matrimonio resulta difícil de llevar a buen puerto.

—¿Habéis fracasado en el vuestro?

—¿Cómo osáis suponerlo?

—Se deduce de vuestras palabras.

—Isabel de Este jamás fracasa. ¡Está claro que no me conocéis!

—Espero lograremos una buena relación. Es imposible amar al marido y no querer a su hermana. Una pena de la que nunca me podría consolar.

La tensión duró un par de horas. En las orillas donde la nave debía atracar, descubrimos la presencia de Hércules de Este, sus dignatarios, cortesanos y embajadores. Cuando nos detuvimos atravesé el pequeño puente y, dirigiéndome hasta mi suegro, me arrodillé en el dique esperando el trato de cortesía. Hércules de Este me alzó del suelo besándome en ambas mejillas, me dedicó bellas palabras de bienvenida. A continuación me condujo hasta su nave, donde nos esperaban las nobles personas de su séquito. Las damas importantes del mío nos siguieron, además de mi cuñada y la duquesa de Urbino. El duque de Ferrara me hizo ocupar el puesto de honor entre los embajadores de Francia y de Venecia. Tardé en descubrir la presencia de Alfonso, ocupado en atender a sus invitados. Por la orilla galopaba alegremente, tocando las trompetas, el grupo de ballesteros de Alfonso que nos seguían. Pronto avistamos Ferrara. Cuando pusimos pie en tierra, retumbaron las salvas de la joven artillería. En una finca de los Este, me recibió Lucrecia de Este Bentivoglio, primogénita ilegítima de mi suegro y de la joven noble Ludovica Condulmieri, educada en la familia por la extraordinaria y fallecida esposa de mi suegro, Leonor de Aragón, perteneciente a la casa de Nápoles.

—Bien llegada, Lucrecia. Ambas tenemos el mismo nombre.

—Espero que nos tengamos el mismo afecto —respondí.

Estábamos en las afueras de Ferrara y allí nos hospedamos. El resto de la comitiva regresó a sus residencias. Quedóse con nosotros mi cuñado Fernando, a quien asignaron el honor de acompañarme. Agradecí al viejo Hércules su regalo de cinco carretas repletas de objetos de oro y plata. A mi cuñada Isabel, el haberse molestado en venir a mi encuentro. A Isabel Gonzaga, duquesa de Urbino, su prolongada y amable compañía. Apenas se alejaron, subí a mis habitaciones. Cuando la puerta se cerró, me asusté por la cercanía de los acontecimientos. Lo que más me interesaba en el mundo era agradar a mi esposo. Consolidar mi futuro a su lado, no volver a Roma, ni a las sangrientas aventuras de los Borgia. Desgraciadamente, en esta decisión se incluía la posibilidad de que Alfonso ahondara en mi pasado. Aquel ayer me sabía amargo, duro de asumir. Estaba muy cansada y en seguida me dormí. Al despertar di gracias a Dios por el beneficio de aquel sueño.

No sé si sería producto de mi ilusión, pero el afán de abrirme fácil camino en una tranquila existencia, me hizo suponer que mi tercer traje nupcial era el mejor. Del primero me quedó la impresión de vestir como una gran dama cuando yo cumplía mis trece años. Del segundo, en plena adolescencia, ya fui más consciente aunque poco interesada debido a mi reciente separación. Al ponerme el tercer vestido de novia, mi ansia de vida y de reafirmar mi personalidad no me consintieron perder un solo detalle. Confeccionado a listas anchas de raso violado y otras de oro fino, llevaba las mangas largas, forradas de armiño. El oro, el armiño y el violeta daban un tono regio al conjunto y, además, hacían resaltar soberanamente el esplendor de las célebres joyas de los Este: rubíes y diamantes alrededor del cuello y joyas idénticas en la redecilla de los cabellos. Terminado el arreglo personal, recién salida de las manos de mis doncellas, abandoné la casa. En la calle tenía preparado el hermoso caballo blanco adornado con gualdrapa carmesí, regalo de mi suegro. Monté en la magnífica bestia, llevando a mi lado al embajador de Francia. Seguida de una parte de mi cortejo nos dirigimos a la ciudad. En la puerta de la misma aguardaban los doctores y los intelectuales de Ferrara quienes, por turno, llevaron el palio bajo el cual cabalgué sola. El embajador francés continuó acompañándome fuera del palio. Según disposición de mi suegro, el cortejo entró en la ciudad en el orden siguiente: primero los ballesteros del duque de Ferrara, seguidos por ochenta trompetas y trombones que sonaban con enorme estrépito. Detrás, los nobles ferrareses. Luego los caballeros de la duquesa de Urbino. Después mi marido, sus amigos más íntimos y su cuñado Aníbal Bentivoglio. A continuación los nobles españoles y romanos, los cinco obispos correspondientes al acompañamiento de la hija del Papa, los embajadores, oradores, seis tamboriles y dos bufones anunciadores de mi llegada. Entonces pasaba yo y, más atrás, el duque Hércules. A su lado, la duquesa de Urbino. Cerraban el cortejo tres mujeres: Orsina Orsini, Jerónima Borgia Orsini y Adriana Milá. Por último, mis monturas personales y la hilera de mulas de carga, cubiertas con el raso de los colores de mi divisa. Entre tanta algarabía, el sonido de pífanos y trompetas, gentes asomadas a las ventanas o situadas en lugares estratégicos de las calles, yo avanzaba lenta y señorialmente hecha un temblor. Atravesando una pequeña plaza, echaron tal número de fuegos artificiales que mi caballo se encabritó y fui a parar al suelo, resbalando por las ancas del animal. Esto me permitió cierta dignidad en la caída. Acudieron a prestarme ayuda y reclamé trajeran mis mulas, acostumbradas a cualquier clase de ruido.

—Y tú —ordené al paje más vistoso— coge el caballo de las riendas y sigue varios pasos detrás del palio.

Lentamente me recuperé del disgusto. Los gritos de la muchedumbre, los vivas a Lucrecia, los artísticos arcos construidos en mi honor, me hicieron olvidar el gratuito incidente. Pronto llegué a la plaza de la Catedral, pasando delante de su bello pórtico románico y entré en el patio de los Este. Bajo las ventanas adornadas al estilo lombardo iba colocándose el numeroso séquito. También aguardaba mi cuñada Isabel, vestida con un traje muy intelectual lleno de notas musicales, rodeada de damas ferraresas y boloñesas. En cuanto hube descabalgado, Isabel me abrazó.

—¿Estaréis fatigada del viaje, querida Lucrecia?

—No puede haber fatiga en la ruta que me conduce a vuestra casa.

—Sois muy amable, cuñada.

—No como vos, que tanto os interesáis por mí.

—Venid. Os presentaré las damas de nuestra corte.

Durante los saludos aguanté la indisimulada curiosidad de las enjoyadas señoras. A continuación nos encaminamos al interior del castillo. La escalinata era empinada y dividida en dos tramos por un descansillo. A su mitad, me detuve. Miré hacia lo alto. A la luz de las antorchas vi abrirse la puerta. En seguida recibí la impresión de estar en mi hogar. Entré en el salón tapizado en seda, oro y plata, deseando que ya hubiera terminado todo para estar junto a mi esposo. Un anciano humanista, Pellegrino Prisciano, vino a mi encuentro decidido a recitar, por orden del duque de Ferrara, un discurso de bienvenida lleno de elogios para mí, los Este y los Borgia. Acabado el discurso de Prisciano, continuaron los saludos y las presentaciones. Alfonso iba y venía de una parte a otra. Se le notaba satisfecho y su actitud daba alientos a mi corazón. De repente, no soporté el cansancio.

—Querida Isabel —dije bajito a mi cuñada—, estoy rendida. ¿Qué podemos hacer?

—Marcharnos —respondió tajante.

El plural no me extrañó. Conocí por dos veces la impúdica ceremonia que, según costumbre de personas de alcurnia, obligaba a la familia más allegada y a los representantes de sus gobiernos, a presenciar la consumación del matrimonio alrededor del lecho nupcial. Isabel de Este, la duquesa de Urbino, varios familiares íntimos y la comitiva de los embajadores, me condujeron a la cámara de recién casados. Muerta de cansancio y llena de pánico al pensar que aquellos desconocidos iban a contemplar la erótica escena, casi me desmayé. Recordé los comentarios soeces y picantes de César y el Papa después de asistir a la noche nupcial de Jofre y Sancha. El rubor encendió mi rostro. Por suerte, intervino mi esposo negándose a consentir tamaño comportamiento infligido a dos personas anteriormente casadas. De manera que les agradecí la cortesía de acompañarme y mis damas cerraron las puertas de la alcoba. La última cara entrevista fue la de mi cuñada, furiosa a causa de haber perdido el espectáculo. Acompañándose de pícaros comentarios alusivos a la decepción de los ausentes, las doncellas me pusieron la ropa de dormir, recogiendo mis cabellos en una gruesa trenza.

—Deseo que seas muy feliz, Lucrecia. Y que la felicidad te acompañe hasta el final de tu tiempo —dijo Adriana, conmovida.

Me dejaron sola. A la vera de la chimenea recuperaba el calor de mi cuerpo fatigado. Las altas llamas culebreaban encima del lecho. Inseguras entre las sombras, vacilaban las difusas imágenes de seres amados y perdidos. Antes consideraba desaparecidos a los muertos, pero desde la llanura del río Po di por enterrados a los vivos desaparecidos en la lejana Roma. La distancia amortajaba los recuerdos. Cada sepultura de la mente anulaba parte de nuestra vida. Comencé a entristecerme cuando se abrió la puerta. Sufrí un irreprimible sobresalto al ver a mi Alfonso. Debió de notar el susto. Dijo:

—No te muevas, Lucrecia. Ese contraluz del fuego descubre tu figura. Al contemplarte detrás de esos tules creo que sales de mi memoria, que ya te conocí con anterioridad. Las llamas cambiaron tu pelo rubio en pelirrojo y el blanco de la piel en color rosado. Eres mujer inteligente. Sabes hacerte cambiante y eso me ha de gustar. ¿Quizá te contaron que me atraen todas las mujeres?

Mientras hablaba se iba aproximando. Cuando me tuvo

a su alcance, me apretó entre sus brazos. Entonces comenzó para mí el martirio tan temido: evocar los afectos anteriores. Pero las sabias manos de Alfonso de Este consiguieron el mayor de los milagros. Al pasar donde estuvieron otras manos, borraban sus huellas. Me sentí libre de antiguos contactos. Libre, por fin, del ayer. Conocí la más insufrible de las felicidades. Sumergida en el mágico momento, toqué el cielo con las yemas de mis dedos. Un roce infinitamente sensual. Fue una noche apasionada. Al iniciarse la amanecida, murmuré:

—¿Quieres creerlo, Alfonso? No recuerdo el día que hizo ayer.

—Invernal. Propio de febrero.

¿Invernal?, pensé. ¡Qué raro! Juraría que en Ferrara acababa de llegar la primavera.

Lo más estimulante para mí fue siempre el disfrute de la pereza. En el horizonte de mi cama, aquellos adolescentes tan felices que éramos Alfonso de Nápoles y yo veíamos empinarse el sol de las mañanas colcha arriba, hasta cegarnos los ojos de luz sin acordarnos de abandonar el lecho. La fuerza para resistir las obligaciones de la corte romana la acumulaba durante los ratos de ocio transcurridos en brazos de mi marido napolitano. En cambio, el día 3 de febrero de 1502, después de una noche felicísima, desperté sola en la cámara nupcial. También el 4, el 5 y el resto de los días, pues mi nuevo marido se hallaba abrumado en las tareas de recibir y acompañar a los invitados a la boda y, luego, a gentes de gobierno. Sin el apoyo de su presencia decidí eludir a su familia, siempre dispuesta a entrar en mis habitaciones y descubrir secretos imaginados. Naturalmente, mantuve las puertas cerradas. Incluso impedí el paso a las doncellas ferraresas destinadas a mi servicio por el duque Hércules, quienes habrían de criticar todo cuanto vieran. Aun así, dado lo delicado de los temas que comentábamos Adriana Milá, Jerónima Borgia, Ángela Borgia y yo, decidimos hablar en valenciano. Eran tan maliciosas nuestras conversaciones, tan escandalosas las risas, que llamaron la atención de algunos curiosos apostados debajo de la ventana. Les oímos susurrar en tono de rabia y decepción:

—*Non capisco niente. È impossibile attravesare el ponte segreto e sólido della chiusa lingua valenzana.*

La impotencia de no poder atravesar el puente secreto

y sólido de la cerrada lengua valenciana, nos pareció muy poético aunque cierto. Era difícil entenderla. Todavía más, si se pronunciaba a la manera de mi padre, que usaba el acento lánguido y musical de los meridionales al conversar durante la siesta.

—¿Será alguno de tus espías, Adriana?

—Será cualquiera que se marchó con el rabo entre las piernas.

Como a partir del mediodía yo participaba en las inacabables fiestas de esponsales y el resto de la jornada me acompañaba la familia, invitados y embajadores, no creí haberles ofendido, ni tampoco que me censuraran. Puesta en conocimiento del malestar provocado por mi actitud de rechazo, intenté arreglarlo. Empecé recibiendo, una a una, damas de importancia, obsequiándolas de mil maneras. La primera salió de casa dispuesta a vocear mis habilidades con el fin nada bondadoso de encender la envidia de las amigas menos privilegiadas. Atendí, cada ocasión que lo solicitó, a Teodora Angelini, dama de mi cuñada. Ambas, responsables de la hostilidad que me demostraban los ferrareses. En nuestros ratos de conversación opté por mencionar las grandes virtudes de Isabel, marquesa de Mantua, confesando mi satisfacción al poder llamarle cuñada. En el colmo del asombro Teodora repetía a Isabel mis halagadoras palabras, confirmando las maravillas de mi carácter, la paciencia al tratar a quienes me servían, la dulzura y humanidad desplegadas, además del alto honor que le dediqué al sentarla a mi mesa.

—Nos equivocamos al juzgarla, señora —terminó Teodora.

Las doncellas ferraresas cancelaron su malhumor en cuanto las admití en nuestra intimidad, regalándoles delicados trajes, nunca ofrecidos por los Este. Al parecer conseguí amainar la tempestad, al menos en apariencia. Otras tempestades futuras se iban cerniendo en Ferrara a causa de mi llegada. Quince días duraron las fiestas. Isabel de Este trató de conquistar a Felipe de la Roche Martín, embajador de Francia y mi caballero acompañante. Sin duda pretendió desviar la admiración que él me demostraba. También obsequió a mis bufones españoles con vestidos de brocado y oro para que, en vez de gritar a nuestro paso «¡Viva Lucrecia!», gritaran «¡Viva la marquesa de Mantua!» Una tarde de sarao, nobles a quienes mi presencia sedujo, suplicaron el favor de verme bailar. Mi suegro me ordenó complacerlos. Todos mostraron su admiración. El embajador francés la resumió en breves palabras:

—Las danzas romanas han sido exquisitas. En las españolas nunca vi a nadie imprimirles un ritmo tan ardiente y personal. Incluso la duquesa de Mantua manifestó su asombro.

Isabel era muy lista. Nunca negaría una evidencia capaz de traicionar su escondido resentimiento. Permanecía indescifrable, lo mismo que su hermano Alfonso. Mi esposo pasaba las noches conmigo y el resto del tiempo me dejaba sola. Sola y extranjera en la severa corte de Ferrara. Sola, además, me dejaban los ferrareses al considerarse súbditos de mi orgullosa cuñada. Nadie me explicó las costumbres de la corte. Ninguna mano me tendieron.

—Lucrecia, hace días que no escribes al Papa.

—Si mi padre estuviera aquí, no se ensañarían conmigo. Bastaría su presencia para amordazarlos.

—Debes escribirle...

—No, Adriana. Mi carta le llenaría de tristeza.

Luego de haberse despedido de mí, los invitados comenzaron a marcharse. Aquietado el palacio por las numerosas ausencias, Isabel se dedicó a promover insidias con la finalidad de verlas progresar después de su partida. En realidad, sembraba tempestades destinadas a destruir mi matrimonio. Cumplidas sus malévolas intenciones, reunió su cortejo de marquesas glorificadas con su amistad. Se marcharon llevándose los baúles y la innoble satisfacción del mal que yo hubiera recibido, o podría recibir en el futuro. Mientras Isabel llegaba a Mantua, su conducta comenzó a dar frutos en Ferrara. El viejo duque iba haciendo, minuto a minuto, la cuenta de mis gastos. El coste de la boda le asustó, nada raro conociendo su avaricia. Según la dote entregada al llegar, me correspondía una pensión de doce mil ducados para los gastos particulares de mi corte. Una semana antes mi suegro mantuvo cierto diálogo al respecto.

—Dime, hija mía —preguntó el duque a Isabel—. ¿Cuál es el importe de tu pensión?

—Ocho mil ducados.

—Lucrecia me pide doce mil. Según ella, no puede vivir con menos.

—Pues a mí me bastan y sobran. Espero que no se te ocurra concedérselos. ¿Quién se ha creído que es? Desde luego menos que yo, padre.

Isabel se esforzó en convencer al viejo Hércules que me rebajara la cantidad estipulada. Entre el duque y yo se inició una lucha feroz. Finalmente le califiqué según ya le había calificado el Papa cuando ambos discutieron las cláusulas matrimoniales.

—Vuestra Señoría es un mercader y me niego a regatear como tal.

En revancha a mi furiosa respuesta el duque despidió a la mayoría de españoles, alguna de mis damas, a Jerónima Borgia, a tres de las mejores doncellas, a los hombres de César y cuantos le fue posible. Por voluntad propia se marchó Adriana Milá a cumplir otras obligaciones. En nuestra separación anterior mi aya acompañó a la bella Julia hasta la cabecera del lecho de su moribundo hermano. Y la situación sería provisional. Pero al abrazarla en lo alto de la escalera, aquello fue un dolor. ¿Volveríamos a vernos? De completa confianza, sólo quedaba mi prima Ángela. En ella me apoyé, pues la persona a quien correspondería ampararme, se negó. Alfonso asistió a las múltiples discusiones que sostuve con su padre. No se inmiscuyó. Cuando me atreví a quejarme, dijo:

—Lo más importante de esta familia es el respeto a las jerarquías. No supliques ayuda, Lucrecia. Ni por todo el oro del mundo discutiría las órdenes de mi padre. Jamás lo hice ni lo haré. Tienes libertad de actuar a tu manera. Si enfrentarte al duque de Ferrara es tu manera, te aseguro que no es la mía. No me pidas colaboración.

La inesperada respuesta me precipitó en un abismo de silencio. Aprovechando la circunstancia, mi suegro decidió ignorarme. Mientras, gentes muy queridas se alejaban para siempre de mi lado sin que yo, falta de medios, pudiera ofrecerles algún bello presente capaz de prolongarme en su memoria. La sangre de los Borgia era generosa. Humillada frente a la situación e incapaz de soportarla, vendí mis joyas. Nadie se marchó con las manos vacías. Amenizadas por los regalos, las despedidas resultaron menos tristes. En cambio, el trance me dejó tan deprimida que al comunicar al duque Hércules y a mi esposo la buena noticia del embarazo, parecía mendigar disculpas.

—Estoy embarazada...

—Felicidades, Lucrecia —fue la doble y helada respuesta.

La mitad de mi corazón se anegó de amargura. En la otra mitad resonaron los aleluyas de Su Santidad en parecidas ocasiones. ¡Cuánto le añoraba! La primavera presentida la noche de mi boda, había sido un espejismo. Al desvanecerse, busqué descanso en el convento franciscano de las clarisas del Corpus Dómini para doncellas de la nobleza, fundado por doña Leonor de Aragón que, de vivir aún, quizá me hubiese amado. El convento era muy bello. Rústico, agradable, recatadamente escondido entre árboles que, ayudados por la brisa, acariciaban los rojos ladrillos de la fachada. El destino me proporcionó el consuelo de una nueva amistad: sor Laura Bojardo, prima del poeta Matteo María Bojardo, conde de Scandiano, recién fallecido. Mi habitación disfrutaba de una reducida terraza a la cual se asomaban las floridas matas trepadoras. En tiempo acogedor nos sentábamos allí y la monja me leía trozos de *Timone,* el libro favorito de la aristocrática ciudad de Ferrara, escrito por su genial primo. Sin embargo, mis preferencias se inclinaban hacia la lectura de las canciones amorosas italianas del mismo autor, en las cuales hallaba eco mi sed de afecto. Sor Laura leía despacio con su clara voz de surtidor. La mirada perdida en las nubes, mi mente viajaba en busca de Roma. Entonces recorría la Vía Appia, me colaba de rondón en la abadía de San Sixto, escuchaba los cánticos de la comunidad y, alborotado el pecho con el revuelo de las palomas de Santa María in Pòrtico, recuperaba los amigos, los hermanos y el amor núbil y delicioso de Perotto. Parecía mentira, pero era feliz.

Terminados los serenos días en el convento del Corpus Dómini, la abadesa y el resto de las monjas me despidieron en la puerta de las clarisas. Unos metros detrás, la fina silueta de sor Laura, etérea gracias a la holgura de los hábitos y su extrema delgadez, se dibujaba contra un fondo de altos cáñamos cimbreantes y frescos que bebían la humedad del Po. Sor Laura estaba desolada aunque segura de haber iniciado una amistad duradera. Sujetando los encontrados sentimientos, perdí la rienda de los mismos al llegar a casa. En mi ausencia cambiaron mis antiguas habitaciones, destinándome otras sin previo aviso. Del jardín colgante sobre el foso, me agradó su aire de libertad y amplísimos horizontes. Mi primera ocupación fue enterarme del proceso de mi pensión. Cegada de rabia al saber que el duque no había modificado sus decisiones, así se lo manifesté en una de sus visitas:

—No tenéis palabra, señor. Firmasteis al Papa vuestra obligación de otorgarme doce mil ducados y os los reclamo. Recursos no me faltan —dije mostrándole una extraordinaria colección de objetos de oro y plata maciza de mi propiedad—. Más bien diría, me sobran.

—No cabe duda. Pero si los recursos son de la importancia que presiento, ¿por qué insistís?

—Porque los acuerdos han de cumplirse. Si os mantenéis en vuestra negativa, Su Santidad en persona vendrá a reclamar la deuda.

—Aunque venga Dios, nada concederé.

La ofensa me indujo a negar la entrada de los ferrareses a mis estancias. Por mucho tiempo la curiosidad de los ciudadanos estuvo centrada en averiguar los sucesos desarrollados al otro lado de mis puertas. La verdad es que hubieran quedado decepcionados. Me levantaba tarde. Oía misa en mi oratorio. Jorba, el perito bordador traído de Valencia por la difunta doña Leonor, fue mi maestro en el arte de bordar gemas sobre ricas telas. Leí entretenidas obras a mis doncellas. En la biblioteca del castillo hallé un libro en forma de nostalgia: se trataba de una traducción de *Tirant lo blanc,* escrito en valenciano por Juan Martorell y que, en su versión original, conocí en casa de mi padre. La sangre y la patria de los Borgia las tenía cerca. Me sobraba tiempo y, puesto que el calor arreciaba, Nicolasa tuvo la buena idea de prepararme un baño perfumado. Las demás jóvenes salieron de la estancia, a excepción de mi doncella preferida, la jovencísima Lucía. Después de que Nicolasa me hubiera desnudado, ordené desnudarse a Lucía. Nos bañamos juntas, alborozadas. El infantil humor de la doncella consiguió impulsarme a jugar. Luego, vestidas con finos camisones y redecillas protectoras en el cabello, nos tendimos sobre un montón de almohadones. En un pequeño brasero quemamos ramitas de perfume mientras agonizaba el día en un gris de cenizas ardientes. Fueron horas maravillosas en las tardes estimulantes del verano. Bruscamente desperté del ensueño y aprendí que resulta tan incitante abrir las puertas de la intimidad, como cerrarlas. Los menores detalles de la sensualidad vivida en mi lujosa estancia, el aroma de las flores de la terraza entrando a vaharadas, los perfumes quemados, los camisones, el baño en compañía de mi doncella preferida, las risas, culebrearon de boca en boca por los palacios y casas de Ferrara. Su eco me lo trajo Nicolasa. Inclinada hasta mi oído, murmuró palabras de moral sonora, una de las cuales me atañía: lesbianismo. El escándalo alrededor de mi nombre se agigantaba. También la dificultad de combatirlo. Decidida a cortar la provocación, cambié de táctica. Recibía en mis salones a caballeros solventes. El reflejo de sus virtudes quizá me beneficiara. Propuse a mi marido una lista de nobles que aguardaban el solicitado honor. Alfonso dio el visto bueno a Hércules Strozzi.

—Confieso que personalmente me repugna. Hay algo desagradable, un tanto artero en su conducta. Pero sus méritos convienen a tu alcurnia. Strozzi desciende de la célebre casa florentina de renombrada riqueza, rango y antigüedad. Su padre, el honorable y querido anciano Tito Vespasiano, es el mayor poeta ferrarés. También el hijo es poeta y, pese a sus treinta años, le sobrepasa en conocimientos. Se le considera primer latinista universal. Si consigues sus preferencias, serás la dama más envidiada.

—No creo conocerle. O tal vez me lo presentaron y le olvidé.

—Es imposible confundirle. Camina apoyado en una muleta. Su cojera viene de nacimiento. Créeme, Lucrecia, a los ojos de la corte adquirirías categoría si Strozzi te frecuentara.

Después de la inesperada amistad de sor Laura, siguió la casual de Strozzi. Nunca me arrepentí de haberlo conocido. Además de llenar mis ocios, activó mis energías. Decidido e inexorable, emprendió la tarea de construir mi carácter. Borró mis hábitos de sometimiento, inculcándome los valores necesarios para triunfar de los otros y de mí misma. No tardé demasiado en comprender que mi triunfo sería su venganza contra quienes rebajaban sus méritos intelectuales a causa de su tara física. Disminuidos ambos de alguna manera, los lazos afectivos crecieron indestructibles.

—Ilustrísima duquesa, aquí están las mejores telas de Venecia. Iré de nuevo dentro de un mes, pues ordené confeccionar un tejido especial de idéntico azul al de vuestros ojos. En la celebración del bautizo los ferrareses se verán obligados a declarar que sois la dama más bella.

Mi guardarropa aumentó en cantidad y calidad. Creyendo interpretar sugerencias de Hércules, ya no volví a suplicar escudos que me pertenecían. Recuperé el instinto del rango. Gasté sin tino y a crédito. Vestí a mis doncellas, a mis damas, preparé ropas necesarias al próximo nacimiento. A causa de mi estado y la salud un tanto deteriorada, solían enviarme atractivas cestas de limones y cidros del lago de Garda.

—Ven conmigo, Ángela. Prueba estos cidros, ¿quieres?

—Eres tú quien se ha de cuidar, prima. Yo no estoy embarazada.

Sus diecisiete años rechazaban la posibilidad. Prefería mantener el cuerpo intacto. Y a fe que le sobraban admiradores del mismo y de su rostro dramáticamente español. Desde nuestro jardín colgante, Ferrara tenía el aspecto de una madurez profunda, sosegada. El tiempo daba la impresión de haberse arrinconado en el descanso florido de la terraza. De súbito, entró Lucía con grandes aspavientos:

—Mi señora, acaban de notificarme que el duque de Romaña, vuestro hermano, ocupó la ciudad de Urbino.

Malos presagios anublaron el idílico momento.

Debía de ser noche muy cerrada. Larga. Espesa. Debía de estar yo hundida en el fondo de un estanque de aguas viscosas que anegaban los ojos, impidiéndome ver. Las manchas blancas y oscilantes, apenas percibidas en lo alto, ¿no eran nenúfares apoyados en la líquida superficie? La dificultad de respirar imprimió un desesperado vaivén a mi cabeza, un movimiento pendular en busca de aire. No me encontraba el cuerpo. Sólo el pensamiento. Y la duda. Quizá estuviera muerta y la aridez de la tierra me rasgara. Comenzaron a pasar sombras. Una procesión de sombras cerradas en círculo a mi alrededor. Los nenúfares se apagaron como velas. Todos menos uno, que flotaba inerte. Desbordaron las aguas del estanque y pude respirar. Una respiración ávida, de retorno a la vida. Al otro extremo de la respiración había una niña muerta. El último nenúfar desapareció.

—¡Dios Santo! ¡Se está recuperando!

—¡El cielo la salvó, démosle gracias!

Desperté entre devotos rezadores y una letanía de exclamaciones de aleluya. El humo de las velas enrarecía el ambiente. El olor anunciaba pócimas y alquimias medicinales. Exaltados por mi recuperación, no observaron mi pena: de haber respirado menos, no le hubiera faltado aire a mi hija.

—Que venga Ángela —reclamé.

Ángela no vino. Ningún rostro conocido me acompañó durante la noche. Estaban en cama. La peste se apoderó de Ferrara y, con mayor saña, de la corte ducal. Doncellas y damas fueron turnándose en los lechos del dolor. Mi dama napolitana, señora Ceccarella, había fallecido. Otros personajes huyeron del desastre. En pleno auge de la epidemia llegó al mundo mi niña sin nombre. ¿Qué otra cosa pudo hacer la pobrecita? Una lívida y convaleciente Ángela acudió a visitarme.

—Ahora que ya no te enfrentas a las dificultades del embarazo, pronto mejorarás, Lucrecia. En el momento de dar a luz, llevabas luchando contra la epidemia más de mes y medio. En varias ocasiones te dimos por muerta.

—Yo también.

—¿Te acuerdas?

—Un poco.

Si algún detalle punteaba mi mente, yo lo insinuaba y Ángela se extendía en explicaciones. Me sentaba bien aclarar conceptos. Breve y pacificadora, mi prima hizo historia de los acontecimientos. Así recobré el disgusto producido por la actuación de mi hermano al caer sobre Urbino, atacando gentes que tan bien me trataron al paso de la comitiva nupcial. La duquesa de Urbino todavía se hallaba en Mantua, junto a mi cuñada. Su esposo Guinobaldo se salvó de milagro huyendo con lo puesto. César le había pedido que le prestara su artillería, consintiéndole el tránsito por el invulnerable paso de Cai. Concedida la petición, mi hermano volvió las armas contra el propio duque, traición que entusiasmó al mismísimo Maquiavelo. Luego saqueó el hermoso palacio cedido por sus dueños durante mi viaje, y yo desfallecía de vergüenza al pensarlo. Isabel de Este reclamó para ella la entrega del *Cupido durmiente,* obra primeriza de Miguel Ángel. César le concedió el favor, cínicamente contento del indigno expolio que Isabel, aprovechando las circunstancias, hacía a su propia cuñada. Mientras yo, muy grave, luchaba contra la enfermedad, media península era testigo del tráfico de médicos llegados a Ferrara, desde todos los puntos, decididos a salvarme. Venían de parte del Papa, de César, de mi esposo, del duque Hércules. Un número increíble de espías vagaban por el castillo con el fin de notificar a sus interesados dueños los sucesos de mi casa. La aparición de mis notarios para una modificación del testamento agitó la corte hasta la exasperación. Se acentuaron los rumores de veneno. Mi padre amenazó a los Este, en el caso de que yo falleciera.

—Si muere —dijo—, será porque les conviene. Y muchos caerán.

Otra lucha librada en el territorio italiano provenía del terror provocado por César al atacar en innumerables frentes. Mataba, descuartizaba, asesinaba sin piedad. Fueron tan sangrientos sus desenfrenados combates, que varios jefes de sus tropas se rebelaron. Uno tras otro, acabaron a manos de César. Dueño de un poder sobrehumano, iba de sus batallas a la mía. Aparecía y desaparecía de mi lado, según me encontrase de salud. Visitaba Roma, discutía nuevas tácticas con el Papa, irrumpiendo en los distintos frentes a un ritmo infernal. Escuchar su nombre, horrorizaba a los enemigos. El Tíber volvió a repoblar sus orillas de cadáveres.

—Retírese —dijo a mi prima el médico enviado de Su Santidad—. La enferma debe descansar.

—Volveré mañana —prometió Ángela.

Al alba siguiente, antes de la visita de Ángela, llegó César como un huracán acompañado de su cuñado D'Albret y varios caballeros. La fiebre pauperal asustó a los médicos que ya se imaginaban ahorcados por orden de Alejandro VI. Después de sangrarme, recibí la extremaunción. César pasó día y noche a mi lado. En cuanto aquella tempestad de angustia apaciguó los ímpetus y despaciosamente fui recuperando la salud, mi hermano partió a galope hacia sus batallas. La nube negra de los Borgia se apartaba de mí. ¿Hasta cuándo? Exhausta, al cabo de tres meses alteradísimos, regresé al convento del Corpus Dómini, en pos de un merecido descanso. Me acompañaron Alfonso y sus hermanos. Verdaderamente Ferrara estuvo inquieta a causa de mi salud pues sus ciudadanos salieron a la calle a despedirme y me aplaudieron. Otra vez al arrimo de los altos cáñamos y de sor Lucía, Alfonso y yo nos dijimos adiós.

—Entoces, querida esposa, quedamos en separarnos durante algún tiempo. Ambos necesitamos recobrar la calma espiritual y física, tan agitada esta última temporada. ¿De acuerdo, pues?

—De acuerdo —murmuré.

Y a ninguno de los dos nos dolió.

Recién iniciado el otoño regresé al castillo recobrada de los malos vientos de un estío que, pudiendo ser magnífico, resultó devastador. Abandoné el convento de las clarisas llena de iniciativa y mirando en torno de esa especial manera que nos hace descubrir en las cosas, incluso las más apagadas, el brillo de la alegría. Vino a buscarme el viejo duque de Ferrara. Su impresionante presencia no consiguió amedrentarme. Al contrario. Observándole, y por contraste, sentí la pujanza de mi juventud. De nuevo en mis habitaciones, disfruté de las noticias recibidas durante mi ausencia. Breves del Papa, notas de César, misivas del cardenal Hipólito, maravillas para mi sediento corazón: el Papa viajaba mucho y donde su obligación de pontífice le encaminaba iba acompañado de los dos pequeños duquesitos. En realidad, los sacaba de paseo por palacios, basílicas y castillos. Encumbrados personajes soportaron los juegos de los niños durante las audiencias y el Papa se divertía viéndolos reír en la carroza cuando el pueblo los aplaudía. Fiel a la familia, mi padre continuaba añadiendo tierras y títulos a cualquiera de los pertenecientes a la dinastía Borgia: César,

Jofre, Rodrigo de Aragón y Juan, el Infante Romano. Mi hermano Jofre era feliz al mando de su ejército. Extrañamente, Sancha de Aragón apareció encerrada junto a su corte en el castillo de Sant'Angelo y gozaba libertad en todo, excepto para salir. Sin embargo, no debía preocuparme. Los rumores apuntaban a los clásicos celos de César, por el supuesto idilio entre Sancha y mi cuñado, el cardenal Hipólito de Este.

—Tienes un aspecto excelente, querida prima —dijo Ángela.

—La vida del convento siempre ejerció en mi naturaleza efectos beneficiosos.

Hércules Strozzi recuperó en seguida las viejas costumbres y acudió a visitarme. Audaz, seguro de sí, astuto conocedor de las fronteras que rozan lo irreprochable, su presencia agregaba un cosquilleo emocionante al desarrollo de sus actos. Trayéndome noticias, muestras de telas venecianas, proyectos de bailes o banquetes, apuntes de vestidos y delicados versos, sabía empujar las horas sin esfuerzo. Me extrañó su retirada antes de lo previsto.

—¿Por qué os vais tan pronto, querido amigo?

—Tengo un huésped en Ostellato y creo prudente visitarle. Es nuevo en la casa y en el lugar. Como recién llegado, tal vez necesite ayuda.

—¿Y quién es el privilegiado que merece el honor de vuestra invitación?

—Mi amigo Pedro Bembo, señora.

Nada tan razonable como la amistad entre el gran latinista Strozzi y el gran poeta veneciano. Al menos así lo pensé cuando, a la vuelta de sus viajes a Venecia, Strozzi me hablaba de sus encuentros con el famoso Bembo quien, en repetidas ocasiones, le acompañó en la búsqueda de las hermosas telas que me traía. Recordé también la satisfacción sentida al pensar que se ocupaban de mis vestidos dos eminentes y sabios cortesanos. Alfonso me puso en contacto con el gran Strozzi. Y Hércules Strozzi fue quien me presentó a Pedro Bembo. El nombre del poeta se introdujo lentamente en nuestras conversaciones. Me habitué a pensar en él.

—¿Y cómo es Ostellato?

—Un paraíso situado entre las aguas del Po y las del Adriático. Un antepasado de los Este hizo construir la señorial villa con torreón, emblema y tupidos jardines. Vuestro suegro se la regaló a mi padre y nosotros la dedicamos a coto de caza, refugio propicio al estudio y a la meditación, casa donde invitamos a los amigos y lugar ideal para fiestas. De momento, Bembo, cargado de libros griegos y latinos, la convirtió en templo del saber y de la poesía.

La imagen de Ostellato fue fijándose en mi mente. Sus árboles reflejados en el agua, el silencio de su interior propicio a deslizar en el papel los negros cisnes de los versos y la niebla de ensueño que lo envolvía, se prendieron en mi corazón. Sin darme cuenta, iba siendo víctima de la estrategia de Strozzi. En realidad se propuso vengarme de la insensibilidad de Alfonso en su trato conmigo y, a la vez, llenar el vacío de mi espíritu con el afecto del eximio poeta. Strozzi se hallaba convencido de que al conocernos, acabaríamos amándonos y esto le colmaba de satisfacción. Se puso a la tarea. La intuición le hizo dosificar las explicaciones y encendió mi curiosidad. Se prohibió a sí mismo invitarme. Cierto día, incapaz de resistir, embarqué rumbo a Ostellato.

—¿Dónde vamos, prima? —preguntó Ángela.

—A casa de Hércules Strozzi.

Puse sumo cuidado al vestirme. Nunca me había interesado tanto. Excepto el azul de los ojos, toda yo era blanca y dorada. Blanquísimo el vestido, las perlas, los diamantes, los chapines. De oro los bordados de la falda y el escote; los sueltos cabellos. Estaba convencida de causar el asombro de quien jamás hubiera osado imaginar la posibilidad de recibir particularmente a la Señora de Ferrara, la hija del todopoderoso papa Alejandro VI, la joven y envidiada Lucrecia. Al mismo tiempo temblaba temerosa de que mi aspecto fuera inferior a los sueños de un poeta. Entre la niebla se iba perfilando Ostellato. En lo alto de la escalera que parecía surgir del agua, un hombre nos observaba. Alguien de mi séquito me ayudó a bajar y anunció mi nombre. Cuando el inclinado caballero se irguió, tuve ante mí un espléndido joven lleno de la fuerza de sus treinta años, digno sucesor de su padre, el noble Bernardo, viceseñor de la República de Venecia. Sus cálidos ojos mantenían el asombro hacia mi persona y cuando yo dije:

—¿Sois Pedro Bembo?

Respondió:

—Y vos, señoría, ¿sois un sueño?

De manera tan impensada desapareció la mayor de mis dudas. No, yo no era inferior a los sueños de un poeta. Recobrado el aplomo, solicité su cooperación para conocer Ostellato. Las damas, doncellas y bufones expandieron su alegría por la silenciosa propiedad. El atractivo veneciano hizo los honores de la casa, mientras manteníamos una larga conversación. Hércules Strozzi no había mentido.

Bembo era culto, profundo, lleno de gracia cortesana, espiritual y elegante. Me encantó conocer su rincón de trabajo. Busqué a través de la ventana el paisaje que él miraría al separar la vista de sus escritos. Acaricié sus últimas rimas.

—Es hora de marcharme —dije.

—Vos podéis hacerlo, señoría. Pero vuestro recuerdo jamás saldrá de Ostellato.

Mientras nos alejábamos laguna adelante, Pedro Bembo quedóse estremecido del mismo estremecimiento que yo arrastré durante tiempo y tiempo. Recién abiertos los ojos a las primeras luces del alba, la niebla de Ostellato me cegaba. Y siempre, siempre, al borde de la niebla, la ansiosa figura de Bembo vigilando. Excepto la exaltación que me produjo el poeta, lo demás carecía de importancia. A todas horas quise irme de nuevo a la íntima laguna. Bembo sólo deseaba venir a Ferrara. De un modo u otro acabaríamos encontrándonos. Más libre y con infinidad de amigos en la ciudad, recibía y aceptaba numerosas invitaciones. Especialmente las de nuestro común amigo Hércules. Los Strozzi pertenecían a la nobleza. Asistir a sus reuniones era un privilegio. Los amigos admiraban tanto su generosidad y buen gusto, como las charlas sobre poesía y humanismo del anciano Tito Vespasiano o el talento de Hércules al disertar con su purísimo latín. El viejo duque Hércules los honraba a menudo, insistiendo en que Alfonso y yo le acompañáramos. Alborotada y nerviosa pedí la ayuda de mi prima.

—¿Me favorece este vestido, o mejor el azul claro bordado en plata? ¿Quizá estas esmeraldas o las aguamarinas? ¿Rubíes con el negro, Ángela?

—¡Apacíguate, por Dios! ¡Cualquiera pensaría que estás enamorada!

—Tal vez. En cambio estoy segura de que él lo está de mí.

—¡Raro sería!

—¿Qué significa ese tono, Ángela?

—Significa que no debes fiarte. Más que enamorado debe sentirse deslumbrado. ¿Qué hombre resistiría el halago de la primera dama de Ferrara, tan joven y bella? ¡Piénsalo, Lucrecia!

Demasiado tarde. Mi existencia se condensaba en Bembo. En sus poemas, en la posibilidad de volver a encontrarle. Conocí el significado de esperar. Esperar ansiosa el amor del poeta más calificado. Sujetar los latidos del corazón al entrar en los salones. Presentir su cercanía. Descubrirle. Recibir después sus cartas, una felicidad añadida.

Nos escribimos durante años. Entre poemas y pasión, yo le contaba a Bembo los cotidianos acontecimientos.

«Llegó mi cuñado, el cardenal Hipólito. Escapó de Roma como del diablo. Entiéndase César. La obsesión de Sancha por el cardenal, se tornó peligrosa. Hipólito temió por su vida. Ahora, afanoso de congraciarse con mi hermano, me acompaña a todas partes. Alto, elegante, y rasgos de rara perfección varonil, provoca el deseo de las damas. Llevándole a mi lado es imposible evitar la curiosidad femenina, lo cual dificulta nuestra posibilidad de comunicarnos.»

Bembo respondía cartas devastadoras, modélicas de expresión, apasionadísimas en su contenido. Alfonso le nombró mi poeta oficial y corrían de mano en mano las poesías que me dedicaba. Nuestro común amigo Hércules, precavido y dispuesto a confundir a los lectores malintencionados, se unió a la voz de Bembo y compuso poemas exquisitos exaltando mis prendas físicas y espirituales. Hasta el viejo Tito Vespasiano, fuera de sospecha debido a su avanzada edad, se declaró enamoradamente prendado de mi persona en sus atrevidos versos. ¿Quién acusaría a Bembo de traspasar los límites de la imaginación, si otros poetas expresaban igual ardor? Aunque no mediante versos, sí con galanura, el cardenal Hipólito manifestaba sentir mi seducción cuando me acompañaba en actos públicos. Demasiadas alabanzas para que no se hiciese presente mi cuñada Isabel. Dispuesta a reducir el círculo de mis admiradores, cursó una halagadora invitación a Strozzi y Bembo, ambos a la vez. Debió de quedar chasqueada al recibir la respuesta, un educado billete de los dos amigos, rechazando el honor a causa de las muchas ocupaciones. Mujer inteligente, la duquesa de Mantua entendió a la perfección que «las muchas ocupaciones» eran los poemas, la vida social y yo. La reacción de Isabel no se hizo esperar. Persona tenaz en sus decisiones, me anunció su visita. Fue fácil comprender el motivo. Venía a conquistar a Pedro Bembo, el gran poeta de entonces. Sin descartar la mala idea de advertir el matiz íntimo de nuestras relaciones, en cuyo caso traspasaría sus evidencias a mi esposo Alfonso. Inmediatamente envié una carta a Bembo ordenándole se retirara en seguida a Ostellato, prohibiéndole regresar a menos que yo le avisara. Cuando Isabel llegó a Ferrara, sus planes ya habían fracasado. Acogida con ostentación, agasajándola de manera exagerada, estuve pendiente de ella mostrándome siempre alegre. Su orgullo le impidió preguntar por Pedro Bembo. Transcurridos ocho días regresó a Mantua sin haberle conocido. El odio y la frustración la acompañaban. Entonces avisé a Pedro que retornara a Ferrara pues mi añoranza era excesiva. Su contestación traía bellos sonetos, una de cuyas frases me conmovió:

«*Avess'io almen di un bel cristallo il core...*»

Antes de que el veneciano volviera, le contesté:

«Señor Pedro mío: el cristal de mi corazón también se muestra acorde con el vuestro, sintiendo una conformidad en ningún tiempo igualada. Que sea esta confesión un acto de fe perpetua. Además, llegando donde hemos llegado, la prudencia exige que no me escribáis sino a través de terceras personas. Tampoco usaréis mi nombre. En las cartas me llamaré F. F.»

Las tristezas diarias enturbiaron mi dicha. Asistía a las fiestas llena de nostalgias, pero llegaba Bembo y, aun en el más oscuro de los días, la luz de su amor lo llenaba todo. Era delicioso oírle decir como refiriéndose al calor:

—Me siento arder y ser de fuego. ¿Le sucede igual a vuestra señoría?

—En efecto, así es —y sólo yo entendía su intención.

A la vuelta de unos días en el campo, tuve la mala noticia de que Bembo se hallaba enfermo de fiebres. Tratándose de mi poeta oficial, no criticarían mi visita. De modo que fui. La osadía excedió al pánico de las consecuencias. Temblaba de emoción al conocer la casa, llegar a su habitación, descubrirle en su lecho, ver el fuerte cuerpo dibujado bajo las sábanas y su mirada destilando intimidades que nunca obtendríamos. Resultó difícil abandonar el pequeño edén donde ambos nos creíamos eternamente unidos.

—Beso vuestra mano, señoría. La más dulce que nunca besaron los hombres.

Se propagó rápidamente en Ferrara la peste anual y los Este nos refugiamos en el campo. Mi suegro decidió acomodarse con su hijo, el cardenal Hipólito, en una de sus villas. Yo partí con mi corte y la compañía de mi cuñado Julio, famosísimo por su hermosura, disputado de las damas, ególatra y enamorado de mi prima Ángela Borgia. El último detalle le descalificó para vigilarme pues, cerca de la pícara Ángela, se olvidaba de todo. Tuve una grata sensación de libertad. Con Alfonso eternamente viajero y entregado a su pasión por la artillería, nadie se interpondría entre mis cartas de amor y las visitas de Bembo. Le advertí mi partida y Pedro, ya mejorado, contestó:

«También yo me voy a Ostellato, dulcísima vida mía...»

En mi itinerario incluí una visita a Medelana, villa vecina de Ostellato. Allá recibí noticias de mi padre. Pronto le vería, aunque no en Ferrara, pues la ruptura con los Este se anunciaba inminente. Daba fecha y lugar para nuestro encuentro. De tantas cosas como me sucedieron, ésta fue la única capaz de disminuir la influencia de Bembo. ¡Ver a mi padre nuevamente! Durante días imaginé nuestra conversación. ¿Y Rodrigo, padre? ¿Y el Infante Romano? ¿Y mi hermano Jofre? Puesto al corriente del abandono a que me sometía Alfonso, cabía confesarle mi amor hacia Bembo: Su Santidad comprendería. La dicha presentida menguó a causa de otras noticias de Roma. Murió envenenado el cardenal Michiel, de enorme fortuna; el cardenal Juan Bautista Orsini, eterno enemigo de los Borgia; varios nobles más. Todos riquísimos, sus caudales recayeron en César. Asimismo murió de enfermedad nuestro pariente el cardenal Juan Borgia de Monreal, acaparador de riquezas heredadas por mi hermano. En definitiva, malos recuerdos aventados con las visitas del veneciano. Medelana era el lugar más hermoso que tenía bellas acacias. Y a Bembo. Esbeltos álamos cimbreantes. Y a Bembo. Un tupido y encantador parque. Y a Bembo. Las quietas aguas del Po de Volano. Y a Bembo. Mi libertad espiritual. Y a Bembo.

—Beso la dulcísima mano que me ha muerto —dijo.

Como resonancia de sus expresiones yo le recibía lo más bella posible, sin reprimir las delicias de mi apasionado fervor hacia aquel exquisito hombre en pleno goce de su juventud y, sin embargo, bastantes años mayor que yo. Aquella distancia en la edad me tranquilizaba, creyendo en la protección de su experiencia. El amor creció tumultuoso debido a la confianza. Fueron días de encantamiento durante los cuales le vi llegar a través de la niebla como algo mágico. Y no me equivocaba pues Bembo, para alcanzar mi orilla, atravesaba sus propios sueños.

—Mi alma querría salir de los labios para vengarse dulcemente de mi tierna enemiga.

Una calurosa tarde de agosto iba yo tejiendo imaginaciones propias del amor cuando ha de suplir ausencias y, de repente, descubrí a lo lejos un jinete galopando en la dirección de nuestra casa. Era Hipólito de Este. Descabalgó y, sin descanso ni protocolo, habló fingiendo condolencia.

—Malas noticias, señora. El papa Alejandro VI ha fallecido.

Mi padre vitalísimo. Mi padre amantísimo. Mi padre, tierno vigilante de sus hijos, quien adoraba a Dios en su corazón, y al diablo en las mujeres. Mi padre y la idolatrada vida. El que jamás arriaba en su alma la bandera de

Valencia ni los infantiles recuerdos de Xátiva y Gandía. Mi padre, que alzándose en su carrera a cimas de vértigo, arrastraba consigo a los amigos fieles y necesitados. Mi padre, desbordante de generosidad hacia la familia y cuantos le amaban o le amaron. Un volcán en erupción repentinamente apagado. Adiós a la visita anunciada. Nunca volvería a verle. Nunca más pasearía el Papa con los duquesitos. Le recordé a mi salida de Roma rumbo a Ferrara, corriendo de una a otra ventana del Vaticano para verme un rato más, perdida su dignidad de Papa, revestido únicamente del amplio hábito seglar de su paternidad. Su bien o su mal, camino de la nada. ¿Desde qué ventana del más allá me buscaría para excusar el incumplimiento de la próxima cita? Acababan de segar mis raíces. Ya nadie me protegería ni protegería a mis hijos romanos. ¿En quién habría de confiar a partir de aquel momento?

—Vendrá vuestro esposo a ofreceros sus condolencias. Permitidme os vista de luto antes de su llegada, señora.

Cuando Nicolasa hubo terminado, me deslicé hasta el suelo. Allí permanecí indiferente a todo excepto a mi llanto. Alfonso compareció al cabo de unos instantes.

—No llores, Lucrecia. Nada puedes hacer. ¡Son cosas de la vida!

No me moví, ni cesé en mis lágrimas. Alfonso las odiaba y se marchó al iniciarse el crepúsculo. Su sombra horizontal y alargada tardó en seguirle. Oscureció sin que yo me librara de la desesperación. Al siguiente amanecer recibí carta de Bembo. De veras me consoló. Escrita con fino cuidado y conocimiento del dolor, Pedro se extendía en consideraciones sobre la soledad, el corazón maltratado, la importancia de un padre, la dureza de la existencia. ¿Serviría la mano de un amigo? Se excusaba también de no haberme hablado cuando vino a verme «antes que Alfonso», remarcaba. Le había faltado valor.

«Me sentí incapaz de acercarme a la jovencita rota, deshecha en llanto, tremendamente abatida, abandonada del mundo allí en el suelo. Infundíais piedad y, de poder, os hubiera acunado en mis brazos. ¡Qué tremenda necesidad! Pero me detuvo el volumen de vuestro desespero. El respeto a vuestra aflicción. El saber que me faltan todos los derechos. Sin embargo, vuestro dolor es el mío, os acompaño, y he vertido lágrimas vuestras en la noche de ayer.»

Delicadamente omitió alusiones a nuestro amor y no me pasó inadvertido. La segunda carta después del fallecimiento de mi padre, me la trajo Hércules Strozzi, al venir a decirme su sentimiento por la defunción de Su Santidad.

Tenaz y fiel, Strozzi continuó ocupándose de comprar mis telas consiguiendo el milagro de mostrar su exquisito gusto, aun tratándose de algo tan monótono como el luto. Las hermosas cartas de Bembo pronto fueron suplidas con la emoción de sus visitas. Verle llegar me inundaba de amoroso agradecimiento pues Pedro traía consigo la voluntad de arrancar, día a día, los amargos pétalos de la orfandad. Verle partir era un doloroso desgarramiento. El tiempo intermedio, pese a sufrir en el alma la tremenda pena de la ausencia paterna, se convirtió en un nido de finísimos placeres. A veces salíamos al balcón a contemplar la noche, cuerpos y almas entrelazados. Su hablar ardiente, lleno de furor amoroso, me encendía más por la intensidad de su voz que por el significado de las palabras.

—Desnuda de joyas, enmarcada en vuestro austero luto español, pequeña y tiernamente dolida, sois más mía que nunca. ¿Cómo os agradeceré la atención que me dedicáis, Lucrecia?

La consoladora compañía de Bembo duró más de lo programado pues la peste no abandonaba Ferrara. Hube de mantenerme lejos de la ciudad en tanto no se extinguieran los últimos brotes de la epidemia.

—Rezo a diario para que la peste dure. Necesito la peste para no separarme de vos, querido Pedro. Soy mala, ¿verdad?

—Sois una delicia.

Los componentes de mi cortejo se mostraban encantados de residir fuera de los muros del castillo ferrarés, en pleno campo y gozando de libertad. Siendo testigos mudos de la irreprimible pasión del veneciano, también ellos cedieron a sus propios amores. Medelana se convirtió en el paraíso de la juventud y del amor. La primera tarde invernal, perdido el bienestar del lánguido otoño, las ráfagas de viento sacudían los álamos y arrancaban pequeños brotes de espuma a las pacíficas aguas del Po. Me refugié junto a la chimenea como si se tratara de la capa cardenalicia de mi padre en los días de mi infancia. Crepitaban los leños encendidos. El espíritu de los troncos perfumaba la estancia. Nostálgicamente contemplé el crepúsculo y, a lo lejos, vi iluminarse una después de otra las ventanas de casas desconocidas. El paisaje era azul un tanto lívido. Y el rosado temblor de los hachones en la distancia hacía pensar en la felicidad de quienes viven juntos aquel diario ensayo de la muerte que es el sueño. Entonces apareció Bembo. Alto, esbelto, vestido de negro, decaído y triste, era la imagen del dolor. Mi alegría se marchitó en seguida.

—¿Qué ocurre? —pregunté alterada.

—Vengo a despedirme.

Se arrodilló delante de mí, su rostro a nivel del mío. Me besó las manos, las mejillas, la frente, los cabellos. Temblaba.

—¿Despediros? ¿Por qué?

—Vuestro esposo se instaló en Ostellato.

—¡Pero si estaba revisando la artillería ferraresa! ¿Qué significa esta llegada de improviso?

—Se presentó de repente, se adueñó de todo y ahora prepara una cacería. El ambiente es hostil a mi trabajo. Hablan de mujeres soezmente, se emborrachan, no respetan mis poesías, revuelven los papeles. Temo que en el momento más inesperado don Alfonso me ordene leer mis últimos escritos.

—Pues leédselos.

—En esas rimas está Ostellato, vuestra belleza, mi pasión, nuestro amor... ¿lo creéis prudente?

En absoluto. Alfonso y yo nos habíamos separado de mutuo acuerdo. Pero ello no significaba que dejara de visitarme cuando estaba cerca, aprestándose a cumplir sus deberes matrimoniales. Deberes olvidados durante meses dedicado a su pasión artillera; y que después me los imponía cuando alguna de sus mujeres no estaba a su lado. Encontré ofensiva su conducta. Me sentí tratada como la más baja de las cortesanas. Y además, en aquella ocasión, amenazada. El hecho de que estando tan cerca no viniera a saludarme, era indicativo de macabras intenciones.

—Hércules Strozzi acaba de escribirme lo aconsejable de partir hacia Venecia. Visitar a mi familia puede ser una buena excusa. No detalla razones, pero está clara la urgencia.

Más que clara, clarísima. ¿Cuántos, de quienes amé o me amaron, murieron a manos de los Borgia? Fallecido el Papa, ¿osaría Alfonso de Este quitar la vida del excelso poeta, por sospechas de amor? Mi extraño destino amenazaba repetirse.

—Os lo ruego, Lucrecia. Permitidme pasar esta noche en vuestra compañía. Es la última noche, fría como mi pena. Necesito contemplaros al reflejo cambiante de las llamas; acariciar vuestro calor y el calor del fuego. ¿Queréis permitírmelo?

—¿Y si Alfonso llegara inopinadamente? —dije llena de pánico.

—Enviad a la orilla del Po al más adicto de vuestros servidores con la orden de avisaros en el momento de acercarse una nave. Disculpad mi atrevimiento, hijo de la desesperación. El ardor que encendisteis en mí es el más fuerte y puro que haya quemado el pecho de un amante. Temo que si intentáis apagar la llama, vos misma resultaríais quemada.

La noche transcurrió densa, incombustible. De llama a llama, los dos ardimos sin quemarnos. Pedro era enormemente feliz al observar mi arrebato idéntico al suyo. La casa quedó silenciosa. También el campo. Las ventanas del pueblo en lontananza se oscurecieron. Mi mano en la mano de Pedro, me dormí. Antes de asomar el sol en el Adriático, en la misma nave que llegó, cargada de libros eruditos y papeles, el mayor y más joven de los poetas desapareció rumbo a Venecia. Al despertar, encontré en el cuenco de la mano una flor y una nota apresurada.

«Estad segura, amadísima, que aquí y en todas partes, en la tristeza y en la alegría, yo seré el fiel heliotropo del que vos seréis siempre el sol.»

Desesperada por su ausencia, los días transcurrieron tristes y conturbados. La sombra de Alfonso en Ostellato me aterrorizaba. Al cabo de un mes, un susto mayor conmovió mi alma, viendo entrar en casa a Bembo.

—¿Cómo os atrevéis, Pedro? —le abracé estremecida.

—Prefiero morir a manos de vuestro esposo que agonizar de no veros. ¿Tenéis noticias de don Alfonso?

—Ninguna.

—Trataré de instalarme en Ostellato. Quizá se marcharon y me sea posible trabajar.

No volví a verle. Sus primeras noticias llegaron de Ferrara.

«Os espían. Resulta muy difícil vernos. Y por si no fuera bastante, la corte de don Alfonso me dejó sin alimento. Parece mentira que comiendo cincuenta personas, no haya un plato para mí. ¿Comprendéis el significado?»

Desde luego. Alfonso le trataba indignamente para ahuyentarle. Tejía sus planes dispuesto a dificultar nuestros encuentros de enamorados. Tampoco Hércules Strozzi se acercó a Medelana. El asunto se complicaba. Estaba segura de que a mí nada me sucedería. El orgullo de Alfonso nunca le consintió rebajar el honor de su esposa, que era el suyo. Pero se había propuesto conseguir ahuyentar de su entorno a los dos hombres que adoraban a la futura heredera de Ferrara. Aquel inmenso dolor se convirtió en preocupación, al enfermar treinta y cuatro personas de mi séquito. Cargada de paciencia recé para que nadie muriera. Así sucedió, Dios sea loado. De Alfonso no hacía falta preocuparme.

Acompañado de su corte desapareció de Ostellato al saberse vecino de las fiebres. Curados los enfermos, decidí regresar. Estaba próxima la Navidad. Las fiestas vaticanas acudieron a mi memoria llenándome de melancolía. A mitad del camino de Ferrara salió a recibirme Alfonso. No mencionó a Bembo ni a Strozzi, pero estuvieron presentes entre nosotros. En especial, en la dura mirada de mi esposo. Me dejó en el castillo con la sensación de estar prisionera. El reciente luto debido a mi padre cerró los caminos posibles para acercarme a Bembo. ¿Pero quién corta las alas al pensamiento? Cada tarde montaba en mi caballo y recorría las calles ferraresas para acudir a casa de mi amado. Ni el frío, ni la nieve, ni la vigilancia, pudieron impedir que, montada en mi deseo, cabalgara el encuentro de Bembo. Frente a su domicilio, subía las escaleras volando como una mariposa. Revoloteaba alrededor de su lecho. Me posaba en sus labios auscultando los suspiros de su alma. ¡Querido Pedro! ¿Notaría la huella invisible de mis diarias visitas imaginadas? De nuevo reanudamos la correspondencia a través de Ángela. Le hice prometer a Bembo que no se alejaría de Ferrara.

«También como vos, yo deseo respirar el mismo aire, amor mío», me escribió.

Además de mi marido, el azar opuso numerosas dificultades. La primera fue la llamada urgente avisando a Pedro que su hermano pequeño estaba grave. En un rasgo de audacia, Bembo compareció en mis aposentos dispuesto a comunicarme la mala nueva personalmente. Todos los Este se hallaban en el castillo. El temor por la vida de quien era artífice de la mía apenas me consintió disfrutar de su presencia. Bembo se mostró trastornado, enamoradísimo. Le dolía la posibilidad de perder a su hermano. Le dolía faltar a su promesa separándose de Ferrara. Le dolía suponer que los dos íbamos a caer en la mordaza del luto. ¿Más tiempo sin vernos? La sombría muerte nos cobijaba en sus alas, batiendo un cruel presagio. ¿Moriría nuestro amor? Angustiada ante la posibilidad de que Alfonso irrumpiera de súbito en mi habitación, apenas le dirigí la palabra. Si Alfonso entrara, Pedro era hombre muerto. Cuando se fue, tomé conciencia de lo sucedido y, arrebatadamente, le escribí una nota, enviándola en seguida. Parecía imposible que en el menudo billete cupiera un grito de pasión tan desgarrador. Pedro me explicó que, muy apesadumbrado, acompañó el cadáver de su hermano cruzando los canales en la góndola del entierro. La gran luna de enero proyectó su nostálgica congoja en el camino de regreso. El agua gemía a cada golpe de remo y el resto era silencio. Bembo, según me escribió, anhelaba consolarse en el refugio de mi pecho. Le envié un rizo de mis cabellos y respondió:

«Gracias, amada, por acercarte a mí con la belleza de tus cabellos. Mi tristeza se ilumina en el resplandor de su oro.»

Otro contratiempo fue un aborto. Aparte del disgusto sufrido, pues Alfonso deseaba tener descendencia, mientras yo no me levantara de la cama sería imposible escribir a Bembo. Cuando estuve repuesta, me ocupé de las bodas de dos de mis damas: Nicolasa y Jerónima. Celebramos ambos acontecimientos en la intimidad del castillo. En el enlace de Nicolasa tuve una emocionante sorpresa. Enviado como regalo a mi dama, Bembo halló ocasión de ofrecerme un obsequio inapreciable, fruto de un año de trabajo. ¿Trataba de indicarme lo muchísimo que me recordaba? Allí estaban sus *Asolani*, versos y razonamientos amorosos dedicados a mí. Su lectura y los comentarios de Strozzi, me conmovieron sobremanera. De todos los oyentes, únicamente yo entendí las alusiones a momentos de nuestra secreta intimidad. Fue como tenerle al lado y la añoranza se apoderó de mi corazón. Días después recibí carta suya.

«Cuidado, Lucrecia. No os fiéis de nadie. Podría resultaros fatal. Disimulad vuestro pensamiento. Que ningún enemigo pueda cerrar los pocos caminos de unión que nos quedan. Sobre todo, que no os vean escribir. Pronto iré a visitaros.»

Tampoco expliqué a Bembo mi hondo disgusto por la oposición de los Este a tener conmigo a mi hijo Rodrigo Bisceglie de Aragón. ¿Para qué decirle cosas desagradables a quien tan difícilmente soportaba la lejanía? Pedro Bembo decidió regresar a Ostellato. Quería verme. En la villa de Comacchio le esperaba Hércules Strozzi anunciándole que yo no acudiría a la cita pues acababa de fallecer mi suegro. El viejo duque murió al son de un clavicordio tañido por el músico de la casa de Este. No sé si a consecuencia de los alegres sones o quizá porque el viejo no era demasiado querido, Alfonso escogió sus trajes de ceremonia para el momento de ser proclamado duque de Ferrara, sin dejar de tararear. En cuanto a mi cuñada Isabel, dio muy cumplidas y variadas razones disculpándose de no asistir al sepelio. Tito Vespasiano Strozzi, padre de mi amigo Hércules, coronó duque a mi esposo después de misa mayor en la catedral. En la puerta del castillo esperé la llegada de Alfonso y el resto de la cabalgata. La ciudad, escondida bajo la gran nevada, parecía estremecerse de igual júbilo que sus habitantes. Alfonso se sintió muy halagado por la cortesía de sus súbditos quienes, de propio impulso, apartaron la nieve de la calle en el recorrido desde el castillo a la catedral. Seguía nevando y los redondos copos formaron una gran cortina frente a la cabalgata que se acercaba. En honor a la festividad y pese al luto, vestí completamente de blanco. Bajo una capa de moaré forrada de armiño, gotas nevadas sobre las pestañas y los labios, casi desaparecí en la blancura de alrededor. Cuando Alfonso estuvo delante de mí, me incliné a besarle la mano en signo de sumisión. El duque no lo consintió y, obligándome a permanecer en pie, me besó en ambas mejillas. Cogida de la mano me llevó hasta la sala de recepciones. Entre el tumulto de los invitados, Hércules Strozzi me entregó una nota de Bembo.

«Acordaos de que nada miro, pienso, amo sino a vos. Y si yo pudiese, muerto, volar en torno vuestro con mi espíritu, ya no querría vivir. Aquel precioso albergue de vuestro corazón, ¿añora el mío, Lucrecia?»

Coronada duquesa, dueña de poderes, atada como nunca al duque Alfonso, ¿qué sería de mi amor? Desde las ventanas de la espaciosa estancia, comprobé que la nevada continuaba. Sentí un ardor impropio del frío circundante, pues tuve la impresión de que los campos eran flores blancas enviadas por mi padre para comunicarme su alegría a causa del alto rango conseguido. Las damas de la corte ferraresa y de las cortes vecinas vinieron a cumplimentarme y ofrecerme sus respetos. También lo hicieron familiares y personas cumplidoras del protocolo. Alfonso me hizo llegar las órdenes del día: ambos estrenábamos mando y las consiguientes obligaciones. Siempre cumplí. A la hora del crepúsculo miraba el cielo desde el balcón y un agobiante presentimiento aterrorizaba mi alma. Las imágenes de Ostellato y de Pedro se hicieron más lejanas al pasar el tiempo. Mis ganas de llorar eran constantes. Incapaz de confiar en nadie excepto en Hércules Strozzi, cuyas visitas menguaron por razones de mi cargo, no tuve otro consuelo que ejercer mi dignidad. Habiendo sido gobernadora en tres ciudades y dos veces delegada del Sumo Pontífice en el Vaticano, sabía cumplir lo encomendado a la perfección y me fascinaba demostrar mis dotes de mando. He aquí mi único placer. Hércules Strozzi vino a comunicarme:

—Supongo que Ángela os entregó una misiva de Bembo.

—Desde luego. Dejando aparte lo personal, me advierte que estoy muy vigilada, que le escriba y mande mis cartas secretísimamente. Y que, no estando ya el viejo duque que tanto afecto le demostró, su vida misma peligra en Ferrara.

Sin embargo, me anuncia su venida. No sé cómo interpretarlo.

—Muy fácil, señoría. Como sabréis, Julio II acaba de ser elegido Papa.

Ciertamente, estaba advertida de tan dolorosos pormenores. Apenas enterrado mi padre, los enemigos de los Borgia se entregaron de lleno a la venganza, con un aullido superior al de una manada de lobos hambrientos. Escarmentados de años y años de sometimiento al poder de los explosivos españoles, presionaron para conseguir el triunfo de un papa italiano. Los franceses, espectadores de una Iglesia maleada a cargo de los pontífices italianos y españoles, eran incapaces de comprender por qué no se probaba un papa francés. Las desatadas intrigas en torno al Solio Pontificio, donde todavía reinaba después de muerto el potente Alejandro VI, antiguo niño de la deliciosa Xátiva, aconsejaron un Sumo Pontífice intermedio que, al menos, ocupara la vacante el tiempo necesario para la pacificación de los ánimos. Salió elegido Francisco Tedeschini, viejo, honrado, y a punto de morir. Mientras él agonizaba en la silla gloriosa del tremendo Borgia, se aplacarían los ardores. Tedeschini, conocido ya como Pío III, consciente de su ingrato papel, falleció a los veintiséis días de su innecesario reinado. Gran agitación de tropas sacudió Roma a su fallecimiento. Las gentes de Alviano, las de los Baglioni y las de los eternos enemigos y víctimas de los Borgia, aquellos poderosos Orsini, se desahogaron matando, torturando mujeres borgianas para vengar en ellas los ultrajes infligidos a las suyas. Enterrado Pío III, triunfó sin dificultad Julián de la Rovere, eterno espía de mi padre, vigilante de nuestra amada viña del Esquilino. Su espera no le resultó inútil. Pero, además del triunfo, tuvo que asumir el amargo fracaso de ganar a un enemigo que ya había muerto. Alejandro VI, en realidad, jamás fue vencido.

—¿Y qué tiene que ver Julio II con Pedro Bembo? —pregunté.

—Pues que Pedro forma parte de una embajada veneciana que se dirige a Roma a negociar cuestiones de las ciudades romañolas. En el escrito que me entregaron, leí: «Pedro, hijo del viceseñor de Venecia Bernardo Bembo, saldrá rumbo a Roma en compañía de los embajadores venecianos. La ruta pasa por Rímini y Urbino, donde el señor Bembo se les reunirá.» Pedro aprovecha la ocasión para veros, señoría. Quizá ya os adelante el momento y el lugar de la cita.

Me alegró saber que los movimientos de Pedro para

encontrarme estuvieran justificados. A nuestro profundo amor y trastornadora intimidad le faltaba el calor de la presencia, volver a rozar su piel, quemarme en su pasión, oír sus hermosas palabras. La víspera de la llegada de Bembo, apenas pude dormir. El jardín colgante de mi habitación abría sus puertas a la suave noche de primavera. El aroma de las flores me llegaba enhebrado a los rayos de la luna que, en la oscuridad, me besaba los pies. En su dormitorio, quizá Bembo descansara pensando en mí. Aquel contacto furtivo a través de la mente me duró hasta el amanecer. Horas después, Pedro avanzaría por los corredores de mi casa hasta la sala de recepciones. Siendo imposible mi salida del castillo, convinimos que estaría presente en las audiencias con la debida antelación. Le imaginé acercándose a mi silla, tan parecida a la del trono vaticano en la Sala del Papagayo y casi me desvanecí. Llegado el momento y después de los saludos protocolarios, hice apartarse al personal de la corte al fondo de la estancia.

—Pedro añoradísimo... —le miré destrozada, reteniendo el fuerte impulso de abrazarle.

—Dueña de mi ser, de mi alma, de mi cuerpo, de mi vida... ¿qué extraño castigo me envía el cielo? ¿Qué hice para merecer este gran sufrimiento? Me contaron que vuestra hermosura iba en aumento. Me puse a temblar por si otros os asediaban y, al apelar yo a vuestra pasión, me respondiera el olvido.

—¿Tan frívola me creéis?

—Tan poco me considero para vos.

—En el futuro buscaremos lugar y momento adecuado para una cita. Una cita tan cautivadora como las de Medelana.

—Puedo morirme, señora, si continuáis recordando. ¿Cuándo nos veremos?

—Son muchas las dificultades. Vos mismo me recomendasteis prudencia, advirtiéndome lo vigilada que estoy.

—Vigiladísima. En el castillo tenéis varios espías. También en cada uno de los palacios que frecuentáis. Todos los ferrareses de prestigio comentan el desfavor del duque Alfonso hacia vuestro círculo de amigos. El joven Jerónimo, vuestro enlace conmigo, se pregunta por qué vuestro esposo le denigra. A nuestro fiel Hércules, pese a su rango y ser acreedor de los Este, apenas se le tolera en la corte. Un comportamiento incomprensible a menos de aceptar graves sospechas del señor de Ferrara acerca de nosotros. Si continúo ofreciéndoos mi amor, os expondré a muy duras consecuencias en vez de gratas compensaciones.

—Resulta terrible admitirlo, pero la razón os acompaña.

—¿Entonces, señora...?

Tenía en el rostro la ansiedad del momento de la sentencia. Temblaba. Y yo con él. Reduje el tiempo de la agonía. Dije:

—Adiós, mi querido amor.

—¿Hemos de separarnos así, a esta distancia de vuestro trono? ¿No vernos más, no más diálogos enamorados, no más flores esparcidas sobre las colchas o cortadas en los jardines las noches de luna? ¿Adiós de verdad, Lucrecia?

La desesperación descompuso las amadas facciones. Con una mano traté de contener los latidos del corazón. La otra se la ofrecí a modo de despedida. Se inclinó a besarla prolongando la caricia de sus labios y algunas lágrimas cayeron en ella. Un prolongado escalofrío expresó mi negativa a perderle. Recordé su carta contándome la muerte del hermano. Aunque en la estancia no había góndolas ni mares venecianos, el rumor de las aguas nocturnas batidas por el remo amenazó enloquecerme. Tal vez estábamos enterrando nuestro amor. Sin darme cuenta revelé mis pensamientos.

—Decidme, querido Pedro, ¿llegasteis a tiempo de hablar con vuestro hermano? Quiero decir, ¿cómo lo encontrasteis?

—Muerto.

Una sola palabra respondió a la pregunta que hice y a la pregunta que no hice. Bembo siempre supo leer en mi interior, siempre. Me miró desesperadamente, los ojos llenos de lágrimas. Con aquella mirada depositó en la mía su arrasada ternura, lo mejor de su espíritu privilegiado, su herida voluntad de hombre. Luego salió de la estancia agobiado por la crueldad de lo que suele llamarse cumplimiento del deber y es, en realidad, el cáliz de todas las torturas.

También yo cumplí mis obligaciones tratando de escapar al abismo de la ausencia. Iba y venía por el castillo, alucinada. Intentando convencerme de que Pedro no estaba. Que, en efecto, se marchó por la sala de recepciones llevándose sus lágrimas, dejándome las mías. Al fin hube de admitirlo: quizá no le volvería a ver. Mi hundimiento era total. Bembo llevaba en su alma de enamorado la carga de nuestras impotencias. El mundo me parecía leve, ingrávido y al desaparecer Pedro se me vino encima. Después del último encuentro, dejó de escribir. Al principio me llegaban rumores del veneciano. Yo lloraba al saberle triste, retraído, aislado. Viajaba mucho y en ninguna parte se detenía, impulsado de esa nómada inquietud de quienes están libres de acudir a cualquier sitio, excepto a donde quieren ir. A través del tiempo fui recibiendo delicadas notas, y con ello se demostraba que nuestros pensamientos continuaban unidos. Felicitaciones de festividades, expresiones de buenos augurios en los nacimientos de mis hijos, el recuerdo del día que nos conocimos, mis cumpleaños. A cada novedad surgía su nota de adhesión a mi vida. Era imposible arrancar del corazón y la memoria los felices años de aquel amor que sólo saben ofrecer y conducir los poetas y, aun así, no todos. Hasta llegar al hecho cruel, inesperado. Un amanecer de junio cuando el Po arrastraba hacia el Adriático los primeros destellos de la aurora, en el rincón más recóndito y sereno de Ferrara descubrieron el cadáver de un hombre. Al pie de rojizos muros, tendido boca arriba, los ojos mirando un cielo estival que no veía, enseñaba, a quienes las quisieron contar, veintidós puñaladas. En la calle, muy cerca, había una muleta. Era Hércules Strozzi.

—¡Han matado al Renco!

—¿Qué dices, mujer? —pregunté crispada.

—Asesinaron a Hércules Strozzi.

Al oír la noticia me hundí en luto riguroso. A mi alrededor crecía la soledad. Se agigantaba. No comprendía los vertiginosos acontecimientos. La persecución de la fatalidad. Contemplé durante horas los maravillosos vestidos que Hércules escogió para mí. Recordé su empeño en presentarme a Bembo. Tuve la certeza de palpar en la distancia la muda desesperación de Pedro. Tan muda que ni siquiera escribió. El miedo se extendió por Ferrara. Ocho días antes asesinaron en plena calle al sacerdote español bajo mi protección. Las personas de mi agrado huyeron de la ciudad. Si alguien tan rico como Hércules capaz de prestar dinero a los Este, tan poderoso por sus dotes intelectuales y títulos de nobleza quizá mayores que los de Alfonso, caía cercenado a manos de sicarios, cualquiera estaba ya en peligro. Destrozada y enferma lloré el asesinato de mi buen amigo. Jamás entraría en mis estancias tan fiel compañero. Medité horrorizada el mortal destino de quienes me amaron. Y pasé la noche esforzándome en impedir el fallecimiento del amor de Pedro Bembo.

A los escépticos observadores de mi conducta, aquellos corresponsales instalados en la ciudad para enviar a sus feudos continuas noticias de mi vida, no les cupo otra solución que alabar mi luto.

«Si el desaparecido duque Hércules pudiera contemplar el comportamiento de su nuera, la excelentísima duquesa de Ferrara, estaría muy complacido. Ha cubierto los muros de sus habitaciones con paños fúnebres, y revistió de igual modo sus carruajes. Además se viste absolutamente de negro como si la pena no consiguiera calmar el alma de su señoría Lucrecia.»

Mi comportamiento respondía a un plan capaz de evitar la aparición de nuevos cadáveres. Un plan de ciertos resultados pues, en principio, cesaron las murmuraciones. Ya no se escuchó el clamor de: «¡Fuera los españoles!», desapareciendo de mi corte el nerviosismo. Amargamente sonreí ante el éxito de mi pequeña venganza. En realidad, el luto lo llevaba por mi padre, por Strozzi y mi lejano Bembo. ¿Qué me importaba el áspero Hércules de Este que tan mal me trató, además de negarme hasta última hora mi pensión? La misma divertida amargura me la procuraba acordarme del largo pasillo que Alfonso mandó construir, desde sus aposentos a mis habitaciones, con la maliciosa idea de irrumpir cuando se le antojase, buscando sorprenderme en apurada situación. Era una galería inservible, inútil, pues no me quedaba enamorado ni amigo. Respecto a mi esposo, si quería dormir conmigo, le agradaba hacer publicidad de ello y atravesaba el castillo para que soldados y doncellas dieran fe de que ejercía sus derechos matrimoniales. Alguna vez le pagaría con la misma moneda mandando jugar, en el denigrante pasillo, a mi pequeño Juan. No se trataba de imaginación. El Infante Romano vivía en la cercana Carpi, situada entre Padua y Módena. El señor de Carpi, Alberto Pío de Carpi, inició conmigo un trato discreto que acabó en amistad. Algo disgustado con Alfonso y decidido a ganarle la partida a causa de las tierras, se arrimaba a mí diplomáticamente. Solía hacerme lujosos regalos y yo, acostumbrada a ellos, los aceptaba indiferente. Sin embargo logró emocionarme con el último. En principio dijo que, de momento, lo guardaría en su casa. Intrigada, pregunté:

—¿Seré capaz de adivinarlo?

—Creo que no, señoría.

—Y vos, ¿seréis capaz de anticipármelo?

—Desde luego. Espero que contribuya a desvanecer vuestra persistente melancolía. Cuando vuestra señoría entristece, se hace oscuro alrededor. Me disgusta veros afligida a causa de tanto fallecimiento, en especial el de vuestro niño recién nacido. De manera que conseguí traerme a Carpi, tan cerca de Ferrara y recibiéndole en mi hogar con los honores debidos, al pequeño Juan Borgia.

—¡Dios mío! —la sorpresa me conturbó.

—Vivirá allí mientras vuestra señoría consigue arreglar la situación, disfrutando del niño continuamente. Desde luego, podéis visitarle según os plazca —dijo y nuestra amistad ya estuvo sellada.

También a mi cuñado, el marqués de Mantua, le preocupó mi prolongada pesadumbre. Desde que yo era princesa en la corte vaticana no tuvimos otro encuentro. Vino a Ferrara henchido de misericordia, dispuesto a consolarme. Tuvo buena intención, pero debió de cambiar de propósito apenas vernos. Fue fácil descubrir su ánimo de conquista. ¿Cabía esperar menos del gran mujeriego Francisco Gonzaga? El pueblo le atribuía numerosos hijos ilegítimos distribuidos por el territorio de Mantua, cuyas madres ensalzaban la piedad del duque hacia las desventuras y desgracias femeninas. Incapaz de renunciar a la conquista de una mujer bella, siguió su fino instinto de soldado dispuesto a ganar la batalla. Inició su acercamiento apoyándose en el tema que mejor podría agradarme: el rescate de mi hermano César, prisionero en España. A Francisco Gonzaga, hombre perpetuamente enamorado, le molestaba el trato continuo de una esposa tan soberbia, cultísima y de gran talento, cuya imagen jamás consiguió superar. Para divertirme bastaba imaginar las iras de Isabel, que continuaba despreciándome. Francisco llegó hasta mí tiernamente rendido, tenso y a punto de saltar. Me invitó a reunirnos en una de sus villas, al borde del Po. Así pues, en el itinerario de mis viajes incluí parada en Borgoforte. Nada anuncié a mi esposo hasta el último instante, cuando era imposible prohibirme la visita que, dada la antipatía que ambos se profesaban, me hubiera negado. A las primeras horas de la amanecida, el marqués de Mantua vio salir del agua la quilla de mi nave avanzando en silencio. Los abedules se balanceaban en las orillas del río. El otoño era dorado y ardiente, lo mismo que el grito de la vida a punto de morir.

—Os vi llegar —me decía— como parte del paisaje. Como un sol a punto de matar la tristeza.

El encendido afán de Francisco Gonzaga me complacía por venir del esposo de mi cuñada, la soberbia Isabel de Este. Oí las palabras de Francisco igual que si, además, las escuchara Isabel. A mi cuñado se le ocurrió decir:

—Sería un honor que visitarais Mantua. Isabel se alegraría.

Una excusa para prolongar nuestros ratos de mutua compañía. Asentí sin meditar. Se lo comuniqué a Alfonso y mandó en seguida una nota agradeciendo la invitación hecha a su esposa Lucrecia, duquesa de Ferrara. En realidad, me gustó mostrarme condescendiente con el hombre que estaba enamorándose de mí. Acostumbrada a la indiferencia de los Este, la incipiente pasión de Francisco me halagaba. Al llegar a Mantua, Isabel ya estaba al corriente de mi visita pues, entre ella y su hermano Alfonso, mantenían correspondencia. Dejando aparte su amor propio herido, celos y la ofensa de su esposo al cortejarme en su presencia, Isabel estuvo educada y amable, favor que se debía a sí misma y a su rango. Le preocupaba observar el curso de nuestras relaciones debido a la repercusión política que pudieran tener. Al proseguir el viaje, mi cuñada me despidió con la altivez peculiar en ella y acunando hacia mí un rencor inextinguible. Desde mi llegada a Ferrara, ella había perdido su influencia en los hombres. La desdeñaron personas excepcionales como Pedro Bembo, Ariosto y Hércules Strozzi. Su rostro oscurecido por la rabia contrastaba con el de su esposo. Francisco Gonzaga se adelantó hasta la nave para decirme adiós. Sus ojos, desamparados y mudos, dudaban entre la prudencia de quedarse en Mantua y la locura de continuar conmigo. Deseando evitar el escándalo, di orden de partir inmediatamente. Tan aprisa que a la insistente mirada de Francisco no le dio tiempo a desembarcar y la llevé conmigo. A veces yo sufría pequeños sobresaltos al acoplarse las últimas imágenes de mi cuñado al recuerdo de Bembo. Todavía amaba a Bembo. Y su falta me empujaba hacia Francisco en pos de algo parecido a Bembo, afectivo como Bembo, pero jamás igual a Bembo. A nuestra llegada a Belriguardo caí de lleno en aquello que tanto detestaba: un escándalo pasional.

—Hazme el favor de tranquilizarte, Nicolasa. Así no consigo entenderte. ¿Puedo saber qué ocurre?

—Se trata de Ángela Borgia, vuestra prima. ¡Son diecisiete años ávidos de hombres, señoría! ¡Tenía que suceder!

—¿Pero qué sucedió, Nicolasa? ¿Acabarás de una vez?

—¡Está embarazada! ¡Imposible ocultarlo! Ha sido un escándalo, un auténtico escándalo.

—¿Se sabe el nombre del padre?

—¡Eso es lo peor! El niño que espera Ángela es de vuestro cuñado Julio, el hijo natural del fallecido duque Hércules.

—¿Nadie habló de casarlos?

—¡Dios Santo, casarlos! No creo que el duque lo consienta. ¡Ha sido una verdadera tragedia! ¡Veo más fácil el perdón del cielo, que el de vuestro esposo!

—¿A qué viene tanta severidad?

—La muy coqueta de Ángela llevaba medianamente en secreto su amor por Julio. Pero ya conoce vuestra señoría su inagotable necesidad de adoradores. De manera que, aunque no le amara, aceptó que la cortejase el cardenal Hipólito de Este. Un día se le ocurrió decirle al cardenal, cara a cara, que valían más los ojos de Julio que toda su persona. En mitad del campo se cruzaron ambos hermanos. Hipólito regresaba de visitar a la pequeña Ángela, humillado y ofendido, cuando reconoció a Julio en el elegante jinete que se acercaba. Ahogado de rabia ordenó a sus escuderos: ¡Sacadle los ojos!

—¡Imposible creérmelo!

—Pues en su oscuro dormitorio le tenéis, asistido de varios médicos. Al verle sangrar, el cardenal interrumpió la bárbara orden y escapó con sus hombres, quizá asustado, más allá de la frontera. Cuando encontraron a don Julio tendido en el camino, le trajeron a casa. Está ciego. Pero los médicos no se apean de la posible recuperación de la vista. Vuestro esposo, señoría, se halla muy afectado y desde luego no consiente que le hablen de Ángela. Por suerte para ella, me parece.

—¡Dios mío, qué desastre! ¿Y qué comentan por el palacio?

—Los señores de Este dicen y repiten: Ángela es una Borgia. Y todos sabemos lo que se puede esperar de la familia Borgia.

El grave accidente tuvo consecuencias dispares: el matrimonio de Ángela, aunque no con don Julio, y una conjura contra mi esposo, nacida del odio que Julio le tenía por no castigar al cardenal. Alfonso partió a explorar las costas venecianas y peregrinar después a Santiago de Compostela en España. Dejó el gobierno en mis manos y las del cardenal, quien poco o nada me ayudó. Intuyendo algo amenazador, Hipólito siguió los hilos de una intriga hasta descubrirla. Preparaban el asesinato de Alfonso. Hipólito avisó a su hermano y se desplazó a recibirle. Al encontrarse, le informó detalladamente lo que deberían hacer para sorprender a los conjurados en plena trama. A mi esposo le agradó la maquinación ideada por el cardenal, pues la traición sería desvelada a los ojos del pueblo ferrarés. El plan se desarrolló según lo dispuesto y los insurrectos fueron hechos prisioneros. En la plaza de Ferrara degollaron a los culpables. Y ya con la afilada cuchilla en los cuellos de don Julio y don Fernando, un heraldo voceó la misericordia del duque de Ferrara al perdonar la vida a sus hermanos a cambio de reclusión perpetua. Ambos jóvenes entraron en dos habitaciones tapiadas de las torres del castillo. Nunca más los vi.

—Dicen que su cuñada, la duquesa de Mantua, anda molesta con su hermano Alfonso por haber delegado en vuestra señoría el gobierno de Ferrara: «¡Atropella mis derechos! ¡Yo, Isabel de Este, nací en Ferrara, es mi cuna, y soy mejor gobernadora que esa aventurera de Lucrecia!»

«Me odiará siempre», pensé al comprender su humillación.

Los días continuaron animados. Sin embargo, los peores asuntos me sonaban como el retumbar de una tormenta alejándose. Supe que Laura, la hija de Julia Farnesio, habíase casado con el sobrino del papa Julio II. Julia, viuda del tuerto Orsino Orsini, a su vez hijo de mi aya Adriana Milá, también contrajo nuevas nupcias y mantenía un lugar privilegiado en el Vaticano donde triunfaba otra vez en el esplendor de su belleza. Los incestuosos hermanos Baglioni que seguían viviendo maritalmente y en cuya casa, mi mano en la mano de Alejandro VI, sentí las primeras ráfagas de maligna sensualidad, fueron echados de Perusa por los ejércitos del papa Julio II, a la cabeza de los cuales peleaba el propio Papa. Supe muchas cosas. Recordar el pasado me dejaba fría. En realidad tuve la sensación de hallarme contemplando a mis antiguos amigos convertidos en títeres insustanciales. ¿Quizá ya lo eran antes? Durante los carnavales recibí la sorpresa de ver en Ferrara a mi cuñado Francisco. Recién nombrado capitán general de la Iglesia, me trajo el título como un ofrecimiento. Le dediqué a Francisco todas las fiestas y todos los bailes. Solamente bailando era posible escuchar sin peligro las frases enamoradas que me dirigía. Su voz era una embriagadora delicia. Cuando Francisco partió, quedé exhausta y hube de acostarme. La noche se llenó de silenciosas carreras, de un ir y venir exasperado. Al alba, alguien esparció la noticia.

—La señora duquesa acaba de abortar.

Alfonso me riñó muy irritado.

—La culpa es tuya, por bailar demasiado. Todavía no

tenemos heredero, Lucrecia. Sólo he recibido de ti niños que mueren a los pocos días de nacer y varios abortos.

De España llegaron noticias de mi hermano César, el cual consiguió fugarse de la prisión de Medina del Campo, donde estaba prisionero del Rey Católico. Refugiado en Navarra con la familia de su esposa Carlota d'Arbret, me pedía ayuda. Inmediatamente comuniqué la buena nueva a Francisco Gonzaga. Su respuesta reinició una fervorosa correspondencia, fuente de mis posteriores ánimos. Extremamos las precauciones. Cambiamos los nombres. El mío, el de Francisco, el de Isabel, el de Alfonso y hasta el del secretario encargado de las notas. Y las notas iban dirigidas a un hermano de Francisco y a una de mis doncellas. De tan extraña manera informé a mi cuñado, por fin, el feliz alumbramiento de mi primogénito.

«Querido Guido: nació mi hijo y estamos los dos en buena salud. Deseo verte. Bárbara.»

Se celebraron fiestas. Recibimos a nobles y embajadores a quienes, desbordante de felicidad, Alfonso mostraba la criatura desnuda para que propagaran el buen aspecto y desarrollo del niño.

—Aquí tienen sus ilustrísimas a Hércules II, mi sucesor —repetía henchido de orgullo.

Llegaron más hijos. Pequeños, tibios, encantadores. Apenas husmeaban el sol de Ferrara, los recién nacidos tomaban una decisión irrevocable: unos, quedaban arraigados; otros, morían en seguida. Las personas inclinadas a rechazarme, persistieron en su actitud. Mi marido continuó ausentándose. Pedro Bembo no daba señales de volver. Y ausente Francisco por su enfermedad, conocida como «mal francés», que impedía contacto íntimo con mujer, yo andaba desconcertada por el mundo. Así lo murmuraban los ferrareses.

—Ella y sus niños vagan de allá para acá sin sentido. La duquesa parece desorientada.

Continuaron a mi alcance los gratificantes poderes de los Este, que no me interesaban. Los hombres enamorados ya no estaban a mi lado. Y el asedio de Francisco Gonzaga ni siquiera levantó la preocupación de Alfonso, pues la enorme barrera de la enfermedad de mi cuñado era un impedimento infranqueable. Como el amor platónico le tenía sin cuidado, el espionaje de mi esposo terminó y el infausto corredor de sus malas intenciones quedó cerrado. La única señal de vitalidad estaba en el incansable espionaje de mi cuñada Isabel. De continuo solía tropezarme con sus intrigas. Ángela me contaba:

—La marquesa de Mantua sufre auténticos ataques de ira. Sus quejas no se acaban: «No soporto a Lucrecia. Expuesta a sufrir escarnio por ser hija de Papa, por la escandalosa separación de Juan Sforza, el asesinato de su segundo marido el duque de Bisceglie, el abandono de su hijo Rodrigo, la extraña historia de Pedro Calderón y el misterio del Infante Romano, diga lo que le diga, nunca consigo herirla.» ¿Qué opinas, querida prima?

—Algo evidente. Isabel está loca por el poder y yo busco el amor. Dos caminos que jamás se cruzarán. Es imposible herirme.

En mi tiempo se instaló la monotonía. Dormir, comer, divertirme, cumplir las obligaciones, tener hijos, eran meros accidentes vegetativos, una maquinal existencia orgánica sin participación del alma ni de la voluntad. Esta infinita inapetencia se convulsionó de repente al estallar la guerra. Aunque odiaba la guerra, aproveché el tremendo cataclismo para soltar antiguas incomodidades. Despaché del palacio la dama responsable de mi hijo, doncellas indiscretas, prescindí del aya, del poeta Bernardo Accolti quien, incapaz de alcanzar la sabiduría de Hércules Strozzi y la delicada pasión de Pedro Bembo, me aburría. Libre de presiones me entregué al aislamiento, añorante y melancólica. Alfonso partió a los campos de batalla, nombrándome otra vez gobernadora. La voz popular dictaminó que la duquesa de Ferrara lo estaba haciendo muy bien. Alfonso aceptó los elogios satisfecho. Mi cuñado el cardenal los recibió con alivio pues, tranquilizado acerca de mi actuación, se incorporó a la guerra enardecido. Recibí noticias del secretario de Francisco: el duque estaba encamado a causa de su salud. Esperé con paciencia la recuperación. En ocasiones tuve fe de verle pronto. En días de pesimismo desesperé de encontrarle. A veces tuve la idea de recibir su visita en el momento más inesperado. Cierta mañana me llegó una nota.

«Estoy bien. Nos encontraremos en Reggio dentro de quince días. Entonces, además de la salud, recuperaré el alma. Tu Guido.»

Convertida en un torbellino, empecé los preparativos de viaje a Reggio. La suerte me favoreció en la persona de la reina de Nápoles. Terminada su estancia entre nosotros, me ofrecí a llevarla hasta Reggio. Allí descansaría un par de jornadas, y después del aseo y de una buena comida continuaría la ruta con su cortejo. Apenas la reina desapareció de mi vista, entré en casa revolviendo trajes, joyas, calzados, adornos para el cabello. Finalmente vería a Francisco.

Perdería el aliento, robado por sus besos. Mi corazón ardería de felicidad.

—Olvidé el perfume.

—¿Prefiere vuestra señoría el de jazmín, el de violeta, el de ámbar...?

—¡Cállate, alguien sube! ¿Cómo es posible que Francisco haya llegado sin intuirle?

Mi doncella Lucía, roja y sofocada, se detuvo en el umbral de la puerta.

—Acaba de llegar vuestro esposo y su hermano, el cardenal Hipólito.

Ambos entraban ya en mis habitaciones, rotundos y ciertos. La imagen de mi cuñado Francisco se redujo hasta desaparecer. Los perfumes no salieron de los pomos. ¿Para qué el espíritu de las violetas, de los jazmines y del ámbar mientras mi amor se inmovilizaba en la cercanía de Borgoforte? Alguien debió de avisarle del impedimento y la cita no tuvo lugar. Yo regresé a mis melancolías.

Las noticias se convirtieron en constantes pesares. En Venecia cayó prisionero Francisco, acorralado en una emboscada. El Papa pateó de rabia su propio solideo y excomulgó a los venecianos por retener en las cárceles al capitán general de la Iglesia. Isabel de Mantua, libre del marido, emprendió la lucha dispuesta a defender su territorio. Julio II la acusó de abandonar al esposo para ejercer ella el poder. En este cúmulo de ambiciones, el prisionero quedó abandonado y no recibía más ayuda ni más cartas que las mías. Se hallaba nuevamente enfermo y sin asistencia, algo que en seguida me encargué de resolver. Las excomuniones cayeron también sobre Ferrara. El propio Pontífice puso cerco a Mirandola, causando tremendo perjuicio a los Este. Debido a tratados y alianzas, Venecia despertó amiga de Roma y Francisco fue liberado. Inmediatamente le asedió el Pontífice quien reclamó su rápida presencia en las líneas de batalla. Viéndole en tan lastimoso estado, Isabel esgrimió la coartada de inútil total, apoyada en el incurable «mal francés» de Francisco. No le costó mucho que los médicos lo certificaran. Las enfermedades sexuales causaban pavor y el Papa, si bien muy contrariado, se doblegó a la evidencia. Mi pobre enamorado no tardó en advertir que la treta, útil para curarle, se convirtió en una encerrona: mientras durase la guerra quedaría obligado a no salir de los límites mantuanos, a menos de provocar las iras de

Su Santidad. También Ferrara, herida de muerte por los numerosos conflictos bélicos y aguardando en vano la ayuda del rey de Francia, fue mi prisión. Incluso nuestro amor se vio encarcelado en los estrechos límites de la correspondencia.

«¿Cuándo llegará el anhelado día del reencuentro, amor mío?», gemía incansable Francisco.

Hastiada de los campos sembrados de espadas ensangrentradas y cadáveres quebrantados, me recluí en el convento. No se trataba ya del Corpus Dómini, sino de un monasterio fundado bajo mi patrocinio y la complacencia de Alfonso. Allí me refugiaría.

—De acuerdo, Lucrecia. Cuenta con mi ayuda. Las tendencias religiosas prestigian a la duquesa de Ferrara. Me hallo muy satisfecho de tu resolución.

Al otro lado de los muros del convento, vecinos al solitario callejón, inmovilizaron para siempre la excepcional personalidad de Hércules Strozzi, apodado «el Renco». Mi monasterio se erigió secretamente en su memoria y desagravio. En la tranquilidad de aquel refugio reuní las monjas más amables del Corpus Dómini. Entre ellas estaba la adolescente Lucrecia Borgia, hija natural de César. Desde luego nombré abadesa a sor Laura Bojardo. Y en aquel edén propicio a la ternura, escribí en adelante mis cartas a Francisco. Las que recibí de él me llenaron de resignada paz. Una entre tantas resultó trastornadora.

«Inmediato el triunfo de Su Santidad sobre la familia Este y próxima la caída de Ferrara, el Papa me exigió mi parte de recompensa como aliado suyo. Me permití reclamar vuestra libertad a cambio del botín y la petición me fue concedida. Feliz de salvaros al miserable destino de los vencidos, comencé a preparar nuestra futura casa. La estoy amueblando a vuestro gusto y comodidad. La situación es magnífica, cerca de los prados del Té. Allí nada os faltará, querida mía.»

Las guerras continuaron hasta el momento en que el papa Julio II cayó enfermo de una dolencia que le llevaría a la muerte. A él y a las esperanzas de Francisco, derrumbadas de súbito. Situados los dos en una orilla distinta del Po, volví a replegarme en el profundo letargo de la sangre. Herido del mismo mal, Francisco Gonzaga se iba acoplando a la monótona existencia de Mantua. A veces cabalgaba en dirección a los prados del Té y, entrando en el ya inútil palacio, cerraba puertas y ventanas, gesto equivalente a cancelar su historia de amor. Agobiado por el fracaso de aquella casa vacía de recuerdos, lloraba mansamente lágrimas parecidas a una lluvia otoñal repicando sobre olvidadas sepulturas. El amor agonizaba y nada ni nadie conseguiría resucitarlo.

Ferrara la desconocida. Ferrara la deseada. Ferrara un cariño complejo. Juventud vivida primero, deshojada después rumbo a la edad adulta. Lucha para sobrevivir y otra lucha capaz de llenarme de vibrantes pasiones. Olvido de los excesos eróticos que ofrecía la savia impetuosa de aquel árbol del Bien y del Mal, llamado Alejandro VI. En la noble región de la Emilia pude haber sido feliz junto a Pedro Bembo. Quizá al lado de Hércules Strozzi. Mejor aún, o más razonablemente, en compañía de mi cuñado Francisco Gonzaga, quien me hubiese permitido conservar con nosotros a los pequeños Rodrigo de Bisceglie y Juan Borgia. La posibilidad de vida hogareña compartida entre mis hijos y Francisco, acaso hubiese desvelado quién era yo: aquella oculta mujer que iba formándose en la viña del Esquilino aspirando, sin saberlo, la sensualidad esparcida en el aire como polvo de estrellas. Una sensualidad atroz vivida bajo el signo de lo normal y único panorama impuesto a mis ojos de niña. Los cotidianos crímenes físicos y morales donde los Borgia sumergían sin repugnancia mis pocos años, no destruyeron la instintiva apetencia de pureza ni mis ansias de fe religiosa. A la menor ocasión el espíritu se me decantaba hacia la severidad, la oración, el olvido de mí misma. Los ferrareses no sabían interpretarme. De una parte, tan austera. De otra, tan cortesana. Asombrados de mis largas temporadas en el monasterio de San Bernardino, redoblaban el asombro viéndome salir del convento para presidir un banquete palaciego en honor de Próspero Colonna, recién llegado y capitán del ejército pontificio español.

—Quiero que, de acuerdo al viernes de vigilia, se sirva lo mejor. Entremeses picantes, ensalada, espárragos, alcaparras, grandes cangrejos, canutillos rellenos de crema, hojaldres. Ánforas repletas de moscatel. ¡Ah! No olvidéis los aguamaniles para este servicio —ordené—. Luego seguís con anguilas de Comacchio en salsa verde, fritos de esturiones y carpas guarnecidos de limón y aceitunas. Después raviolis y sopa húngara, para terminar con sollos cubiertos de gelatina, torteles a la lombarda y pescados persas asados. Con todo ello vino de Trebbiano. Entre uno y otro plato, para abreviar las pausas, serviréis huevos rellenos, castañas cocidas con leche, fritadas de arroz, ostras y variación de crustáceos. Finalmente la fruta, nueces y almendras pralinadas, confites y conservas.

—¿Quién se encarga de la repostería, ilustrísima?

—El repostero maese Vincenzo.

En la reunión, amenizada por música suave, estuvo lo mejor de nuestros amigos y conocidos. Entre Ángela Borgia y yo senté al homenajeado. La alegría resultó la más espontánea y constante invitada. El éxito, total. Pero yo no olvidaba que Próspero Colonna, notable capitán, había sido el antiguo protector de mi juvenil esposo Alfonso de Bisceglie al escapar de Roma temblando de miedo. También ayudó a mi cuñada Sancha de Aragón en los difíciles días de la caída borgiana. Sobre todo, acompañó a César en calidad de fiel amigo, cuando Gonzalo de Córdoba se lo llevó prisionero a España. Con el afecto debido a quien traía recuerdos importantes del pasado, organicé la cena y adorné la escalera principal del palacio, obra maravillosa de Benvenuti. Por allí subía el gran poeta Ariosto quien, al bajar, llevaba consigo los apuntes de sus hermosas rimas que luego me dedicaría. Las viejas rememoranzas consiguieron devolverme exhausta al convento.

—Sor Laura, me siento destrozada. Ayudadme a tranquilizar mi corazón. El mundo me resulta insoportable.

Sin embargo el mundo se atrevió a visitar San Bernardino. Grandes ráfagas de lascivia se extendieron en torno. Mantua no daba cabida a tanto escándalo, adulterio y demás desvaríos. Llegaron al convento damas y doncellas expulsadas del ducado mantués. Las monjas se vieron obligadas a inmiscuirse en aquel desatino de procacidades pues amantes y maridos llamaban a la puerta del monasterio dispuestos a castigar ofensas. Mi cuñada Isabel tampoco escapó a la murmuración y adoptó el estilo de acusar al defenderse. Con absoluta indiferencia proclamó en público las aventuras de su esposo. A mí no me dolieron. Consideré el hecho normal pues el duque no amaba a Isabel, ni podía encontrarse conmigo. Tampoco lo pretendíamos. Convertimos la pasión en un afecto espiritual tan necesario entonces, como antes el contacto físico. Nadie se interpuso. Pero yo hubiera asegurado que Alfonso e Isabel conocían nuestro secreto. Una carta de mi cuñada confirmó mis sospechas.

«Estimada Lucrecia: Deseo comunicarte mi disgusto por la condena recaída en un familiar. Mi esposo es el único facultado para modificar la sentencia pero, tras mucho esforzarme, no consigo su favor. El familiar a quien me refiero es culpable, si bien considero excesivo el castigo en relación a la culpa. Acudo a tu influencia rogándote pidas a Francisco la gracia de mi pariente. Estoy segura que te la concederá.»

Mucho le importaría a Isabel su pariente, y muy segura estaba de la gran estima que me profesaba el duque de Mantua, cuando sometió su orgullo a tan tremenda humillación. Además, era cierto: los hermanos Isabel y Alfonso de Este conocían nuestra correspondencia. Dejando de lado el cálido consuelo de saberme tan querida, respondí, no sin cierta acritud:

«Por ser cuñada mía, solicitaré la gracia. Pero me interpongo de mala gana pues nunca fue de mi agrado entorpecer la justicia.»

Francisco y yo, dejándonos llevar por el magnífico deseo de absorber la vida; mejor aún, obsesionados por vivir, curiosamente nos hallábamos enfermos. Nuestra auténtica salud y nuestra energía manaba del alma. Obcecados en ascender al cielo de los enamorados, fuimos incapaces de intuir que, faltos de vigor, descendíamos al encuentro de la nada. ¡Cuánta diferencia con el acelerado subir de las escaleras en Ostellato viendo en la cumbre la hermosa realidad de Pedro Bembo, envuelto en las brumas de Comacchio! Aguardando la imposible ocasión de reunirnos para siempre, Francisco curaba sus miserias en Mantua y yo, retirada en los jardines de San Bernardino, iba siguiendo el hilo de Ariadna hasta recoger las viejas canciones interrumpidas. Entonces mantuve correspondencia con Julia Farnesio, a quien me hubiera gustado robar las caricias de mi padre. Escribí a mi desconocida cuñada María Enríquez, esposa española de mi hermano Juan. Protegí a su hijo, el tercer duque de Gandía. Desde Carpi traje a Ferrara al Infante Romano, si bien Alfonso le llevó después a la corte francesa deseoso de colocarle. Entablé contacto con mi madre, resurgiendo emociones antiguas y trastornadoras. Reuní en la corte ferraresa a cuantos españoles giraban a mi alrededor. Eran tantos y me conmovían de tal manera, que terminé creyéndome nacida en Xátiva. Todavía tuve dos hijos: la linda Leonor y el delicioso Francisco. Del nacimiento de los dos fui a reponerme al convento.

—Mi respetable esposa —Alfonso llegó a San Bernardino, cosa infrecuente—, acabo de escribir una carta al secretario del papa León X solicitando diversos favores. Quiero que también tú le escribas. Seguro que te complacerá.

—¿Por qué habrá de complacerme si no le conozco?

—Claro que le conoces. El secretario de Su Santidad es Pedro Bembo.

Pedro no contestó a mi esposo, pero me contestó a mí.

Nuevamente estuvo a mi lado la ternura, el amor inacabado, los días de Medelana, las noches de luna. Entre Pedro y yo, las bellas misivas se sucedían como bandadas de aves migratorias.

«Duquesa mía, siempre habitando mi corazón», escribíame el entonces virrey de Roma.

«Señor Pedro mío, queridísimo», le respondía.

En la distancia, las cartas del intacto amor de Bembo se cruzaban en el cenit de mi dicha con las de Francisco. Todo parecía perfecto alrededor. Pedro Alfonso, el gran espía de mis actos, comenzó a temer mi desbandada y, siguiendo su costumbre, me sujetó a la realidad imponiéndome un nuevo embarazo. Hasta el momento de dar a luz, permanecí en el monasterio. Triste y sin suponer que ya iba cabalgando sobre las primicias del fin.

—Sor Laura —dije con la voz enronquecida—. ¡No quiero morir!

En los cristales del mirador se reflejaba el sol multiplicando su belleza. Los rayos se descomponían en los colores del iris y el aroma de las flores parecía explotar en la luz. Fue entonces cuando empecé a sospechar lo pronto que saldría de Ferrara. Pero no en busca de Francisco, todavía enfermo y amoroso. Ni siquiera camino de la Roma de mis primeros años y en aquel momento hogar de Pedro Bembo. Desgraciadamente saldría a hombros de personas indiferentes, perdida cualquier posibilidad de regenerar el alma, prematuramente desviada de sus apetencias más nobles por el sombrío clan de los Borgia. En mitad de las tinieblas nació Isabel María, sietemesina y enclenque. Resbalaron en mis mejillas lágrimas de pena. Pedí que me pusieran el brazalete de oro con la inscripción de Bembo. Encima de la colcha, reclamé sus *Asolani*. También un pañuelo obsequio de Hércules Strozzi. Apoyé mi cabeza en la almohada buscando la respiración de Francisco y mandé situar al alcance de la mano el libro valenciano preferido de mi padre. Escribí a León X, hijo del gran Lorenzo *el Magnífico*. Esperé lo que Dios quisiera enviarme, con esa pausa sin impaciencia de quienes aguardan la muerte. La memoria me concedió el favor de rememorar mi pasada existencia. La primavera se acodó en el alféizar de la ventana. A mis veintidós años caí del caballo entrando en Ferrara. ¿Premonición? ¿Aviso? ¿Casualidad? Entonces me ayudaron a recuperar mi montura mis cuñados Julio y Fernando, nobles caballeros enterrados en vida en las torres del castillo. Ahora nadie vendría en mi ayuda. Nunca más cabalgaría en el corcel maravilloso de la existencia. Nunca más.

BODAS CON LA MUERTE

Hundida entre las sábanas recién cambiadas, descansaba en el fino aroma azahar, preferido de mi padre. Breve disfrute, pues aquel perfume no tardaría en perderse sofocado por el intenso olor de las pomadas y ungüentos recién salidos de la alquimia médica. El calor reducía el ímpetu de la vida, lo aplastaba a ras de tierra. Sepultados los ruidos en el suelo, el silencio se hizo tan denso como la fatiga de mis treinta y ocho años. Eran pocos comparados al cansancio sentido. Aunque iba yo sospechando que tanta lasitud no provenía de vivir, sino de vivir en contra de nuestras tendencias. ¿Duraría mucho la existencia de los peces obligados a volar o de las aves obligadas a nadar? Tampoco a mí se me concedió la dicha de moverme en el medio adecuado y prematuramente me hundí en la desesperanza. De súbito me asustó la creciente respiración de la vega ferraresa retumbando en mis habitaciones. Era un aliento voraz. Aspiraba hasta vaciarme el alma y espiraba a continuación ondulando las cortinas de mis habitaciones. El soplo empujó hasta los pies de mi cama un fantasmal desfile de cadáveres flotando en el aire. El primero fue Sancha, muerta de amor por Gonzalo de Córdoba, hombre fiel que la acompañó hasta su última morada. Sancha había sido una incombustible llama. Le sobraba pasión para adorar a su esposo Jofre, a sus cuñados César y Juan, a mi cuñado el cardenal Hipólito de Este y acabar sus días en los brazos de Gonzalo sin sospechar que su último amante llevaría engañado al gran César a las prisiones españolas. Después apareció el espectro de Jofre, joven viudo vuelto a casar, padre de numerosa prole y posteriormente vencido. Niño ayer. Niño siempre. Callado y enternecedor. Ilusionado como una criatura con su título de príncipe de Esquilache. Su óbito casi fue injusto. La raza de quienes no conocen la ambición y dedican sus fuerzas a la familia y al cumplimiento de su deber merecía perdurar. Luego reconocí a mi hijo Rodrigo Bisceglie de Aragón. Tenía una sonrisa triste y la mirada clavada en mi rostro, como si pretendiera apoderarse de la madre que siempre añoró. La excepcional manera que tuve de comprobar su crecimiento, me dolía. Dos veces al año mis costureras confeccionaban el ropero de Rodrigo. Las medidas que me enviaban, su altura, largo de piernas y el ancho de los hombros, fueron cuanto tuve para imaginar su desarrollo. Aguardaba el instante de vernos y recibí la noticia de su óbito a causa de las fiebres anuales. El niño dejó de crecer en mi corazón. El siguiente espectro se llamaba Vannozza. La dejé en Roma junto a mi hijo. Le pedí que le cuidara y, tal como entonces al entrar en la sala de juegos de Rodrigo, también le seguía ahora en el tétrico desfile. El cadáver de César, muerto en España, me hundió en la amargura. Mi pasión por César nunca se extinguió. Ni mi atracción por sus horas de soledad en su residencia de la colina, misteriosas y tremendas, lo mismo que el ardor de los ojos al reflejar su crueldad. De pronto, en el cortejo compareció mi padre. Apenas fallecido empezó a hincharse y descomponerse. Supuraba por todas partes. El hedor se hizo insostenible hasta el punto de cancelar los honores debidos a un Sumo Pontífice. Nadie quiso meterlo en el féretro. Ni siquiera los mismos cardenales. Mi padre continuó supurando y agrandándose. Bajo el pago de una indignante cantidad de monedas, dos robustos sepultureros accedieron a meterle en la caja. A golpes y puñetazos consiguieron encerrarle. Finalizada la horrible escena, se procedió al sepelio. La gloria y ostentación del pontífice papa Alejandro VI acabó en la soledad de Santa María de las Fiebres, al lado de su yerno napolitano asesinado con su beneplácito. ¿Qué pretendían decirme los aparecidos? Las sombras de los vivos también acudieron a verme. La vista se me nublaba. No los pude reconocer. Hacía rato que no olía pócimas ni azahares, solamente era capaz de oír. Las palabras susurradas se retorcían en sonidos guturales. A mi derecha se acumulaban gentes vestidas de rojo. A mi izquierda, un cierto número de manchas negras. Alguien me libraba de las sábanas, pronunciando la palabra «extremaunción». Un escalofrío me inmovilizó. Manos desconocidas rozaban mi frente, mis pies, diversas partes del cuerpo. En seguida me tranquilicé al recordar una escena semejante en mi primera noche nupcial. ¿Quizá volvían a casarme? Trataba de ver, pero la niebla lo impedía. Mi alma se alegraba ante la posibilidad de encontrarme en Ostellato y la sombra que avanzaba fuera Pedro Bembo. En mi corazón empezaron a reducirse los latidos. Me asaltó una sospecha. ¿Y si en lugar de Pedro fuera Dios la difusa silueta que venía a mi encuentro? De repente, comprendí. Me estaban casando con la muerte. Boda tan impuesta como las anteriores. Por lo visto nunca podría elegir. Nunca. El sol de Ferrara se hizo tan claro que molestaba a la vista. La angustia era insostenible. Tremenda. Cerré los ojos y dije para quien quisiera entender:

—Soy Lucrecia Borja, aunque jamás lo he sido.

Los pájaros del jardín colgante empezaron a chillar. Eran las dos de la tarde. Sin embargo, el tiempo apresuró su ritmo y una noche oscura y sin final se precipitó sobre mi cama.

Barcelona, Navidad de 1987.

Índice onomástico

Impreso en Talleres Gráficos
DUPLEX, S. A.
Ciudad de Asunción, 26
08030 Barcelona